LE PARLEMENT

DE FRANCHE-COMTÉ

DU MÊME AUTEUR

Millot et ses œuvres. Besançon, 1857.

La mainmorte. Besançon, 1865.

Parlementaires au XVIIIe *siècle*. Besançon, 1866.

Le Parlement Maupeou. Besançon, 1867.

La Faculté de droit, 1 vol. in-8o. Paris, Dumoulin, 1867.

Le devoir. Limoges, Chatras, 1871.

République et guerre, 1 vol. in-12. Besançon, Jacquin, 1872.

Discours parlementaires. Besançon, Dodivers, 1878.

Essais et notices, 1 vol. in-12. Besançon, Dodivers, 1879.

Portraits franc-comtois, 1re série, 2 vol. in-8o. Paris, Champion, 1888.

Portraits franc-comtois, 2e série, 1 vol. in-8o. Paris, Champion, 1890.

Réflexions d'un indépendant. Besançon, Jacquin, 1890.

LE

PARLEMENT

DE FRANCHE-COMTÉ

DE SON INSTALLATION A BESANÇON A SA SUPPRESSION

1674-1790

PAR

A. ESTIGNARD

CONSEILLER HONORAIRE A LA COUR D'APPEL DE BESANÇON

ANCIEN DÉPUTÉ

TOME PREMIER

PARIS

A. PICARD, LIBRAIRE-ÉDITEUR

82, rue Bonaparte

BESANÇON

PAUL JACQUIN, IMPRIMEUR

14, Grande-Rue

1892

LE PARLEMENT

DE FRANCHE-COMTÉ

INTRODUCTION

L'histoire de l'ancienne magistrature, dont les Parlements furent la plus haute et sont restés la plus illustre personnification, est des plus curieuses; c'est l'histoire de la monarchie au point de vue de ses institutions judiciaires et politiques. Le Parlement, qui représentait le droit et la justice, fut, en effet, l'auxiliaire du pouvoir royal; il aida à former le royaume, à défendre la royauté contre le pouvoir féodal, à établir un principe d'ordre indispensable à toute société régulière. C'est aussi l'histoire du peuple, de ses mœurs, de ses usages, de ses misères, de ses souffrances, des charges qui lui furent imposées. Pendant cinq siècles le Parlement se fit le défenseur des populations, et au milieu des factions et des guerres civiles qui troublaient la France, il lutta avec énergie pour faire triompher l'autorité des lois, protestant contre l'arbitraire des ministres, et s'efforçant, de tout temps, de poser des limites aux volontés, aux exigences de la couronne.

L'histoire du Parlement est aussi l'histoire de la science du droit et de la littérature française. La magistrature a contribué aux progrès de la législation qui nous régit; elle a, depuis plusieurs siècles, creusé profondément, et dans tous les sens, le champ sans limites du droit civil, préparant ainsi de riches matériaux pour les législateurs à venir. Les magistrats apprenaient tout, étudiaient le droit romain, les coutumes, le droit féodal et canonique, les sciences naturelles, la théologie, les poètes, les orateurs; ils devenaient écrivains dans leurs loisirs ou dans leur retraite; au culte du droit ils associaient l'amour des lettres. Le président de Thou a su peindre de vives couleurs l'histoire de son temps, recherchant la vérité avec une infatigable ardeur, parcourant la France et l'Italie pour la mieux découvrir, et méritant de Bossuet le titre de *grand auteur* et de *fidèle historien*. Montaigne, son ami, a laissé, comme styliste et comme philosophe, un nom immortel. Guillaume de Vaire, de Lamoignon, Domat, le président Hénault, le président de Brosses, sont connus par leurs œuvres, leurs compositions littéraires, autant que par leur science juridique.

Au XVIIIe siècle, l'un des plus beaux livres qui aient paru, l'*Esprit des lois*, émanait d'un président au Parlement de Bordeaux. Enfin les *Mercuriales* de d'Aguesseau, cet homme d'Etat accompli, qui s'efforça d'établir dans le royaume l'unité de législation, vivront autant que les chefs-d'œuvre de la langue française. Ce sont des noms européens qui ont fait de l'ancienne magistrature l'une des gloires les plus pures et les moins contestées. Enfin les annales du Parlement évoquent le souvenir non seulement de jurisconsultes célèbres, mais de patriotes ardents. On y rencontre de nobles exemples, des actions héroïques ; certains parlementaires ne se bornent pas à consacrer au travail leurs nuits et leurs veilles ; ils risquent leur vie quand le devoir commande ; ils se montrent sans peur, d'une probité, d'une vertu, d'un désintéressement admirables. Michel de l'Hôpital oppose courageusement la modération et la tolérance aux passions déchaînées, et, après huit années passées dans les hautes fonctions de chancelier, se retire pauvre dans une demeure des plus modestes, où il vit sans rancune et sans haine. L'Hôpital compte des émules illustres, Achille de Harlay, moins connu par sa science juridique et son érudition littéraire que par sa réponse au duc de Guise rebelle et vainqueur, réponse digne du magistrat qui voulait, avant tout, rester fidèle à son roi. A côté de l'Hôpital et de Harlay, comment oublier le premier président Brisson, saisi par les bourreaux de la Ligue, et ne demandant que trois ou quatre jours de grâce pour achever un ouvrage destiné à perpétuer sa mémoire ; Matthieu Molé, qui regardait la mort sans émotion et restait impassible sous le poignard de l'é- . meute, véritable incarnation de la loi, traitant avec la même rigidité les princes eux-mêmes, si haut que fût leur rang ; le président Fremyot, qui, sommé d'avoir à dissoudre le Parlement royaliste, sous peine de voir son fils massacré, répondait à ses ennemis : « Mieux vaut que le fils meure innocent et que le père ne vive pas coupable. » Que de noms célèbres, que d'illustrations parmi toute cette galerie d'hommes de loi ! Dans ce magnifique ensemble des fastes parlementaires, la vertu des magistrats brille d'un lumineux éclat et la magistrature représente ce qu'il y a de grand et de noble dans l'humanité. Sous la Terreur, ils continuent à donner les plus nobles exemples, ils restent immuables dans leur foi religieuse, dans leurs convictions politiques, fermes devant l'échafaud. La république peut abattre leur tête, mais non leur courage ; il en est qui marchent à la mort avec la sérénité de Socrate. C'est un ancien magistrat qui défend contre un tribunal de bourreaux le roi, dont il a été le ministre : il paie de sa vie son dévouement à la monarchie. La magistrature est morte, mais son héroïsme lui survit.

Ajoutons que jusqu'à la Révolution française, le savoir universel, la haute expérience des magistrats ouvraient à leurs vastes intelligences des horizons sans limites ; qu'aux Etats généraux du xvie siècle et à ceux de 1614, ils obtiennent la confiance du peuple ; que les princes les appellent dans leurs conseils, qu'ils les font participer aux grandes affaires de l'Etat et leur confient les négociations les plus difficiles, au succès desquelles était parfois attaché le repos de l'Europe entière.

On comprend qu'une étude sur les grandes compagnies judiciaires ait séduit de nombreux écrivains. La plupart des Parlements ont eu leur historien. Déjà, en 1231, les treize Parlements de France ont été étudiés

par la Roche Flavin, qui consacra à son œuvre quarante
années. Voltaire a publié sans recherches originales un
livre spirituel sur le Parlement de Paris. MM. Desmares,
Aubenas, Fayard et Aubert ont écrit sur la même compagnie des pages savantes et curieuses. Le Parlement
de Bretagne a été raconté par Poullain du Parc; celui
de Bordeaux, par M. Boscheron des Portes et par
M. Communay; celui de Provence, par M. Cabasse;
celui de Metz, par M. Michel. Le comte de Laborde,
directeur général des Archives, a fait paraître, en 1863,
un travail fort remarquable sur l'organisation de
l'ancienne magistrature. M. Bastard d'Estang, M. Mé-
rilhon, ont publié l'histoire des Parlements. Un magistrat des plus érudits a fait celle du parlement de
Flandre. M. Flammermont est l'auteur d'un ouvrage
couronné par l'Académie française sur le chancelier
Maupeou et les Parlements. M. Floquet, de Rouen, a
retracé avec détails et beaucoup de recherches l'histoire
des Parlements de Normandie. M. de Bastard a raconté
l'histoire du Parlement de Toulouse, qui est pour lui
une histoire de famille. M. Dubédat a fait paraître
deux volumes sur cette même compagnie. Un président de la cour de Dijon, M. de la Cuisine, a rappelé
les grandes luttes du Parlement de Bourgogne et
l'existence laborieuse des éminents magistrats de
cette province; le conseiller Foisset a écrit sur le
même sujet le meilleur de ses livres; puis, à côté de
ces publications, se placent des œuvres de moindre
haleine, mémoires, pamphlets, brochures, enfantés par
la fièvre parlementaire du xviiie siècle, œuvres de

détail écrites avec la passion, les préjugés de cette époque; mais nous chercherions vainement une étude complète sur le Parlement de Franche-Comté. Nous avons l'histoire de l'Université, nous n'avons pas celle du Parlement. Les archives nationales nous donnent de curieux détails sur le Parlement de Dole [1], mais se taisent sur cette même compagnie après son installation à Besançon. L'éloge manuscrit que nous a laissé un bénédictin, sous-prieur de Saint-Ferjeux, n'est qu'une esquisse rapide et incomplète. D'autres manuscrits ne nous ont transmis que l'état civil et les services des membres de la grande compagnie judiciaire. Le conseiller Droz, en écrivant l'histoire du droit public de Franche-Comté, a fait l'apologie du Parlement; le président de Courbouzon a écrit des pages savantes sur ses origines et ses prérogatives; Courchetet a donné la généalogie des parlementaires de Dole [2]. Chiflet a recueilli des matériaux du plus haut intérêt. Aucun écrivain n'a retracé l'énergique résistance, les épreuves, les dévouements des magistrats de Franche-Comté, les scènes intimes qui se produisirent dans la compagnie judiciaire.

C'est cette lacune que je désirerais combler, lacune que déplorait M. de Courbouzon, lorsqu'en 1753 il disait : « Comment pourrait-on laisser dans l'oubli une cour aussi auguste que notre Parlement, auquel M. Pellisson a rendu si peu de justice? Il est temps de

(1) Bibliothèque Richelieu. Fonds Moreau, 903, fol. 443 à 685.
(2) *Histoire manuscrite du Parlement.* Biblioth. de Besançon.

tirer le premier tribunal de cette province de l'obscurité où il est depuis si longtemps. Les événements qui
le regardent sont dignes de paraître au grand jour. »

Je ne m'appuierai, dans mon récit impartial, que sur
des documents inédits et peu connus; je puiserai aux
sources les plus pures et les plus authentiques, c'est-à-
dire à la législation, aux délibérations, à la correspondance officielle, à des correspondances privées, à divers
manuscrits précieux, aux remontrances, aux archives
du Parlement, qui déroulent sous un aspect vrai le tableau de notre histoire, mieux que les commentaires
des historiens et les livres imprimés.

Les magistrats voyaient la détresse financière, la
ruine des populations, les abus de pouvoir, les procédés
vexatoires et iniques, les expédients ruineux; personne
ne pouvait mieux qu'eux en faire le tableau, en écrire
la critique vraie et saisissante. Tous les récits des commentateurs sont froids et décolorés en présence de ces
plaintes, de ces résistances émanées des témoins, des
victimes de l'arbitraire royal.

Plus on approche de 1789, plus les plaintes s'accen-
tuent; elles sont comme les avant-coureurs de la Révolution. Il n'est pas de livre qui puisse mieux que les
registres du Parlement être utilement consulté; vaste
encyclopédie du droit, de l'administration, de la politique de la France, ils constituent le répertoire complet et régulier de tous les actes émanés du pouvoir.

Malheureusement mes moyens d'informations ont été
limités et mes recherches sont parfois restées sans résultat. Beaucoup de remontrances ont disparu. Elles

devaient, comme les représentations du roi, être te-
nues secrètes et n'étaient pas habituellement imprimées.
Conservées avec plus ou moins de soin jusqu'à la Révolution dans les greffes du palais de justice, elles ont été
à diverses reprises déplacées, puis soumises à des pé-
régrinations dangereuses; transportées loin de leur
installation primitive, dans les bureaux de la préfec-
ture, elles y sont restées enfouies pendant de longues
années, et ont été déposées plus tard aux archives
départementales. Le palais de justice n'en possède aucune ; la bibliothèque de la ville de Besançon n'en a
qu'un petit nombre qui se rencontrent dans quelques-
uns des manuscrits de Chiflet, et dans des livres destinés à raconter les exils des magistrats. Beaucoup de
documents importants n'existent plus et l'*Histoire du
droit public*, du conseiller Droz, publiée en 1789, fait
mention de délibérations, d'adresses au roi, que l'on
chercherait vainement aujourd'hui. Ne soyons pas trop
surpris de la négligence avec laquelle toutes ces archives
ont été traitées; on ne les consultait pour ainsi dire
jamais; c'était une mine inexplorée, un trésor fermé
auquel il était impossible de recourir, parce qu'elles
étaient à peine classées, parce qu'il n'y avait aucun
inventaire, aucun fil conducteur qui permît de se
retrouver dans cette masse effrayante de décisions de
justice, d'arrêtés royaux, de remontrances, de lettres,
de nominations de magistrats, de papiers administratifs, aussi nombreux que les actes judiciaires.

La plupart des historiens et chroniqueurs se sont
attachés surtout à étudier et à décrire les luttes entre

le Parlement et la royauté, à propos des refus d'enregistrement ; il m'a paru nécessaire d'examiner le
rôle du Parlement dans les questions administratives,
les progrès accomplis dans la législation et la jurisprudence, de préciser l'étendue de sa compétence, de montrer la magistrature exerçant son action dans toutes les
questions vitales du pays, d'apprécier ses hautes vertus,
son indépendance, son énergie, son patriotisme. Mais
elle avait ses défaillances ; elle était parfois faible devant
l'opinion, elle obéissait à des passions mesquines. J'ai
dû rappeler ses erreurs et ses fautes. Son histoire ne
serait pas complète si on ne retraçait la physionomie des
principaux magistrats, si on ne rendait compte de certains procès, si on ne montrait le barreau faisant cause
commune avec le Parlement, partageant ses travaux,
s'associant à ses succès, à ses victoires, compatissant à
ses revers, à ses défaites, aux épreuves, aux exils des
magistrats. Compulsant le passé, je suis arrivé à reconstituer la biographie détaillée des premiers présidents,
des présidents, des procureurs généraux, de tous ceux
qui furent appelés par leur intelligence, leur haute
situation, à conquérir quelque notoriété ; j'ai cru devoir
donner une large place aux procès qui se sont déroulés
devant le Parlement au xviiie siècle. Deux chapitres seront consacrés aux avocats. Le livre se terminera par
vingt-cinq à trente pages sur les parlementaires pendant la période révolutionnaire.

J'ai tenu à ne négliger ni les détails caractéris-
tiques, ni les incidents originaux, ni même les anecdotes que j'ai pu recueillir soit dans les manucrits, soit

dans les registres de la compagnie. Il y a des faits de peu d'importance qui suffisent pour ouvrir de larges perspectives, qui servent à peindre une époque.

Dans ces deux premiers volumes, je n'étudie le Parlement qu'à dater de sa translation à Besançon, après l'annexion de notre province à la France; étude suffisamment étendue, car elle se rattache à l'histoire locale, qui, elle-même, se lie étroitement à l'histoire de la fin du xviiᵉ siècle et du xviiiᵉ siècle tout entier ; étude qui deviendra chaque jour plus difficile, car les souvenirs du passé, les traces des anciens usages se perdent, la mémoire des illustrations elles-mêmes s'enveloppe d'obscurité; les révolutions dispersent les collections, les bibliothèques, les papiers de famille; la mort a frappé les érudits qui auraient pu nous venir en aide, les Weiss, les Bourgon, les Seguin, les Clerc, les de Contréglise, les d'Augicourt, qui auraient facilité notre tâche; étude qui aura un double but, remettre en lumière le passé, servir d'enseignement à ceux qui survivent. A une époque où les caractères trop souvent faiblissent, où le culte, le respect des choses les plus saintes, des croyances qui ont fait la grandeur de notre patrie, tend à disparaître sous le souffle de théories malsaines, comment n'y aurait-il pas intérêt à montrer que dans des temps aussi troublés que les nôtres, il s'est trouvé parmi nos ancêtres des hommes qui avaient dans leur âme une croyance et se préoccupaient du noble soin d'y conformer leur vie, et qui, par leur intégrité, leur modération, leur courage, se sont rendus dignes de servir de modèles aux générations futures?

Je dois, en finissant exprimer ma reconnaissance aux personnes qui ont bien voulu me seconder, me confier des manuscrits, m'aider dans mes recherches; à M. Jules Gauthier, le savant archiviste du Doubs. Il m'a ouvert le dépôt public placé sous sa surveillance éclairée avec une obligeance, un empressement qui l'associe presque à mes travaux et dont je suis heureux de le remercier publiquement.

CHAPITRE PREMIER

LES DERNIÈRES ANNÉES DU PARLEMENT A DOLE. — SA TRANSLATION A BESANÇON

Origine des Parlements. — Le Parlement de Franche-Comté sous la domination espagnole. — Sa popularité, ses prérogatives, ses attributions, sa
haute autorité, son mode de recrutement, son patriotisme, son énergique
résistance lors du siège de Dole. — Conquête de la Franche-Comté. —
Intrigues et trahisons. — La Franche-Comté abandonnée par l'Espagne.
— Situation difficile des magistrats. — Mesures de rigueur contre le Parlement. — Son installation à Besançon. — Importance de cette ville. —
Attitude des magistrats pendant la guerre et après la conquête. — Résistance du peuple. — Soumission du Parlement. — Séjour de Louis XIV à
Besançon. — Les populations se rallient à la monarchie de Louis XIV. —
Grandeur morale de la France.

On a beaucoup discuté, avec une science profonde, sur
l'origine des Parlements. Loin de nous la pensée de faire
l'histoire de la magistrature primitive ; quelques explications générales nous paraissent suffire. Dans le principe, c'étaient les seigneurs qui rendaient la justice ; les
comtes, les seigneurs avaient sous leurs ordres des magistrats destinés à les remplacer, des vidames, viguiers
et centeniers. Charlemagne, qui, le premier de nos rois,
songea à constituer un corps de judicature, créa des
missi dominici, des envoyés, des représentants du roi,

dont la mission était de surveiller les comtes, surtout au point de vue judiciaire, et de signaler les abus ; il institua, en outre, des magistrats subalternes chargés de siéger auprès des comtes, au nombre de sept. Plus tard vinrent les baillis, prévôts, sénéchaux, juges conseillers, officiers royaux. Le roi était souverain, considéré comme le premier, le grand juge du royaume ; seulement, comme il ne pouvait rendre lui-même la justice, il déléguait cette juridiction souveraine à un conseil ; au début, ce conseil suivait le roi, mais l'étude du droit, se développant de plus en plus, rendait les causes judiciaires plus nombreuses et plus difficiles ; la nécessité de connaissances techniques apparut, on comprit l'utilité de juges fixes, spéciaux, expérimentés, et le Parlement devint sédentaire. C'est le grand conseil chargé d'exercer les fonctions judiciaires et politiques, la chambre des comptes s'occupant spécialement des questions financières ; il se réunit à certaines époques pour rendre la justice, et surtout pour discuter et décider les grandes questions d'Etat [1]. La première ordonnance qui organisa le Parlement de Paris est de 1291. Elle décide que trois conseillers siégeront chaque jour pour entendre les requêtes des plaignants ; que quatre autres siégeront quatre jours pour entendre les enquêtes ; enfin que cinq magistrats jugeront, les vendredis, samedis et dimanches, les causes et les requêtes des sénéchaussées. Philippe le Bel, dans son

---

(1) Biblioth. de Besançon. Manuscrits du P. Dunand, vol. 17. *Origines du Parlement.*

ordonnance de 1302, posa les bases des divers Parlements. Le Parlement était encore, sous saint Louis, l'assemblée des hauts barons, possesseurs de grands fiefs. Les grands vassaux, les prélats, les grands officiers de la couronne en faisaient partie. Mais les rudes barons du XIIIᵉ siècle étaient plus aptes aux agitations de la guerre et à la vie fastueuse du manoir qu'aux études patientes du magistrat : la plupart désertèrent leurs assises par négligence, par fierté, « ne voulant pas, selon l'expression de Pasquier, changer leur espée en escritoire, » ou par suite de leur insuffisance, comprenant que la fonction de magistrat devenait une fonction délicate, exigeant du travail et de l'érudition. L'élément guerrier devait disparaître devant l'élément juridique, les légistes prirent place sur les sièges de la cour. Ils représentaient le mouvement intellectuel et social de l'époque ; ils intervinrent tout d'abord non comme juges, mais comme conseillers. Peu à peu, ils finirent par envahir le prétoire, et le droit de justice tomba dans les mains patientes et sûres des clercs et des gens de loi. Ils étaient les alliés naturels de la couronne, et le baronnage s'effaça devant eux, le juge féodal fit place au juge royal.

Ces légistes faisaient partie sinon du peuple, du moins de la bourgeoisie, de la roture laborieuse et affranchie. La bourgeoisie avait tenu tout d'abord à occuper les fonctions municipales ; elle y était facilement arrivée, puis, cette première barrière franchie, cette première conquête la mettant en appétit, elle se glissa sur les bancs délaissés des justices seigneuriales ; son rêve fut alors de s'asseoir sur les fauteuils de la haute magistrature. Les guerres auxquelles prenait part la noblesse d'épée, la paresse, l'ignorance des hautes classes favorisaient son ambition, et le succès couronna ses efforts. Plus tard, lorsque la toute-puissance royale fut bien établie, beaucoup de nobles familles tinrent à honneur d'être admises à la cour; elles abandonnèrent leurs pays pour Versailles ou pour Paris; quelques-unes disparurent dans l'obscurité des châteaux. Les bourgeois du Parlement, selon l'expression du grand Condé, prirent leur place; ce fut l'avènement des classes moyennes, en sorte qu'il ne serait pas néces-saire de chercher longtemps pour découvrir que plus d'un parlementaire eut une origine modeste.

Lorsqu'on remonte aux débuts du Parlement de Franche-Comté, on est frappé de son ancienneté et du prompt développement de sa grandeur. Il est régulière-ment établi bien avant la plupart des Parlements de France, et il conquiert, dès ses débuts, un éclat, une puissance exceptionnels; non seulement il juge souve-rainement et en dernier ressort, mais sa sollicitude s'étend partout. Dès le xive siècle, on le voit s'occupant d'ordonnances destinées à réformer les abus, régle-mentant les coutumes, les usages, protégeant les inté-rêts des princes et du peuple.

Quelles furent les causes de cette rapide fortune? Elles sont à la fois judiciaires et politiques.

Le Parlement était une juridiction accessible à tous et peu coûteuse, les populations obtenaient ce qu'elles ne possédaient pas sous la cour féodale des comtes, une justice protectrice, maintenant d'une main puissante toutes les juridictions seigneuriales, trop souvent oppressives. L'idée de justice s'épura, s'agrandit sous l'influence bienfaisante de ce grand corps judiciaire, et vint ajouter à l'autorité morale de l'institution nouvelle qui en était la vivante image. Puis, au point de vue politique, le Parlement, avec ses grands pouvoirs dont la limite restait indécise, avec son éclat extérieur, représentait la souveraineté visible. La Franche-Comté était loin du siège du gouvernement, c'était une terre à peu près libre, on lui laissait ses franchises, sa douce existence. Le Parlement était pour les populations le véritable successeur des seigneurs du moyen âge. Le peuple savait qu'il trouverait en lui un défenseur, il allait à lui comme il va aux institutions fortes, destinées à subjuguer les autres. Il était une protection permanente, une sentinelle qui veillait sur l'intérêt de l'Etat comme sur le bien-être du pays.

Primitivement, et dès le xiii⁰ siècle, d'après Lampinet et Chiflet, il suivait le prince dans ses voyages comme celui de Paris, et tenait séance dans une des villes de la province [1]; mais il s'établit d'une manière permanente, vers l'an 1305, comme l'affirment Perreciot et la plupart des historiens. Cette date a toutefois été contestée, et certains écrivains prétendent qu'il ne résida à Dole d'une manière stable qu'à une époque ultérieure. Le savant antiquaire Dunod, qui a trouvé occasion de parler de l'ancienneté du Parlement, dans une

[1] Manuscrits Chiflet, vol. 63, p. 2. Biblioth. de Besançon.

brochure intitulée : *Les méprises de la critique de
la ville d'Antre*, imprimée à Amsterdam en 1709,
écrit ces lignes, page 120 : « Sous les ducs de Bourgogne, il y avait un Parlement, mais il était ambula-
toire ; c'était une Chambre de justice qui suivait la personne du prince lorsqu'il était en Bourgogne : cette
cour n'a été fixée à Dole que sous la maison d'Autriche,
au XVIe siècle. » Le président de Courbouzon affirme
que le Parlement s'installa à Dole vers 1380. Ce qu'il y
de certain, c'est qu'en 1386, se plaidait devant le Parlement établi dans cette ville, un procès où se discutait
la question de savoir si la noblesse contribuerait aux
réparations des murs de la ville de Poligny [1] ; en 1400,
le 6 décembre, Jean de Chalon y fut condamné à
250 marcs d'or [2] ; en 1407, le duc de Bourgogne en-
joignait au Parlement, séant à Dole, de poursuivre le
seigneur et les habitants de Rans, qui avaient fait construire sans sa permission un pont de pierre sur le
Doubs [3]. Enfin, en 1421, le même Parlement de Dole
réglementait par un édit la corporation des avocats.

Déjà, à cette époque, il avait une autorité des plus
étendues. Les ducs de Bourgogne lui avaient conféré le
pouvoir de juger en dernier ressort, de faire des édits,
d'avoir en garde les sceaux de la chancellerie, et de
partager le gouvernement de la province avec le gouverneur, de concert avec le magistrat. Philippe le Bon

---

(1) Archives de Poligny, arrêt de 1387. Manuscrits de Courbouzon, vol. 2,
p. 389.

(2) Dom Plancher.

(3) Id.

rédigea seize articles de coutumes, qui devaient servir de code, sauf à décider les procès par le droit romain dans les cas non prévus.

Il lui donna « toutes les puissances de la souveraineté et l'autorité d'aviser sur les constitutions pour les homologuer et publier, de surseoir et dispenser contre les édits, de commander ce que le prince commanderait [1], de régler les affaires d'Etat et de guerre [2], soumettant à sa juridiction tous les habitants sans distinction ; la noblesse, accoutumée aux voies de fait, à la révolte, dut s'incliner devant ses arrêts. Jean de Chalon, qui se croyait au-dessus des lois, ne fut pas épargné. Arrêté et renfermé dans une étroite prison, pour s'être porté aux derniers excès et avoir fait mettre à mort un sergent du duc Philippe, il ne dut la vie qu'aux sollicitations des grands, aux supplications de ses amis, aux larmes de ses proches.

Sous le règne de l'archiduchesse Marguerite et de ses successeurs, les attributions du Parlement devinrent des plus étendues ; il était alors dans tout l'éclat de sa robuste jeunesse ; supérieur au gouverneur lui-même, qui ne pouvait agir sans son assentiment, il reçut le droit de reconnaître et de conserver les limites de la province [3], de nommer un commandant en cas d'absence ou de maladie du gouverneur, de donner son avis sur la réforme ou le prix des monnaies. Indépendam-

---

(1) Manuscrits Chiflet, vol. 63, p. 2. Biblioth. de Besançon.

(2) Id., vol. 64, 1°, p. 11.

(3) *Recueil analytique des délibérations de la Cour.* Manuscrits. Archives du Doubs, p. 21.

ment des affaires contentieuses, il connaissait, pendant
la paix, de tout ce qui regardait les fortifications, les
finances, la police, les chemins, les domaines et les
fiefs [1]; pendant la guerre, il réglait la levée des
troupes, leurs quartiers, leurs passages, leurs étapes,
subsistances, paiements et revues. « Les affaires du
pays, écrit Lampinet [2], se doivent traicter par le
gouverneur et le Parlement ensemble et de commune
main sur ce qui concerne la conservation des places,
défenses et sûretés de la province. » Le prince n'ordonnait jamais rien avant d'avoir pris les conseils du
Parlement, et les ordonnances mêmes des gouverneurs étaient soumises aux lettres d'attache de cette
compagnie. « Son autorité, dit M. de Courbouzon, em-
brassait toutes les parties de l'administration. Rien
ne se faisait que par ses ordres ou à sa participation.
Consultée par le souverain, elle avait la liberté de
lui faire toutes les représentations qu'elle croyait convenables au bien du service; elle éclairait les Etats de
la province dans les délibérations les plus importantes,
elle faisait des édits, elle donnait des lettres d'attache
sur les bulles, elle ordonnait tout ce que le prince aurait commandé et ordonné s'il eût été dans le comté de
Bourgogne. »

Le nombre des parlementaires était alors de treize, le
président compris. Mais sous l'empereur Maximilien,
il fut décidé que le Parlement se composerait d'un pré-

---

[1] *Recueil analytique des délibérations de la Cour.* Manuscrits. Archives
du Doubs, p. 20, 28 et suiv.

[2] LAMPINET, manuscrit, p. 10. Biblioth. de Besançon.

sident, de deux chevaliers d'honneur, de deux maîtres des requêtes, de douze conseillers, de deux avocats généraux, d'un procureur général, d'un greffier et de quatre huissiers.

L'institution des chevaliers d'honneur était une distinction spéciale au Parlement de Franche-Comté : les gens de robe, qui avaient peu à peu fini par absorber toutes les dignités, avaient voulu laisser à la noblesse d'épée ces deux charges de chevalier ; dans les autres compagnies, excepté au Parlement de Dijon, la noblesse n'était pas représentée.

Dans le Parlement de Franche-Comté prirent place, dès le XVIᵉ et le XVIIᵉ siècle, tout ce qu'il y avait de plus estimé dans la province. Le Parlement de Paris n'a pas seul produit des magistrats dont la renommée a jeté sur cette compagnie judiciaire un vif éclat de gloire, la Franche-Comté eut aussi ses célébrités, moins brillantes sans doute, mais dignes d'une réputation durable. Le Parlement de Bourgogne n'a-t-il pas donné à l'Eglise romaine des cardinaux, à l'Espagne des chevaliers de la Toison d'or et de grands ministres, aux différentes cours de l'Europe des ambassadeurs et des plénipotentiaires ? Comment oublier les noms fameux des Mercurin de Gattinara, Nicolas Perrenot, Brun père et fils, des Marmier, des Thiard, des Saint-Mauris, des Carondelet, des Boyvin, des Grivel, des Bonvalot, sans compter les magistrats qui, au XVIIIᵉ siècle, firent partie du Parlement de Besançon ? Comment ne pas s'incliner avec respect devant ces hommes d'Etat, devant ces jurisconsultes éminents ?

Le recrutement de la magistrature reposait sur une base rationnelle. La vénalité n'existait pas ; le magistrat n'était pas non plus nommé à l'élection par le Parlement ; le souverain et les magistrats s'entendaient sur le choix des candidats. Le souverain avait le droit absolu de nomination, prérogative essentielle du pouvoir dirigeant dans tout Etat centralisé ; mais avant de procéder à cette nomination, il provoquait dans une forme solennelle l'avis des parlementaires. La magistrature éclairait le souverain sur la valeur des concurrents. Ce droit de présentation avait été concédé, en 1506, par l'empereur Maximilien, par lettres patentes ainsi conçues : « Nous voulons que nostre dite cour ait l'élection et nomination de trois personnages, qui nous seront présentés pour à celui des trois qu'il nous plaira donner l'état et l'office vacant, lequel par nous institué voulons que, sans contredit, il soit par eux reçu, leur interdisant et défendant d'en recevoir d'autres par nous pourvus, sans leur nomination. »

Charles-Quint ne contesta point les attributions de la compagnie ; c'est ainsi que le 28 février 1530, il écrivait au Parlement : « Que le sieur de Cicon, chevalier au Parlement, étant mort à Bruxelles, il n'avait pas voulu pourvoir de sa charge que jusqu'après la nomination de la cour, à quoi elle devait entendre au plutost. » L'empereur agit de même lorsque François Bonvalot voulut renoncer à ses fonctions de conseiller.

Sous Philippe II, les prérogatives du Parlement ne furent pas contestées ; voulant, en 1556, augmenter la compagnie de deux conseillers, l'empereur prit soin de lui demander de présenter deux candidats.

L'archiduc Léopold respecta aussi les droits des magistrats. Le 8 janvier 1654, il mandait à la cour « qu'il » n'écouterait pas les sollicitations de ceux qui préten-» dent des offices sans nomination, comme étant con-» traires au bien de la justice, et à l'établissement de » ladite cour [1]. »

Si les empereurs ou les archiducs manifestaient leurs sympathies pour un candidat, ils s'empressaient d'a-jouter que le candidat devrait réunir toutes les qualités requises.

Pour juger de ces qualités, le Parlement désignait un commissaire qui s'assurait, par des informations juridiques, « de l'âge, de l'extraction, des facultés, mœurs, savoir, expérience et religion des candidats. » Ce commissaire entendait les officiers du siège, les avo-cats, les notables, et dressait des procès-verbaux d'après lesquels le Parlement formait son appréciation, motivée et envoyée au prince, qui statuait après mûr examen.

Il faut reconnaître que ce système était de beaucoup préférable à ce qui se produisait en France, où la ma-gistrature se recruta tout d'abord par l'élection, puis par la vénalité, qui devaient toutes deux abaisser le niveau moral de la magistrature, menacer l'indépen-dance de l'Etat, et engendrer le trouble et l'arbitraire.

Les souverains tenaient non seulement à honneur de

---

(1) *Mémoires pour servir à l'histoire du Parlement*, manuscrits. Biblioth. de Besançon. M. de Courbouzon confirme nos appréciations.

ne point abuser de leur puissance, de ne point empié-
ter sur les attributions du Parlement, mais ils multipliaient envers lui, en toute occasion, les marques de
déférence.

En 1593, Philippe II, qui augmenta la puissance des
Parlements, et qui « aimait, dit Chifflet, tous ceux qui
l'aidaient à gouverner mûrement ses grands Etats dès
le cabinet, » appelait messieurs du Parlement ses ministres principaux.

Ferdinand, infant d'Espagne, gouverneur des Pays-
Bas, écrivait de Cambrai, le 13 septembre 1636, ces
chaleureuses félicitations aux parlementaires : « La
France vous a gravé un éloge à sa confusion, et si profondément dans les murailles de la ville de Dole, que
ni l'envie ni le temps ne la sauront jamais effacer; vous
n'avez en rien démenti les espérances que nous avions
conçues de votre fidélité, prudence et valeur, et le roi
Monseigneur, à qui vous les avez dédiées, après Dieu,
n'en oubliera jamais la reconnaissance envers vous et
votre postérité, et toute la province; de quoi nous vous
donnons parole de prince de la part de Sa Majesté et la
nôtre, jusqu'à en faire une dette héréditaire de sa très
auguste main. »

Les mêmes marques de haute estime étaient données
au Parlement par Philippe IV. Le 31 mars 1638, Philippe IV écrivait au Parlement : « Vous pouvez juger
de notre amour-propre à votre endroit et de l'estime que nous faisons de si nobles et de si fidèles vassaux; combien nous avons été marrys de vos travaux
et combien nous désirons votre repos. Nous n'avons

pas autres meilleurs sujets et qui soient plus propre-
ment nôtres et qui donnent plus d'honneur à notre
couronne. » L'année suivante, le 31 mars, le même roi
renouvelait à ce même Parlement ses protestations
d'attachement : « Je ne doute pas que vous ne preniez
assurance en mon estime, car vous êtes les premiers
vassaux que j'aime le plus, et que je désire de conserver, connaissant votre fidélité : aussi vous devez croire
que je ne vous manquerai en aucune occasion, quand
même il faudrait hasarder pour vous ce qui est de plus
estimable en notre couronne. Je vous charge donc de
maintenir la province dans la confiance des secours
que je prépare pour sa sûreté [1]. »

Ces sentiments, qui sont attestés par Chiflet [2], se
reproduisent dans la correspondance de dom Francisco
de Melos, du marquis de Castel-Rodrigo, de l'archiduc
Léopold-Guillaume, etc.

Le plus pur, le plus ardent patriotisme animait cette
haute compagnie judiciaire; c'est avec une vigilance,
un zèle admirable, qu'elle veillait à la sûreté et à la
défense de la province. Dès que le danger apparaissait,
le Parlement mettait les places fortes en état de défense,
enrôlait les soldats, demandait aux élus des Etats les
sommes nécessaires. Lorsque Richelieu, désireux d'affaiblir la puissance de la maison d'Autriche et de diminuer la supériorité que s'arrogeait l'Espagne depuis
Charles-Quint, imagina de vains prétextes pour s'em-

---

(1) III⁰ volume des actes importants, p. 190. Archives départementales.
Manuscrits des Courbouzon, vol. 2, p. 40.

(2) Manuscrits Chiflet, vol. 64, 1⁰, p. 5.

parer de la Franche-Comté, qu'un traité de neutralité
semblait devoir protéger, il trouva le Parlement prêt
à la résistance : on connaît la fière réponse des magistrats au prince de Condé, qui leur offrait la protection
de la France : « Le comté de Bourgogne, dirent les
magistrats, ne peut accepter d'autre protection que
celle du roi d'Espagne, son légitime souverain, et cette
protection, la nation versera jusqu'à la dernière goutte
de son sang pour la mériter. » La nation réalisa les
espérances du Parlement; il est vrai que cette haute
assemblée avait pris toutes les mesures possibles pour
la résistance la plus longue et la plus opiniâtre, for-
tifiant les villes menacées, les garnissant d'abondantes provisions, ordonnant à tous les habitants âgés
de quinze à soixante ans de prendre les armes, con-
tractant des emprunts en leur propre nom, stimulant
partout l'ardeur guerrière, inspirant à tous l'amour de
la patrie. A Dole, les magistrats donnèrent les plus
nobles exemples, maniant eux-mêmes le mousquet,
commandant aux hommes d'armes, offrant leurs poi-
trines aux coups de l'ennemi ; le patriotisme et l'énergie de ces vaillants fut à la hauteur des épreuves les
plus redoutables; c'était là cette magistrature militante
que l'on a appelée *justitia togata et armata*, et de laquelle on a dit avec raison : « *Nescio an meliores
toga aut ense.* » Grâce à son intrépidité, Dole résista
à l'invasion. Boyvin, qui remplissait les fonctions de
vice-président, se conduisit en héros, il se multipliait.
« J'ai assisté, dit-il, à tous les conseils, j'ai eu les
détails des fortifications, j'ai manié les deniers publics,

j'ai paru, les armes à la main, dans tous les lieux où ma présence était nécessaire [1]. » Le procureur général Antoine Brun marcha à l'ennemi l'arquebuse sur le dos, le plastron sur la poitrine, « donnant chaleur aux sorties des soldats, et ne reculant pas plus devant le feu des troupes de Condé que devant les menaces de ce prince. » Girardot de Beauchemin, Petrey de Champvans, et tous les magistrats secondèrent le procureur général et firent preuve de grandeur d'âme et de courage. Condé, qui croyait à un succès facile, fut forcé, devant cette résistance opiniâtre, de lever le siège; il partit, laissant à quelques hommes de robe l'insigne honneur de voir reculer devant eux l'homme de guerre le plus intrépide, le plus aventureux de son temps.

C'est à cette époque que le Parlement est à l'apogée de sa puissance : richesse, illustration, autorité, popularité, il cumule tous les genres d'éclat; il est entouré du respect des peuples, des sympathies très vives de la noblesse, de la confiance absolue de ses souverains, il est proclamé le sauveur du pays. « Revêtu du pouvoir souverain, il doit, selon l'expression de D. Ferron, maintenir en paix tous les ordres de la province soumise à ses soins; » il sera saisi peu à peu de l'autorité presque entière.

Des circonstances critiques allaient modifier gravement cet état de choses.

Tant que la Franche-Comté fut gouvernée par des

---

[1] Courchetet a raconté la vie de Boyvin dans son *Histoire manuscrite du Parlement*.

princes, elle vécut avec eux en harmonie ; mais dès que
l'autorité royale délégua ses pouvoirs à des gouvernants,
elle se trouva en contradictien fréquente avec des
hommes qui voulaient agir dans la province en maîtres
absolus et indépendants. Le désaccord s'accentua surtout après le siège de Dole, et la cour d'Espagne eut la
sagesse de soutenir le Parlement. Mais en 1664, le
marquis de Castel-Rodrigo était nommé au gouvernement des Pays-Bas. Violent et irascible, il n'admettait
pas les remontrances des magistrats. La mésintelligence
s'accentua, elle fut d'autant plus vive de la part du
gouverneur, que le roi d'Espagne donna raison à la
compagnie.

A cette même époque, Louis XIV songeait à s'emparer de quelques provinces qu'il prétendait lui appartenir du chef de Marie-Thérèse d'Autriche, et s'apprê-
tait à soutenir ses prétentions les armes à la main. Le
marquis de Castel-Rodrigo fit nommer un conseil pour
veiller à la défense de la province ; c'était manquer au
Parlement, qui s'était montré si énergique en 1636.
C'était oublier l'héroïsme, le noble désintéressement
des magistrats, qui avaient sacrifié leur fortune et
risqué leur vie dans l'intérêt du pays. Les populations
furent indignées, les parlementaires fort irrités ; ils
comprenaient qu'ils n'avaient plus aucun droit, aucun
titre pour organiser la défense. La bourgeoisie n'eut
plus le même élan, le peuple se montrait cependant
résolu à opposer une résistance vigoureuse.

Sur ces entrefaites, et pendant que les autorités com-
toises se livraient à de misérables rivalités, Condé agis-

sait : il avait tout d'abord laissé croire aux Comtois que le roi de France consentirait à renouveler la neutralité, mais pendant qu'il semblait ne s'occuper que de négociations, il augmentait le nombre de ses soldats, amassait des munitions et des provisions de bouche, en sorte qu'il se trouva tout prêt pour envahir, en un même jour, le 3 février 1668, Rochefort-sur-le-Doubs, Pesmes et Marnay, et pour s'emparer de Bletterans, de Poligny et d'Arbois. En même temps, il marchait sur Besançon, sommait la ville de reconnaître le roi de France, la menaçait d'un assaut et la déterminait à capituler sans brûler une amorce [1].

Cinq jours après, le 9 février, Louis XIV rejoignait Condé devant Dole.

A son arrivée, la garnison de Dole se réfugia dans les murs de la ville. Le peuple songeait seul à se défendre avec vigueur. Un sentiment de consternation dominait la bourgeoisie, et Dole parla de se rendre. Les magistrats

---

[1] Il faut reconnaître qu'en 1667, la défense de Besançon était difficile. Dans un écrit de 1668, *Apologie de la cité de Besançon*, nous trouvons les lignes suivantes sur la situation de cette ville. « Besançon a beau à prendre de fortes et généreuses résolutions, étant dépourvue de toutes sortes de moyens pour les exécuter ; elle a beau à chercher des forces en elle-même, elle n'y trouve que du courage sans appui et qui demeure entièrement inutile, faute de pouvoir et d'instruments suffisants pour le faire paraître. Car il est certain que dans toute son étendue, l'on ne pouvait pas compter dix huit cents hommes portant armes, ecclésiastiques et religieux y compris, de même que les réfugiés et les deux cents ou environ dont la garnison de Sa Majesté Catholique était composée. Et tous si fatigués non seulement des courvées, veilles et gardes, mais encore des alarmes données par les avant-coureurs de l'ennemi les jours et nuits précédents, pendant lesquels tout le peuple avait été sous les armes, qu'à peine leur restait-il assez de force pour les manier.

ne protestèrent que timidement. La division, ce signe des temps troublés, régnait parmi eux. Quelques-uns tenaient en secret pour la France; ils n'étaient plus résolus, comme en 1636, à braver la mort et les horreurs d'un siège. Le premier président, Bonvalot, était décédé le 23 octobre 1667; c'était un homme énergique qui, selon l'expression de Philippe Alix, « allait dans les attaques au feu de l'ennemy avec le même visage et la même gaieté que s'il était allé en quelque feste; » c'était, de plus, un excellent magistrat, « plus rigide qu'un Aristide, possédant l'intégrité de M. Boyvin, les adresses et l'habileté de M. Lullier, le feu et la vivacité de M. Michoutey. » S'il eût été encore le chef de la compagnie, il eût facilement obtenu de ses collègues une résistance sérieuse; mais il n'avait pas même été remplacé au moment de la conquête. Le Parlement était sans direction, il lui manquait un président capable de lui rendre son patriotisme, son ardeur, sa vigueur dans la lutte.

Les divisions régnaient partout. Les hommes appelés à gouverner étaient, d'après Chiflet, incapables de remédier aux maux qui menaçaient le pays; au lieu de ressembler à leurs devanciers, qui, selon l'appréciation du même historien, avaient la prudence, non seulement de ne pas fomenter les partis, mais de ne pas leur donner le loisir de naître, ils n'avaient plus ni un ardent patriotisme, ni une intelligence et des aptitudes suffisantes pour la lutte. Cette lutte, on la considérait comme inutile, or, rien n'abat les forces d'une nation comme la pensée qu'elle est infailliblement écrasée et perdue, et que toute résistance restera vaine.

Il fut cependant arrêté que l'on prendrait quelques mesures de défense. Le gouverneur, marquis de Vienne, sans énergie et sans espoir, que Pélisson nous dépeint comme « léger et changeant dans ses résolutions, écoutant peu, bien intentionné mais faible pour un grand orage, » après avoir erré de Gray à Besançon, de Besançon à Ornans, sans même essayer de hâter la levée tardive de la milice, avait fini par se retirer au château de Joux pour y attendre le secours des Suisses, qui ne devait pas venir ; le Parlement ordonna à la population de s'armer et de travailler aux remparts. Le 9 février, Dole envoya des coups de canon à la cavalerie royale. Le 10, les Français marchèrent à l'assaut, et ouvrirent la tranchée. Le 11, la lutte fut terrible. Tout se préparait, le 12 au soir, pour un assaut général, lorsque le comte de Grammont se présenta aux portes de la ville, se familiarisa avec les gardes et parvint, non sans peine, à s'introduire dans la place, à se mettre en rapport avec trois magistrats et plusieurs officiers. La conversation fut longue. Le comte de Grammont parla de la toute-puissance du roi, de l'impossibilité de résister, des horreurs d'une ville prise d'assaut, de la certitude pour Dole de perdre son Parlement, sa Chambre des comptes, son Université, si les assiégés continuaient à résister. Cette dernière considération produisit son effet. Le 13 février, le Parlement estima que la reddition de la place était inévitable, et, si l'on en croit l'*Apologie* de M. de Laubespin, « ce ne fut que pour la forme qu'il prit séance pour traiter de l'affaire. » Le vice-président, Jault, fut d'une indigne faiblesse.

Jules Chiflet nous donne dans ses mémoires des détails précieux. « Le conseiller de Marenches, qui était
tout ébahi, fut d'avis que l'on consultât le gouverneur
et le magistrat...., que les choses étaient en piteux état.
Le conseiller Jaquot dit que ce serait perdre temps que
de vouloir résister, que son avis était qu'on ne s'expo-
sât pas au danger; le conseiller Gollut enchérit fort là-
dessus, et parla en faveur de la France à pleine bouche,
fondant son opinion sur l'abandonnement de cette province, sur le peu de cas que l'Espagne faisait de nous.
Le conseiller Jobelot entra dans le sentiment des pré-
cédens opinans; Moréal opina comme un homme pe-
sant et massif, et dit qu'il fallait subir la loi de la
massue; Matherot parla comme qui désirait changer
de maître.... Comme les suffrages allaient filant qu'on
se dût rendre, Dieu voulut que le premier qui en in-
terrompit le cours fut le conseiller Boyvin, fils du grand
président Boyvin, lequel dit merveilles pour empêcher
la pluralité; et comme je le suivais immédiatement, je
fus ravi d'avoir un si noble exemple, disant que ceux
qui avaient opiné pour se rendre n'étaient pas enfants
de ces braves héros qui avaient soutenu le glorieux siège
de 1636; que l'Europe avait les yeux sur nous; qu'il
n'y aurait jamais savonnettes pour laver la tache d'in-
famie dont nous serions noircis dans l'histoire.... Je
tranchai là-dessus et dis que je suivais totalement l'avis
du conseiller Boyvin, comme d'un fidèle serviteur de
Sa Majesté. » Lampinet, dans son *Histoire du Parlement*, fait un récit qui diffère peu de celui de Chiflet,
et nous montre les magistrats se résignant à la capitu-

lation, et demandant la liberté de conscience et le droit
de remettre leurs offices. En réalité, il restait encore
parmi eux quelques nobles cœurs fidèles à la cause
nationale. Mais la majorité était acquise à la capitulation. On finit par rédiger les termes d'un traité
dans lequel on stipulait le paiement des dettes du roi
d'Espagne, les privilèges de la religion de la province,
le maintien à Dole du Parlement, de la Chambre des
comptes, de l'Université, le droit, pour les magistrats,
de juger selon le droit civil, de vendre ou de résigner
leurs offices. Puis on envoya à Louis XIV, sur sa demande, deux délégués choisis dans le Parlement, les
conseillers Jaquot et Gollut, descendant de l'historien,
« tous deux, dit Lampinet, de grande taille, éloquents,
et de belle représentation [1]. »

La mission de ces conseillers était de négocier la
neutralité du comté ; mais personne ne croyait au succès. Le dialogue qui s'établit entre le roi et le conseiller
Jaquot est curieux. Le roi voulut le contraindre à l'accompagner devant la ville de Gray, afin de déterminer
cette ville à capituler. Le magistrat manifesta hautement son indignation : « J'aime mieux, dit-il, que l'on
me passe une épée à travers le corps. — Mais, reprit le
roi, vous me devez obéissance, n'êtes-vous pas sujet
français ? — C'est parce que je suis Français, répondit le
prisonnier, que je ne serais pas écouté par une ville espagnole [2]. » Hélas ! déjà à cette époque la force primait

(1) Manuscrit Lampinet, p. 62. Bibliothèque de Besançon.
(2) Manuscrit Lampinet, p. 62.

le droit, et le lendemain, Louis XIV, qui venait d'entrer
dans Dole, allait assiéger Gray en compagnie de Gollut
et de Jaquot, il les forçait tous deux à marcher jusqu'aux avant-postes ennemis, et à faire aux assiégés la
proposition de capituler. On les accueillit par des coups
de feu, mais grâce aux manœuvres de l'abbé de Watteville et du marquis d'Yenne, les portes de Gray s'ouvrirent, le 19 février, devant le roi de France ; quelques
jours plus tard, toutes les forteresses étaient au pouvoir
des Français. Lacuzon lui-même ne combattait plus, il
avait dû regagner la montagne depuis la capitulation
de Dole. La Franche-Comté trahie était vaincue.

La province, et notamment la ville de Dole, fut d'abord,
d'après le témoignage de Pellisson, « dans une véritable
et profonde consternation. » Chiflet exprime la même
idée. « On comprit, dit-il, que les libertés publiques
étaient perdues, que le libre vote de l'impôt serait remplacé par l'arbitraire volonté du prince. » Bientôt les dé-
fections s'accentuèrent. Le marquis de Laubespin, qui
avait pris une part active à la défense de Dole, se déclara
hautement pour la France. Le vice-président Jault, chef
du Parlement, se distingua par sa servilité. « Il s'était,
dit Chiflet, rendu comme valet aux ordres de M. de
Gadagne. » De son côté, l'archevêque de Besançon,
Antoine-Pierre de Grammont, adressait des présents à
la reine de France.

En mars 1668, la ville de Besançon, le Parlement,
l'archevêché et les Etats envoyèrent des députés au roi,
en résidence à Saint-Germain. Le roi fit attendre ces
députations cinq heures dans une galerie vitrée. Les

magistrats demandèrent des lettres patentes portant la liste définitive des membres de la cour ; ils furent peu écoutés. En Comté régnait la plus horrible tyrannie. Les assemblées étaient interdites, le port d'armes prohibé. Le gouverneur se montrait arrogant, altier, violent, et affichait un profond dédain pour le Parlement. Dès le mois de mars, on commençait la démolition de nombreuses forteresses ; Gray, Dole, beaucoup de châteaux étaient démantelés. La province était ruinée par les exactions et le pillage ; jamais l'absolutisme ne s'était montré plus violent et plus dur. Le mot d'ordre était de détruire un pays qui allait sortir des mains de la France.

Le 2 mai 1668, la paix se signait. Le Portugal, la Hollande, la Suède, fidèle alliée de la France pendant quarante ans, l'avaient abandonnée, et le traité d'Aix-la-Chapelle rendait à l'Espagne la Franche-Comté. Le 10 juin de cette même année, les garnisons françaises quittaient cette province, à la grande satisfaction du peuple et de la majorité de la population [1].

Ce fut pour les parlementaires une bien rude époque. Menacés par les Français, insultés par le peuple, qui ne leur pardonnait point le serment qu'ils avaient prêté

(1) Voir pièce de vers intitulée : *Jacquemard très joyeux de l'arrivée de M. le baron de Soye à Besançon*, 25 *juin* 1668, et commençant par :

Ma joye enfin est achevée
Par la favorable arrivée
Du baron qu'on désirait tant.

Autre pièce de vers intitulée : *Jacquemard joyeux du départ des Français*, et commençant par :

Que je suis transporté de joye !

Bibliothèque Richelieu, collection Moreau, 909, fol. 216, 225.

au roi de France, ils durent souvent regretter de n'avoir
point suivi les nobles exemples que leur avaient laissés
les magistrats de 1636. Le roi d'Espagne les considérait
comme traîtres ; non seulement le prince d'Aremberg,
gouverneur des Pays-Bas, ne dissimulait point ses
antipathies contre le Parlement, mais le gouvernement
espagnol essayait de poursuivre Jobelot comme coupable de s'être chargé, avec le marquis de Laubespin,
d'une députation que le Parlement de Dole envoya au
prince de Condé pour négocier la neutralité du comté
de Bourgogne. Il reprochait à Jobelot de n'avoir pas
pris les mesures nécessaires pour empêcher l'invasion ;
en même temps il citait en Flandre les conseillers Jacquot et Gollut, pour avoir suivi Louis XIV devant Gray.
Ces procédures remplirent le pays de troubles sans
produire aucun résultat ; elles provoquèrent des récriminations, des accusations personnelles, des calomnies.
De son côté, le peuple, qui avait accueilli par un cri de
joie le traité d'Aix-la-Chapelle, obligeant Louis XIV de
se désister de sa conquête, reprochait au marquis
d'Yenne d'avoir fait bon marché de la nationalité espagnole si chère aux Franc-Comtois ; il ne raisonnait ni
sur le présent ni sur le passé, ne consultait que ses impressions, et poursuivait de ses haines les magistrats
qu'il soupçonnait de trahison. A Dole, il envahit leurs
demeures. Le vice-président Jault, qui le premier, dans
le Parlement, avait ouvert l'avis de capituler, fut contraint de fuir par le jardin de sa maison. Gollut aurait
été pendu si on l'eût découvert ; on se vengea sur ses
livres, et on jeta par la fenêtre la précieuse bibliothèque

de son grand-père, ainsi que son mobilier. « Les bourgeois, dit Lampinet [1], tirèrent sur lui, et mirent cent
fois sa vie en péril. La même année, le peuple de Dole,
cette beste farouche, pilla sa maison et perdit sa belle
bibliothèque. » Les conseillers Jacquot et Jobelot durent
se cacher; Boyvin et Moréal avaient pris soin de percer le mur de leurs habitations, qui se touchaient, pour
échapper plus facilement à une agression. Le marquis de
Laubespin courut, lui aussi, les plus grands dangers ;
on lui reprochait ses relations avec Gadagne, l'accueil
qu'il avait reçu dans le camp du roi de France, à Fou-
cherans, son mariage avec une Française. Le maire
lui persuada de partir, et l'accompagna jusqu'aux portes
de la ville pour le protéger contre le soulèvement des
femmes et des enfants, qui avaient résolu de le tuer à
coups de pierres [2]. Sa femme dut se travestir en homme
pour échapper aux fureurs de la populace et sortir
de la ville. Des troubles analogues se produisirent à
Salins et à Gray.

Le Parlement aux abois suppliait la Cour de lui venir
en aide, de rétablir l'ordre, vaines prières; on ne lui
répondait pas. « La populace, dit Chiflet, fut réputée
à Bruxelles pour instrument de Dieu, au regard du
châtiment que le Parlement avait mérité. » Lorsqu'en
juillet 1668 la reine finit par nommer le prince d'Aremberg gouverneur de la province, les magistrats ne
furent guère mieux traités.

(1) Manuscrit Lampinet, p. 250. Bibliothèque de Besançon.
(2) Mém. de J. Chiflet, I, 359.   Id.

Homme de guerre expérimenté, attaché à la fortune
de l'Espagne par sa haute position, l'honorabilité, la
loyauté de sa nature, et à celle de la Franche-Comté par
les grands biens qu'il y avait acquis, il jouissait d'une
influence incontestée. Malheureusement pour les magistrats, il partageait contre eux toutes les préventions
de Castel-Rodrigo; il prit parti contre le Parlement; le
15 août 1668, il le suspendit sur la demande des commissaires flamands; le lendemain, il publia un édit
déclarant que « la révolution survenue si soudain, et
la reddition de tant de places sans coup frapper n'avait
pu arriver sans quelque connivence et intelligence secrète, » et annonçant des poursuites contre « ceux qui
auraient trempé dans quelque trahison ou manqué au
devoir dû à leur roi et à leur patrie. »

Là ne devaient point s'arrêter les mesures de rigueur.

Le 14 novembre, était établie à Besançon, qui avait
toutes les faveurs de d'Aremberg, une chambre de justice destinée à tenir la place du Parlement, et composée,
d'après le témoignage de Courchelet [1], de sujets qui
passaient pour joindre à leur mérite personnel un entier dévouement à la maison d'Autriche. Le même
écrivain nous donne les noms de ces magistrats. Ces
juges furent : Lemaire, professeur en droit; Charles
Pélissonnier, de Namur; François Gilbert, Richard
d'Orival, Louis d'Orchamps, aussi cogouverneur, Guillaume Loriot et Claude-Antoine Reud [2]. Mais cette

---

[1] Histoire manuscrite du Parlement, p. 27. Bibliothèque de Besançon.
[2]   Id.,   p. 28. Bibliothèque de Besançon, manuscrit Lampinet, p. 231.

chambre, instrument docile des volontés du gouverneur, ne pouvait remplacer la grande institution du pays, et, bien que qualifiée de souveraine, ne devait avoir aucune autorité. Ces *nouveaux magistrats siégeaient*, selon l'expression de Chiflet, comme des personnes vulgaires, sans bonnet ni robe, en habit de ville [1], n'étaient même entourés d'aucune sympathie; mais les parlementaires n'en vécurent pas moins loin de Dole, les uns à Paris, les autres dans leurs terres. « Les membres innocents de cet infortuné Parlement étaient dans l'amertume, dit Lampinet [2], ils ne savaient, la plupart, à quoi s'occuper.... Ils étaient « persuadés qu'on ne voulait point faire justice et qu'on les laisserait mourir l'un après l'autre. » Ils envoyèrent à Madrid une députation qui insista auprès de la reine régente, Marie-Anne d'Autriche, pour la réorganisation de la compagnie, faisant valoir ses services, son zèle, sa vigilance; mais ils avaient contre eux le marquis de Castel-Rodrigo, ils échouèrent ou du moins n'obtinrent que des réponses évasives. Les lettres communiquées au gouverneur des Pays-Bas ne faisaient que l'aigrir davantage; s'il écrivait, c'était pour maltraiter le Parlement, qu'il considérait comme rebelle et dangereux. On finit par croire que le Parlement ne serait pas rétabli, qu'il perdrait la robe écarlate, même son nom, qu'il serait remplacé par un conseil supérieur dont le siège serait à Dole. La disgrâce de d'Aremberg, qui avait peu à peu

(1) Bibliothèque Richelieu, fonds Moreau, 903, fol. 23.
(2) Manuscrit Lampinet, p. 60. Bibliothèque de Besançon.

perdu sa popularité, et qui était détesté de toute la population, son remplacement par Quinones, modifièrent un peu la situation des magistrats. Le nouveau gouverneur voulut recevoir les parlementaires, comme si en eux la Cour de Dole subsistait encore ; il prit publiquement leur défense, déclara qu'il n'y avait pas de traîtres, que les poursuites devaient se borner à Watteville et au marquis d'Yenne, cités depuis trois mois à Bruxelles. Quinones était habile, il voulait avec raison pacifier la province, la ramener à ses sentiments d'attachement pour l'Espagne. Malheureusement il avait contre lui tous les partisans de d'Aremberg, et surtout le gouverneur général des Pays-Bas et de Bourgogne; puis l'Espagne le laissait sans argent, les troupes n'étaient pas payées, elles ruinaient le pays. Les exactions, les désordres commis par les soldats restaient impunis. La Franche-Comté se plaignait, mais elle ne rencontrait, de la part de l'Espagne comme des Pays-Bas, qu'indifférence ou mépris. L'incurable léthargie de la monarchie, la haine des ministres flamands, ennemis acharnés de notre nation, achevaient la perte de la province. Elle fut plus maltraitée encore à partir de 1673, sous le gouvernement d'Avelda, qui ne songeait qu'à créer de nouveaux impôts et passait à jouer aux cartes une partie de la matinée et de l'après-midi [1], vieillard débile qui, comme ses mercenaires, devait s'enfuir au jour du danger.

La France connaissait et ces divisions profondes, et la

----

[1] Chiflet, vol. II, p. 493. Bibliothèque de Besançon.

misère du pays, et son mécontentement trop justifié, prélude, à ses yeux, d'une révolution inévitable ; elle savait que la Franche-Comté n'était point préparée contre une invasion, qu'elle manquait des choses les plus nécessaires. « Nous avions, dit Jules Chiflet, déclaré la guerre, et nous n'avions pas même de poudre [1]. » Elle savait que, selon l'expression d'un contemporain, l'Espagne avait sans pitié tiré des veines de la Franche-Comté les dernières gouttes de sang ; elle devait profiter de la situation.

Louis XIV ne pouvait renoncer à la Franche-Comté. La Bourgogne entre les mains des Espagnols, c'était le royaume, Paris lui-même, constamment ouverts à toutes les invasions. En 1674, le roi réapparut ; son armée était victorieuse ; il arrivait entouré du prestige que lui donnait le succès de ses armes ; la conquête était facile. L'or de Louis XIV, les intrigues de ses émissaires, avaient préparé le terrain, puis la noblesse et la bourgeoisie, qui n'avaient pas eu l'énergie suffisante, se sentaient compromises vis-à-vis de l'Espagne. Le roi força Besançon et sa citadelle ; la garnison ne comprenait que deux cent cinquante hommes, et les bourgeois qui pouvaient porter les armes n'atteignaient pas le chiffre de dix-sept cents ; il vint mettre le siège devant Dole, s'en empara malgré la résistance de la garnison espagnole. Il y fut reçu par le Parlement en robe rouge, et prêta entre ses mains le serment de comte palatin de Bourgogne. Salins essaya de lutter, mais en vain. En

---

[1] Chiflet, vol. II, p. 451.

juillet 1674, toutes les villes, toutes les forteresses étaient prises d'assaut ou avaient capitulé ; c'en était fait de l'indépendance franc-comtoise.

Ce n'est pas sans un profond sentiment de tristesse que l'on retrace le tableau de l'invasion de la Franche-Comté et de sa soumission rapide. Louis XIV ne rencontre de résistance sérieuse nulle part, et entre dans cette province comme en pays ami. Les hautes classes n'ont plus cette vigueur, cette force active, cette indépendance de caractère qui avaient porté si haut leur fortune ; elles acceptent sans regret la domination française ; le peuple seul gémit, proteste et prononce hautement le mot de trahison ; il avait la France en horreur, parce que les troupes françaises étaient venues porter la guerre dans le pays, qu'elles avaient pillé et dévasté. Puis, pendant de longues années, le comté de Bourgogne avait été, selon l'expression de Chiflet, le plus heureux de l'univers. Une sage princesse, Marguerite, archiduchesse d'Autriche, fille de l'empereur Maximilien, lui avait procuré une longue paix par des traités de neutralité avec la France. Jamais sujets n'avaient été plus heureux, plus libres, plus affectionnés et plus soumis. Plus tard, l'Espagne lui avait donné l'aisance et une liberté relative ; elle ne lui avait imposé ni tailles ni contributions ordinaires, et s'était bornée à prélever sur toute la province, tous les trois ans, un don gratuit de 100,000 livres et de 50,000 écus, sous condition que cette somme serait employée à chose utile dans le pays, comme au paiement de l'armée ou à l'entretien des fortifications. Les Carondelet, les

Perrenot de Granvelle, les Richardot, n'avaient cessé
de protéger les deux Bourgognes. Le peuple savait qu'il
n'y aurait avec l'Espagne ni exactions trop ruineuses,
ni oppression trop lourde. Il était jaloux de ses droits,
de ses prérogatives, de ses franchises ; il se disait, avec
ce secret instinct des masses, que Louis XIV pourrait
bientôt tout faire plier sous son autorité. Il avait enfin
le souvenir et les regrets du passé, mais il n'avait plus
l'énergie de résister.

L'aristocratie, la magistrature, la bourgeoisie elle-
même lâchèrent pied, et, préoccupées surtout de leurs
intérêts matériels, accueillirent la conquête comme une
heureuse nécessité ; depuis longtemps elles inclinaient
vers la France, qui les attirait par ses institutions,
son langage, ses mœurs, les relations de voisinage, et
qu'entourait une auréole de gloire. Le grand siècle venait
de procurer à la monarchie française des victoires et
des conquêtes. Les pouvoirs publics pouvaient s'occuper
librement des travaux de la paix. On était au lendemain
des batailles remportées en Flandre et en Allemagne
par celui que l'histoire appelle le grand Condé.

Une France nouvelle naissait, fécondée par le génie
de Colbert, se créant une marine comme par enchante-
ment, s'enrichissant d'industries jusqu'alors inconnues, supprimant les douanes intérieures dans la plupart des provinces, exécutant de grandes voies de communication, gouvernée et régie par tout un ensemble de
lois contenues dans les ordonnances de 1667 et de 1670.
Fière du haut rang qu'elle venait de prendre en Europe,
cette France applaudissait avec enthousiasme aux succès

de ses soldats, manifestait non moins d'ardeur et d'admiration pour ses écrivains, ses artistes, ses poètes, et apparaissait aux regards des peuples comme la grande nation. Quand le bruit du canon se taisait, elle écoutait avec ravissement les harmonies merveilleuses de la langue nouvelle que lui parlaient Corneille et Bossuet, Racine et Molière, Pascal et la Bruyère. C'était bien le grand siècle, car il donnait à la France tous les genres de gloire. Il y avait là de quoi séduire une province, dont la langue, les mœurs étaient françaises, et qui touchait à la France. Comment avoir la volonté ou la force de résister aux armées françaises? Comment se soustraire aux efforts d'un roi qui venait de soumettre la plus grande partie des Pays-Bas, et qui n'avait eu presque qu'à se montrer pour vaincre? Puis, la puissance de la maison d'Autriche était si fort affaiblie depuis le règne de Louis XIII, qu'elle considérait elle-même comme impossible de conserver longtemps le comté de Bourgogne [1]. Ruinée, dépeuplée, sans finances, sans marine, sans soldats, l'Espagne abandonnait en quelque sorte la Franche-Comté à son sort, et n'essayait guère de la défendre contre la domination française. Son gouvernement était excellent pour les affaires ordinaires et locales, impuissant pour une grande action. Enfin les secrètes intrigues des ministres du roi de France avaient semé partout la trahison, et les promesses d'argent, de places et d'honneurs pro-

---

[1] Dans ses instructions laissées à Philippe II, Charles-Quint lui-même déclarait que « le comté de Bourgogne était si loin de ses autres Etats, qu'il serait très malaisé et d'une dépense immense de le secourir.

diguées par don Jean de Watteville, contribuaient à la défection. « On gagna, comme le dit Voltaire, quelques citoyens par des présents; » on acheta bien des consciences.

Jean de Watteville eut, en effet, sur l'annexion de la Franche-Comté à la France la plus puissante influence. Cet homme néfaste, qui commença par les armes et finit par l'Eglise, chartreux, homme de güerre, assassin et apostat, était revenu, après une existence des plus aventureuses, des plus mouvementées, pleine d'agitation et de tempêtes, s'établir à Dole, où il occupait une charge de maître des requêtes au Parlement; il avait tout d'abord essayé de vendre son pays à la Suisse, et de faire de la Franche-Comté un quatorzième canton, comme le prouve un manuscrit signé de sa main, et déposé à la bibliothèque Richelieu; mais, pendant ses négociations, il apprend que les Français sont maîtres de Besançon, fait dire par Chamilly au prince de Condé qu'il devient Français avec sa patrie et qu'il ne pensera plus qu'à servir le roi. Personne ne pouvait mieux que lui seconder les projets de Louis XIV, car nul n'était, d'après Pellisson [1], plus capable d'affaires ou d'intrigues. « La nature et la fortune, ajoute l'historien du règne de Louis XIV, avaient contribué presque également à son habileté. Un tempérament froid et paisible en apparence, ardent et violent en réalité, beaucoup d'esprit, de vivacité, d'impétuosité au dedans, beaucoup de dissimulation, de

_____

[1] *Histoire de la conquête de la Franche-Comté*, par M. DE PELLISSON.

modération et de retenue au dehors; des flammes couvertes de neige et de glace; un grand silence ou un torrent de paroles propres à persuader. » Homme de main et d'intrigues, selon l'expression de Saint-Simon, qui le juge comme Pellisson, Watteville est le type achevé, complet du traître; il convoitait une position de prince, la coadjutorerie de l'archevêque de Besançon; on lui promit tout, il reçut deux mille pistoles pour la reddition de Gray, et s'efforça d'entraîner dans sa défection noblesse, magistrature et clergé. Presque tous les grands seigneurs de la province cédèrent à ses insinuations, d'autant plus volontiers qu'ils souffraient de l'abaissement de leur influence et supportaient avec peine la justice, la toute-puissance, l'autorité du Parlement. La magistrature elle-même fit aussi preuve de faiblesse; elle se composait cependant d'hommes énergiques et bien trempés; quelques-uns avaient supporté en 1636 les plus cruelles épreuves, s'étaient exposés aux plus grands dangers; mais le temps n'était plus à la résistance, les circonstances étaient changées; une longue période de paix avait amolli les caractères; on redoutait une guerre nouvelle; puis les magistrats vivaient à une époque difficile, où, avant de remplir son devoir, il fallait surtout le discerner. Enfin, le prince qui envahissait la province était à l'apogée de sa puissance, il était victorieux. Le Parlement se montra respectueux et docile envers un souverain qui commandait l'admiration, qui réalisait la grande image de la monarchie et portait en son cœur l'ambition d'une grande nation. Les colosses du

xvie siècle, les Charles-Quint, les Philippe II, les So-
liman, les Elisabeth, avaient disparu. Non seulement
l'Espagne était aux abois, l'Angleterre, frappée de la
peste, de l'incendie de Londres, était épuisée par la
guerre de Hollande. Tout s'inclinait devant ce soleil de
la royauté. Les peuples étaient prosternés devant le roi.
L'éclat du trône effaçait tout, et les nouveaux sujets de
Louis XIV estimaient que s'ils perdaient leurs libertés,
c'était, selon l'expression d'un historien de la ville de
Besançon, pour obéir au plus grand des monarques.

Tout d'abord le roi avait refusé de garantir aux
Dolois le maintien de leur Parlement. Mais, peu après,
de son camp établi autour du prieuré de la Loye, il
donna la lettre patente du rétablissement de la compagnie, et réinstalla spontanément cette cour souveraine. Il reconnut que « les magistrats avaient bien
fait leur devoir, et que nonobstant l'affection qu'ils
avaient témoignée au bien de la justice, ils avaient été
mal à propos interdits. » Rien de mieux pour l'honneur
du Parlement, mais les lettres patentes ajoutaient que
« cette interdiction venait du zèle que le Parlement
avait témoigné pour le service du roi à la prise de
Dole en 1668, et de son attachement à la couronne de
France. » C'était reconnaître que les magistrats avaient
trahi l'Espagne, qu'ils avaient été avec raison l'objet
d'une information judiciaire. Ils demandèrent une rec-
tification, à laquelle Louvois finit par consentir. L'édit,
qui figure dans le Recueil, vol. 5, p. 12, ne porte pas
les dernières lignes, qui émurent si fort le Parlement.

En rétablissant le Parlement, le roi lui concéda ses

privilèges séculaires, ses droits et toutes ses prérogatives. Il déclara, en juin 1674, « qu'il serait composé
des anciens officiers qui en restaient. » Pour remplir
les places vacantes, il nomma Claude Boyvin pour président, Paul de Bauffremont pour chevalier d'honneur,
François Martel pour conseiller clerc, Linglois, Favière,
de Mutigney, de Malpas, Bouvrey, pour conseillers
laïques, Guillaume Loriot pour avocat général, Claude-
Antoine Berreur pour procureur général, et Claude
Boisot pour greffier en chef [1].

Tous ces nouveaux magistrats avaient lâché pied
lors de l'invasion et s'étaient ralliés à la France. Lampinet nous donne sur ce point de curieux détails; d'a-
près lui, et on ne saurait contester son témoignage,
Louvois fut dirigé dans le choix des magistrats par
Claude Boisot, au camp de la Loye. « Claude Boisot, dit
Lampinet [2], était fort chéri du marquis de Louvois,
pour la vivacité de son esprit et son intelligence des
fortifications; M. de Louvois avait en lui une entière
confiance. » Ces nouveaux parlementaires étaient les
amis ou les parents de Boisot, ou les protégés du marquis de Listenois; Lampinet ajoute que plusieurs des
magistrats nommés, notamment Bourrelier, seigneur
de Malpas, et Loriot, refusèrent, non point pour rester
fidèles au roi d'Espagne, mais dans la pensée que la
domination française ne serait pas de longue durée.

Le roi ne pouvait avoir oublié Claude Boyvin, le

---

(1) Bibliothèque Richelieu, manuscrits, fonds Moreau, 703, fol. 231.
(2) Manuscrit Lampinet, p. 155.

doyen des conseillers, et qui exerçait ses fonctions depuis 1654.

C'est à lui qu'il confia la première présidence, mais les préoccupations inhérentes à cette époque troublée avaient affaibli la santé du magistrat. La mort l'emporta quelques jours après sa nomination. Le roi avait apprécié l'attitude du conseiller Claude Jacquot, qu'il avait envoyé en négociateur devant la ville de Gray, et voulut d'autant mieux récompenser ses services que sa science, sa longue expérience des affaires, le rendaient digne des plus hautes fonctions; il l'appela à la première présidence en novembre 1674.

Toutefois, la faveur faite à Dole en lui continuant son Parlement ne dura que peu d'années. Satisfait des sympathies qui l'entouraient à Besançon, le roi voulut se montrer reconnaissant. Depuis longtemps Besançon enviait à Dole son Parlement et sa qualité de capitale; de son côté, la province se plaignait de ce que le Parlement était établi trop loin du centre de la Franche-Comté et demandait son installation à Besançon. Sous les ducs de Bourgogne, notamment de 1408 à 1412, on avait reconnu les inconvénients de recourir au tribunal souverain placé à l'une des extrémités de la Franche-Comté. Le duc Jean voulait déjà transférer le Parlement à Besançon, par emprunt de territoire [1], quoiqu'il fût ville impériale. L'échange avec Frankenthal avait été consenti dans le même but. Besançon, « où le roi avait fixé les personnes chargées de ses

---

[1] Dom Plancher, vol. 3, CCLXV; Bibl. de Besançon; Chevalier, t. II, p. 642.

ordres pour le militaire et pour les finances, » prenait
d'ailleurs chaque jour plus de développement et plus
d'importance. Ville impériale jusqu'à la paix de Muns-
ter, puis cédée au roi d'Espagne, la cité avait conservé
ses franchises et sa souveraineté absolue et était encore ad-
ministrée au moment de la conquête par quatorze gouverneurs, qui présidaient tour à tour et s'assemblaient
tous les jours, et par vingt-huit notables élus chaque
année par le peuple [1]. La manière de son gouvernement était, d'après Pellisson, digne d'être observée.
Tous les citoyens, de quelque condition qu'ils soient,
pouvaient aspirer à la souveraine magistrature. « Ils
étaient partagés en sept bannières ou paroisses, dont
chacune, tous les ans, à la pluralité des voix, nommait
quatre citoyens, qui faisaient en tout vingt-huit. Ces
vingt-huit, mêlés de toutes sortes de conditions de la plus
haute et de la plus basse, comme il avait plu à ceux
qui les avaient nommés, représentaient tout le peuple
et avaient un pouvoir assez semblable à celui des tri-
buns romains, n'entraient point dans le détail des
affaires ordinaires et civiles, mais choisissaient seulement, entre les personnes les plus considérables, quatorze autres magistrats annuels, dont chacun était à la
tête de ses treize collègues pour une semaine tour à
tour. Ceux-ci connaissaient également de la justice, de
la police et de toutes choses, mais non des procès criminels qu'avec les vingt-huit, qu'ils étaient aussi
obligés d'appeler en toutes les affaires de conséquence

(1) Manuscrits Chiflet, vol. 61, p. 389.

qui regardent l'Etat, ce qui faisait un conseil de quarante-deux [1]. » Ajoutons que Besançon avait été fortifié
par les soins des rois d'Espagne; il possédait une
monnaie où l'on fabriquait à ses armes et à son coin
des pièces d'argent et de tout autre métal, conformément aux privilèges de la cité; il possédait l'archevêché avec le droit pour le chapitre d'élire lui-
même son archevêque; non seulement il conservait
vivante par ses monuments la mémoire des Césars, des
Marc-Aurèle et des Charles-Quint, mais il s'était embelli de diverses constructions spacieuses, notamment
du palais bâti par Granvelle. « C'était, nous dit Pellisson, non seulement la plus grande et la plus belle ville
du comté, mais aussi l'une des plus agréables qu'on
puisse voir ailleurs. Les rues en tous les quartiers
étaient grandes et belles, accompagnées pour la plupart de parterres, de jardins et de petits bois, » et le
même auteur ajoute : « Les particuliers y sont plus
riches qu'ailleurs, principalement à cause du commerce
des blés et d'autres denrées, plus polis aussi sans comparaison et plus Français, tant pour les manières que
pour la langue, qu'ils parlent et écrivent quelquefois
avec beaucoup d'élégance et de pureté. » C'est la même
pensée que nous retrouvons dans une lettre du marquis de Broissia au contrôleur général : « Besançon,
dit M. de Broissia, est opulent, agrandi, embelli [2]. »

_____

(1) L'ancien magistrat de Besançon fut supprimé en 1676, par lettres patentes du 26 août.

(2) Lettre du marquis de Broissia, du 20 octobre 1699. Archives nationales. Biblioth. de Besançon. Correspond. des contrôl., vol. 2, n° 30.

Cette ville s'était rendue célèbre par ses savants, les
Lisola, les Philippe, les Augustin Nicolas, les Thomas
Varin, les Boysot, les Mairet, dont la tragédie de
Sophonisbe avait enlevé tous les suffrages et devait être
considérée par Voltaire comme un des chefs-d'œuvre
de la scène française. Les arts y étaient cultivés avec
succès; les écoles épiscopales y étaient florissantes et
enseignaient les arts libéraux; les Jésuites y avaient
établi dès 1597 l'un des plus beaux et des plus vastes
collèges qu'il y eût en France. Le siège archiépiscopal
était alors occupé depuis 1622 par Pierre-Antoine de
Grammont, qui donnait les plus nobles exemples de
dévouement, de charité envers les pauvres, « vivant,
dit un de ses contemporains [1], dans un entier éloigne-
ment du faste, de la vanité, des grandeurs humaines,
pour lesquelles il n'avait que du mépris. » Besançon
devait encore augmenter son importance en 1691, par
l'établissement de l'Université, puis par l'arrivée
d'une garnison nombreuse, par la construction de ses
fortifications, œuvre du plus grand ingénieur du siècle;
par la création d'un vaste séminaire dû à l'archevêque de Grammont; il était déjà la capitale de la
province au moment de la conquête. Louis XIV comprit qu'il était nécessaire d'y réunir tous les pouvoirs
destinés à gouverner la Franche-Comté.

Ce premier acte du roi fut un coup de maître qui
augmenta le dévouement de la population au pouvoir
royal. La ville sentit elle-même tout le prix de la fa-

---

(1) Manuscrit de P.-F. Barberot, avocat au Parlement.

veur qui lui était faite. Le roi lui demandait 300,000 fr.
payables en trois années, destinés à être employés aux
fortifications, somme énorme qu'il était d'autant plus
difficile d'acquitter, que la ville avait seulement 40,000 fr.
de revenu fixe, sur lesquels 30,000 étaient absorbés
par les frais de guerre et le logement des principaux
officiers [1]. Néanmoins Besançon s'empressa de se soumettre aux exigences du roi ; il offrit en outre aux
magistrats le palais où siègent encore aujourd'hui le
tribunal et la cour d'appel, élégante construction de la
Renaissance, qui ne fit pas regretter à la compagnie
l'édifice ruineux qu'elle possédait à Dole. Il devait
être récompensé de son zèle. La survenance d'un grand
corps de justice allait rapidement donner à Besançon un
nouveau lustre, imprimer à ses rues, à ses édifices, à
sa police, une plus grande régularité, enrichir sa force
numérique d'une population fixe en partie, et se renouvelant sans cesse dans sa partie mobile, jeter plus d'argent dans la circulation, élargir pour la jeunesse stu-
dieuse le cercle des études, et pour toute la population
le mouvement des idées.

Quant au Parlement, qui avait alors pour premier
président Ferdinand Jobelot, il s'empressa d'accéder au
désir du roi et répondit :

« Sire,

» La déclaration que Votre Majesté a fait que notre
compagnie siégerait à l'avenir dans Besançon, a été ac-

---

[1] Archives municipales, casier 1, rayon 7, reg. in-folio 190, reliure en
peau chamoisée verte.

cueillie de notre part avec tout le respect que nous devons et l'obéissance aveugle que nous rendrons toujours à ses ordres. Nous la supplions très humblement d'être persuadée de notre soumission en toutes rencontres, et que notre plus grande passion est de nous rendre agréables à Votre Majesté, et d'estre ponctuels à son service, et de mériter l'honneur d'estre,

» Sire,

» De Votre Majesté,

» Les très humbles, très obéissants et très fidèles subjets.

» Les Présidents et gens tenant la Cour du Parlement à Dole. »

Deux jours après, Jobelot se présenta aux portes de Besançon et fut complimenté par les représentants de la ville.

Le 8 novembre, la compagnie s'assembla en la maison de M. le Président, et décida qu'elle enverrait une délégation de quatre magistrats à M. le maréchal de Duras, pour lui annoncer qu'elle ferait sa rentrée le lendemain de la Saint-Martin.

C'est au palais, sur la place Saint-Pierre, que vint siéger la compagnie. Le drapeau de la France fut planté sur la maison de la cité, sur l'édifice où maintes fois avait été acclamée la dynastie impériale.

Ce palais n'avait pas de pièces suffisamment spacieuses pour contenir les magistrats, avocats et procureurs; il était mal distribué. Le Parlement décida que les première, seconde et troisième chambres seraient agrandies. Les murs intérieurs n'étaient pas suffisamment décorés. Le roi envoya aux magistrats son portrait et de riches tapisseries.

Ce fut l'intendant de la province, M. Camus de Beaulieu, qui, le 25 juillet 1674, fit connaître en ces termes les intentions généreuses de Louis XIV : « Je dois donner part à la compagnie du présent que Sa Majesté lui veut faire de son portrait et de tapisseries parsemées de fleurs de lys pour les chambres de l'audience et du conseil, et des tapis de même façon pour couvrir les bancs sur lesquels les juges seront assis. » Le Parlement répondit qu'il conserverait le portrait et les marques de la magnificence et de la bonté du roi, avec toute la vénération et le profond respect qui lui était dû (1).

A cette même époque, Valenciennes fut emportée d'assaut, Cambrai dut se soumettre aux armées françaises. Le roi ordonna des prières publiques ; le Parlement répondit :

« Sire,

» Les victoires de Votre Majesté nous causent tant de joie que nous obéissons avec bien du plaisir aux

(1) Archives du Doubs. Correspondance du Parlement. Ces tapisseries furent détruites par le représentant du peuple Lejeune, qui succéda à Bassal et qui fit brûler aussi de nombreux objets précieux. Il avait donné l'ordre de construire sur le champ de l'Egalité, une montagne de soixante pieds de hauteur, au bas de laquelle se trouvait un bûcher composé de croix, de statues, de tableaux, de tapisseries, de livres, et surmonté d'un écriteau : « Plus d'espoir au fanatisme. » C'est Lejeune qui, après un long discours, alluma le feu. (Journal la Vedette, du 20 prairial an II.) Cette œuvre de destruction fut reprise plus d'une fois et servit d'accompagnement solennel à la fête de l'Etre suprême, le 8 juin 1794.

ordres qu'elle nous a donnés d'assister en robe rouge au *Te Deum*, pour ses conquêtes. Elle est véritablement si surprenante en toutes circonstances qu'on ne voit plus rien d'impossible aux armes de Votre Majesté, ni de nouveaux exploits à ajouter à sa gloire. »

Les mêmes sentiments de dévouement se manifestèrent à chaque victoire. Tous les événements qui touchaient à la prospérité, à l'avenir, à la fortune de la France, étaient portés à la connaissance du Parlement par l'envoi de bulletins officiels qui se ressentaient parfois des exagérations du triomphe ; non seulement le succès de nos armées, la capitulation d'une citadelle, la conclusion d'un traité de paix étaient annoncés aux magistrats, mais la couronne leur faisait part des grandes phases de l'existence de la famille royale, des naissances, des décès des princes, des joies, des douleurs de la dynastie. Les magistrats se réjouissaient avec les représentants de la monarchie de leur bonheur, qui était le sien, et courbaient avec eux le front devant les décrets de la Providence qui les frappaient ensemble; ils manifestaient hautement leurs respectueuses sympathies pour la royauté, qu'ils vénéraient jusque dans ses écarts, et donnaient l'exemple d'une entière soumission aux volontés du roi ; pour eux, cette royauté avait le caractère d'une institution plus divine qu'humaine. Louis XIV avait beaucoup ajouté au prestige de la monarchie; au culte basé sur la religion, sur les mœurs, sur l'habitude, était venue se joindre comme une passion personnelle pour le prince ; il était d'ailleurs à l'apogée de sa gloire. Il venait, en 1684, de faire ratifier par la diète

de l'empire l'occupation de Strasbourg ; il avait pris
Luxembourg à l'Espagne, Deux-Ponts à la Suède. Entourée par des places fortes françaises, la Lorraine
n'avait plus qu'une indépendance nominale. De Genève
et Lyon jusqu'à Strasbourg, tous les pays en deçà du
Jura et du Rhin avaient été soumis à la domination française.

Le peuple lui-même se ralliait peu à peu à la monarchie
de Louis XIV et à la France. Le 15 janvier 1679, lorsque le duc de Duras, accompagné de M. de Chauvelin,
intendant de la province, du lieutenant du roi, du
maire de la ville et des échevins, fit donner lecture par
le secrétaire de la mairie, sur la place de l'Hôtel de
ville, des articles du traité de Nimègue, qui cédait la
Franche-Comté à la France, cette lecture était suivie
d'acclamations unanimes. La même année, en août,
Louvois était accueilli avec le plus grand empressement
par la majorité des habitants, qui illuminèrent leurs
fenêtres avec des chandelles entourées de papiers aux
armes du ministre [1], et surtout par le Parlement, qui
l'aurait volontiers traité de Monseigneur, ce qui était
encore une nouveauté, si M. de Louvois lui-même
n'avait prié qu'on s'en abstînt. Huit délégués, dont un
président, un chevalier et six conseillers, se rendaient à
Dole pour adresser leurs compliments au premier ministre, et la cour de Parlement allait elle-même, en robe
noire, lui faire la révérence en son logis, dans l'hôtel
du sieur d'Orchamps, où était logé l'intendant Chauve-

(1) Archives municipales, reg. in-folio 230, casier 1, rayon 7.

lin [1]. « Le marquis de Louvois recevait les magistrats
avec une extrême bienveillance ; il les reconduisait jusqu'au dernier degré de l'escalier, déclarant qu'il se
faisait un plaisir de donner à connaître à tout le monde,
par son exemple, l'honneur et l'estime que l'on devait
faire de la cour de Parlement. »

Non seulement les magistrats, mais la noblesse elle-
même s'empressa d'exprimer à Louvois ses sentiments
de fidélité et de dévouement. Elle s'était réunie à Besançon en grand nombre, et elle s'y rencontrait avec
les députés des Etats. On lui demanda un serment solennel, qu'elle n'hésita pas à prêter [2]. Toutefois, elle
ne se borna pas, comme la magistrature, à affirmer son
adhésion au nouvel état de choses, elle eut le courage
de revendiquer hautement en présence des ministres
les droits de la province, et cela de concert avec les députés des Etats qui se trouvaient avec elle à Besancon.
Présentée comme eux à Louvois, par le marquis de
Montauban, elle réclama le rétablissement des Etats
généraux. Louvois feignit de croire que depuis longtemps ils étaient abolis ; mais les gentilshommes
répondirent qu'ils existaient encore en 1673, et représentèrent les registres de leurs délibérations, ajoutant
que s'ils n'avaient pas été convoqués, c'était par suite
de l'interdiction de M. le duc de Duras et de M. l'intendant ; que cette suppression illégale ne pouvait être in-

---

(1) Le P. Dunand s'exprime ainsi : « Le 7 juin, le marquis de Louvois
logea chez M. Chauvelin, intendant, qui demeurait dans la maison d'Orchamps, plus bas que les Annonciades. » Vol. 7, p. 433.

(2) La formule de ce serment est déposée aux Archives du Doubs.

voquée contre la province. On convint d'envoyer des
députés à la cour avec mission de rappeler les droits de
la nation, les promesses formelles de Sa Majesté, les
capitulations et traités de paix, et d'insister pour la
reconstitution prochaine des Etats; on choisit même
pour présenter la requête un intermédiaire en crédit à
la cour, l'archevêque Antoine-Pierre de Grammont.
Que fut-il répondu à la demande du prélat? On l'ignore.
L'affaire n'eut pas de suite, sans doute parce que le
roi se refusa de réintégrer la Franche-Comté dans ses
prérogatives et ses droits. Si nous avons rappelé cette
attitude de la noblesse, c'est en raison des affirmations
de Dunod et du président de Courbouzon. Le premier
argumente d'une abdication volontaire de la province [1].
Le second déclare que si nous avons perdu les Etats.
c'est parce que nous avons voulu les perdre [2]; alléga-
tions que dément un procès-verbal relatant la protestation de la noblesse en 1679, procès-verbal conservé
en original dans les archives de nos Etats.

Les années qui suivirent ne modifièrent point l'attachement de la Franche-Comté, ses sympathies pour le
régime récemment établi.

En 1682, lorsqu'on apprit la naissance du duc de
Bourgogne, la population tout entière s'associait aux
réjouissances publiques destinées à fêter cet heureux
événement; les magistrats déclaraient ne pouvoir renfermer en eux-mêmes toute la joie que leur causait

(1) *Histoire du comté de Bourgogne*, t. II, p. 420.
(2) Ouvrage des académiciens, t. I, p. 245, manuscrit. Biblioth. de Besançon.

cette nouvelle. « Ce don du ciel, Sire, est d'autant plus grand pour nous qu'il est plus rare pour les rois. Il fut autrefois la récompense de la foy d'un grand patriarche, comme il est aujourd'hui celle de la religion de Votre Majesté, pour rendre votre postérité, comme la sienne, aussi nombreuse que les étoiles du firmament, et étendre la durée de son peuple comme celle du vôtre jusqu'à la consommation des siècles. »

L'année suivante, cette même population manifestait sa fidélité avec plus d'enthousiasme encore.

En juin 1683, le roi voulut éblouir Besançon de sa gloire et de l'éclat de sa cour; il arriva avec la reine, fille de Philippe IV et héritière de Charles-Quint, et avec Louvois, au milieu d'une foule compacte, qui, comme le raconte le P. Prost, était accourue de toutes parts. Il avait pris soin d'interdire « toutes cérémonies et tous discours [1]. » Le Parlement dut renoncer à lui envoyer des députés à son entrée dans la province, mais les harangues n'en furent pas moins nombreuses; il fut félicité et par les magistrats et par toutes les corporations. Il descendit au palais Granvelle au milieu des acclamations les plus vives, visita tous les édifices publics, étudia les fortifications, assista aux offices religieux [2], et ne reçut partout que des témoignages du

[1] Archives départementales, B. Parlement, affaires intérieures.

[2] On lit dans les notes manuscrites déposées aux Archives : « Le jour de la feste Dieu tombant le 17, lendemain de l'arrivée du Roy, Mons' l'archevêque avait eu la pensée de faire ce jour-là la procession générale, qui ne se doit faire qu'au dimanche suivant, pour que Sa Majesté y assistant, la solennité fût plus grande par la présence de tous les corps et de tout le peuple. Mais le Roy ne voulut point qu'à sa considération, on changeât la

plus profond, du plus respectueux attachement [1]. Il était harangué, félicité par le Parlement et par toutes les corporations. Le comte de Saint-Amour, à qui appartenait le palais Granvelle, comme héritier du cardinal et de sa famille, entendant le roi manifester son admiration pour deux figures en marbre qui décoraient le palais, s'empressa de les lui offrir et de les expédier à Versailles. C'est encore un manuscrit qui nous renseigne : « Le roi étant venu loger au palais Granvelle, qui appartenait au comte de Saint-Amour, comme héritier de la maison Granvelle, et y ayant remarqué deux bustes, le comte supplia Sa Majesté de les accepter. Le Jupiter, un de ces bustes, avait été trouvé à Rome ; c'est une statue colossale, dont les bras et les jambes manquaient ; tout le reste était d'une beauté parfaite. Sur son piédestal se voit une inscription portant qu'il a fait l'ornement de la villa Médicis, et que Marguerite d'Autriche l'avait donné au cardinal de Granvelle en 1540. Le P. de Montfaucon, le comparant à l'Hercule Farnèse et à l'Apollon du Belvédère, conjecture que c'est la belle statue colossale de Jupiter faite, suivant Strabon, pour le temple de Junon à Samos, et envoyée à Rome par Antoine. Quant au buste de Junon, quoique de bonne main, il ne paraît pas anti-

---

manière ordinaire de solenniser la feste par les processions qui se font ce jour-là dans chaque paroisse, et se contenta d'assister avec la reine, Monseigneur le dauphin et toute la cour, avec une piété exemplaire, aux offices qui furent célébrés matin et soir, et à la procession qui fut faite à l'église métropolitaine, le matin dudit jour, 17ᵐᵉ de juin. » (Arch. départementales, B, Parlement, Affaires intérieures.)

(1) Manuscrit Dunand, vol. 7, p. 435. Biblioth. de Besançon.

que, et probablement le cardinal le fit faire pour symé-
triser avec celui de Jupiter [1]. » Louvois et le cardinal
de Bonsi étaient, eux aussi, accueillis avec empressement. Le cardinal était homme d'esprit et de talent,
et exerça, par sa magnificence et le charme de ses manières, une haute influence sur le clergé. Ce voyage de
Louis XIV fut un acte politique d'une haute habileté,
et conquit à la France bien des cœurs.

Des sentiments de dévouement absolu étaient encore
exprimés par toute la province, en 1703, lors du passage à Besançon du duc de Bourgogne, fils aîné du
dauphin ; revenant de la conquête de Brisach, il arrivait
le 20 septembre, à trois heures de l'après-midi ; la municipalité en corps l'attendait à la porte de la ville, dont
les clefs lui étaient présentées par le lieutenant du roi ;
on lui envoyait « six paniers de confitures et deux paniers de vin, » toutes les fenêtres étaient illuminées [2].

En 1707, le même enthousiasme se produisait dans
le peuple, comme parmi les magistrats, à l'occasion de
la naissance du duc de Bretagne.

Chaque jour devait atténuer les regrets de la domination espagnole. Il n'y a que les convictions solides
qui résistent. Antiques privilèges de la cité, rivalités
locales, susceptibilités de l'esprit municipal, tout devait
s'évanouir, ou, pour mieux dire, tout devait se concen-
trer peu à peu en un seul sentiment vivace, indestructible, l'amour de la France.

---

(1) Manuscrit Quirot, appartenant à Mme Henri de Chevroz.
(2) Archives municipales, reg. in-folio, BB. 118, casier 1, rayon 8.

C'était le sentiment, non des classes pauvres, qui restaient dans une opposition sourde et opiniâtre, affectaient de travailler le jour de la Saint-Louis, se faisaient inhumer la face contre terre en haine de la France, et apprenaient à leurs enfants à prier chaque soir pour le roi d'Espagne [1]; mais c'était le sentiment de la bourgeoisie des villes, des campagnes et du Parlement, dont les prérogatives nobiliaires étaient reconnues, et qui était constamment traité avec égard et considération; c'était le sentiment de l'aristocratie, qui voyait ses terres érigées en marquisats et en comtés, qui s'empressait de prendre place dans les armées royales, et combattait bravement pour la France et pour son roi. Les officiers de Mme de Lislebonne restaient seuls hostiles à la domination française. M. de Tournon se distinguait par sa fermeté dans les actions les plus périlleuses. M. Paul de Bauffremont, marquis de Listenois, nommé chevalier d'honneur du Parlement, quand le roi rétablit cette compagnie après la conquête, se faisait tuer cette même année à la bataille de Saint-François. « C'était, dit Quirot, un seigneur d'une grande espérance. La devise de sa maison était : « Dieu aide au premier chrétien, » le roi le regretta. » M. de Saint-Mauris, colonel de cavalerie, le marquis de Laubespin, capitaine de chevau-légers, se faisaient une réputation de bravoure justifiée. Le chevalier de Vaudrey se signalait en Flandre, en Irlande, en Piémont, et se couvrait de gloire à l'affaire de Coni. MM. de Grammont-Falon, trois frères, tous trois colo-

[1] Note de M. l'avocat Perrot, de Maîche

nels de dragons, servaient avec autant de courage que de dévouement. Louis XIV était heureux de rendre hommage à la vaillance, non seulement des officiers, mais des soldats comtois; « Sa Majesté, nous dit le *Mercure galant* de 1692, en est si contente, qu'elle ne les regarde pas moins favorablement que ses anciens sujets [1].

(1) *Mercure galant,* janvier 1692, p. 227, 290; janvier 1703, p. 299, 332, 333.

CHAPITRE II

LES PREMIÈRES ANNÉES DU PARLEMENT A BESANÇON

―――――

Vigilance du Parlement. — Questions de préséance. — Conflits avec l'archevêque, l'Université, les chevaliers de Saint-Georges, le gouverneur. — Réorganisation du Parlement. — Vénalité des offices. — Prérogatives des magistrats. — Gages et épices. — Réformes judiciaires. — Etendue de la juridiction du Parlement. — Erudition, honorabilité des magistrats. — Mœurs judiciaires. — Familles sénatoriales. — Science du droit. — Sévérité des examens. — Attitude du Parlement vis-à-vis du pouvoir royal.

Les premières années du Parlement, dès son installation à Besançon, furent consacrées à réparer les désastres occasionnés par la guerre. Avec une sollicitude qui honore les magistrats, il s'efforça de faire renaître l'aisance, en empêchant le monopole, en favorisant le commerce, la vente des denrées, en faisant observer la police la plus sévère. Jaloux des prérogatives concédées à la province, il sut maintenir le droit, pour ses habitants, de ne pouvoir être traduits hors du ressort, droit que Louis XIV avait, lors de la conquête, conservé à la Franche-Comté; il vint en aide aux pauvres, aux victimes de la guerre, aux malades. Lorsque après le siège fameux où Dole se montra héroïque, la Franche-Comté

fut, pendant une longue période de douze années,
affligée par la guerre, la peste et la famine, il tenta
d'atténuer les souffrances du peuple, de secourir le
pays. La province était ravagée non seulement par
l'ennemi, mais par les armées auxiliaires entretenues
pour la défense, et qui y firent cette fois autant de mal
que les assiégeants. Le Parlement réprima avec une
juste sévérité le pillage, le vol, et tous les crimes et
les délits; sa sollicitude s'étendit partout.

Sa vigilance, sa fermeté, rétablissent l'ordre et
mettent fin aux agitations, aux exactions que venait
d'éprouver la Franche-Comté; il touche à tout; il lui
suffit, pour intervenir, d'entrevoir une amélioration à
réaliser ou un abus à empêcher.

Il commence, en 1680, par limiter la compétence de
l'Officialité. « Le tribunal de l'Officialité, dit Dunand,
exerçait une juridiction fort étendue, il connaissait de
toutes sortes de matières ecclésiastiques et civiles,
même entre laïques. On y publiait les testaments. Cette
étendue d'attributions était fondée sur l'autorité souveraine que les archevêques prétendaient avoir reçue des
empereurs [1]. » Le Parlement se saisit de la majeure
partie de ces prérogatives et, toutes chambres réunies,
s'attribue juridiction, en invoquant la nécessité de
se conformer aux usages du royaume, d'établir l'uniformité dans l'organisation judiciaire.

A cette même époque, il prétend étendre son pouvoir
plein et entier sur le comté de Montbéliard; il ordonne

---

[1] Manuscrit du P. Dunand, Biblioth. de Besançon, vol. 7, p. 434.

« que les armes de Sa Majesté seront placées sur les portes des villes, châteaux, auditoires, hôtels de ville, etc., et que les baillis, prévôts, magistrats, habitants et sujets dudit Comté prèteront serment à Sa Majesté comme comte de Bourgogne, et qu'ils ne pourront se pourvoir ailleurs, en dernier ressort, que devant le Parlement de Besançon. » Il condamne, en outre, le duc Georges, comte de Montbéliard, à rendre hommage et serment à Sadite Majesté, et, en cas de refus, déclare la commise dudit comté déjà ouverte au profit du roi.

Il organise l'aumône, il provoque la charité, il entoure les hôpitaux et les prisons de sa sollicitude toute spéciale; sa surveillance sur les prisons est continuelle, elle s'exerce particulièrement à l'époque des grandes fêtes de l'année; deux conseillers sont députés pour entendre les plaintes des détenus et consigner leurs observations dans un procès-verbal soumis à la cour. Préoccupé des rigueurs de l'hiver, de la misère des habitants, il s'efforce de les secourir en leur fournissant du bois de chauffage en quantité suffisante [1]. La mendicité est le sujet pénible de ses délibérations; il oblige les mendiants à aller travailler à la campagne; il fait défense de quêter à domicile dans le comté de Bourgogne; il rend des arrêts pour empêcher l'invasion des maladies contagieuses qui atteignent le bétail [2]; il surveille les dettes et emprunts des communautés, la réparation des chemins, des ponts, des péages, la ré-

(1) Manuscrits Chiflet, vol. 64, 1°, p. 123.
(2) Manuscrits Chiflet, vol. 61, p. 340.

partition des impôts; il prend des mesures de police
pour assurer l'ordre matériel et maintenir la religion
et la moralité publique. En 1674, il prohibe les assemblées hostiles au culte catholique; il interdit aux caba-
retiers de donner à boire aux habitants de leur commune; il veille à la conservation des bois, proteste
contre l'abus de convertir en charbon des arbres
propres aux constructions et aux réparations des bâtiments, insiste pour que la Chambre des eaux et forêts
ait le droit d'accorder l'autorisation de couper des fu-
taies [1]; il proscrit les modes défectueux de culture, et
son autorité s'étend à l'administration politique, à la
justice, aux finances, à l'instruction publique, au commerce, en un mot, aux éléments multiples dont l'ensemble constitue la vie d'un peuple.

La procédure des justices seigneuriales occasionnait
des lenteurs, des frais trop coûteux; il établit de sages
réformes.

Les officiers subalternes abusaient de la confiance
des plaideurs et exigeaient d'eux des honoraires, des
frais de procédure trop élevés; il interdit de pareils
abus. Certains lieutenants criminels, notamment le
lieutenant du bailliage de Salins, se rendaient coupables, en 1704, de malversations, d'excès de pouvoir;
il réprime la faute commise, et, dans une lettre du
23 juin 1704, le chancelier approuve la conduite du
Parlement et demande qu'il rétablisse partout la discipline.

---

[1] Archives départementales. Parlement, B. 3881.

Le maire de Besançon se permettait d'enfermer sans écrou et pour faits de police, de nombreuses personnes dans diverses maisons de force, notamment dans la maison de Bellevaux, dans celle du Refuge, et dans la prison dite de la mairie ; il ne soumettait les prévenus à aucun interrogatoire, il ne requérait contre eux aucune procédure régulière. Le Parlement met fin, avec raison, à de pareils abus ; il décide : « 1° que le maire devra le prévenir des arrestations qui se produiront à l'avenir ; 2° que les prisons seront visitées par les commissaires de la Tournelle, dans la même forme que les prisons du Palais et à des époques déterminées [1] ; » sa sollicitude devient surtout fort vive, lorsqu'il s'agit de remédier à la pénurie des récoltes, aux crises alimentaires.

Grâce aux vieilles barrières de douanes, la province était constamment menacée de la famine. Tantôt le grain pourrissait captif et trop abondant en Franche-Comté, tandis que la Bourgogne, la Suisse et d'autre pays étaient menacés de disette ; tantôt cette même Franche-Comté ne pouvait vivre, la libre circulation du blé provenant de Bourgogne ou de Suisse étant interdite. Il en résultait non seulement l'appréhension fort justifiée de manquer de pain, mais une surélévation ou une baisse excessive dans le prix, cause de ruine pour le consommateur ou pour le producteur. Une lettre du procureur général Boisot montre la situation mieux que notre appréciation personnelle.

---

(1) Extrait des délibérations de la Tournelle, Archives du Doubs, B. 2144.

Le 20 mai 1695, Boisot écrivait au contrôleur général : « Il y a en ce pays une si grande abondance de blé,
que ce qui valait, l'année dernière, six livres cinq sous,
ne vaut à présent que vingt-deux sous, parce qu'il n'y en
a point de débit. Si la récolte prochaine est aussi belle
qu'elle le promet, il n'en vaudra pas douze, ce qui
mettra la province hors d'état de fournir les sommes
qu'on en a tirées jusqu'icy. Pour y remédier, il n'y a
qu'à autoriser la sortie des grains, et à laisser la liberté
à chacun d'enlever, pour les mener où la débite sera
meilleure. C'est le seul et véritable moyen de faire
entrer dans le pays de l'argent étranger, dont il a
grand besoin, y estant fort rare. L'on pourrait vous dire
des raisons spécieuses pour vous en détourner, mais
soyez persuadé que l'intérêt y aura part et non le bien
public, et que pour enrichir quelques particuliers qui
auront des permissions secrètes, on ruinera tout le
général [1]. »

C'était au Parlement à empêcher la misère, à procurer à la province des ressources suffisantes, tâche
difficile et des plus lourdes, source incessante de préoccupations et d'inquiétudes pour la magistrature, la
rigueur du froid, l'inclémence des saisons, les gelées
précoces, la pluie ou la sécheresse, exerçant la plus
haute influence sur les récoltes. Il y avait à empêcher
les accaparements, à entraver les spéculations, à surveiller non seulement les boulangers, mais les bour-

---

[1] Archives nationales. Bibliothèque de Besançon. Correspondance des
contrôleurs, vol. 1, p. 390.

geois, qui amassaient des blés pour les vendre plus cher. L'incertitude du lendemain, les vaines alarmes, augmentaient encore les difficultés; non seulement chacun faisait des réserves, ou entassait, ou cachait, mais les populations prenaient peur, ce qui était assez naturel, leur subsistance dépendant parfois de tel arrivage d'un convoi de la Beauce ou de la Bourgogne. Il fallait rassurer le pays, ne pas céder à l'opinion, se renseigner bien complètement sur la production de la province. Les registres du Parlement montrent combien la magistrature veillait au bien-être des populations, avec quel soin elle intervenait, soit isolément, soit avec le pouvoir administratif, pour leur venir en aide. Tantôt elle demande la suppression de toutes les ordonnances autorisant l'exportation des grains; tantôt, si le blé est abondant, elle insiste pour que la Suisse et les provinces voisines puissent profiter de cet excédent de récoltes; son contrôle est incessant et s'étend partout; il dégénère même en inquisition; c'est ainsi qu'il décide à diverses reprises : « Que tout particulier et toute communauté seront tenus de faire au greffe les déclarations des lieux où ils ont des terres labourables, de la quantité de blés et de grains qu'ils recueillent, et des terres qu'ils auront ensemencées [1]. » Il faut le reconnaître, ces précautions étaient souvent justifiées.

Primitivement, il était souverain appréciateur des mesures à prendre, mais le gouvernement, qui ne supportait qu'à regret la puissance des Parlements, et qui s'effor-

---

[1] Archives du Doubs. Actes importants, vol. 16, p. 26.

çait de la restreindre, voulut souvent imposer sa volonté, et parfois soumettre la Franche-Comté à une réglementation qui pouvait s'appliquer à d'autres provinces, qui n'avait pas sa raison d'être dans notre pays. C'est ainsi qu'en 1723, il ordonnait que tous les blés seraient vendus dans les halles et marchés. Résistance du Parlement, qui présente au roi des observations fort sages. « Il n'y a, dit-il, des marchés que dans les villes et dans quelques bourgs ; il n'y en a que deux ou trois dans les montagnes, où le blé est plus rare, et dont les habitants en ont plus de besoin ; quel préjudice ne leur serait-ce pas, s'ils étaient obligés d'aller à cinq ou six lieues acheter du blé !.... Dans les cantons de vignobles, l'inconvénient ne serait pas moins grand. Une longue expérience a fait connaître que pour avoir du bon blé, il faut changer de semence tous les trois ans ; il faut pour cela du blé trié. L'on n'en trouve pas de tel dans les marchés, etc., etc. [1]. »

En toute occasion, l'Etat essaie d'entraver l'autorité du Parlement, et prétend surveiller lui-même l'approvisionnement. En 1749, le 25 juin, le Parlement avait rendu un arrêt de règlement portant injonction à tous les particuliers d'apporter aux marchés publics le superflu de leurs denrées. Le contrôleur général Machault conteste l'utilité de cette décision, et dans une lettre du 11 juillet prétend « que de pareilles dispositions ne servaient qu'à faire resserrer les grains et, en augmentant les alarmes, à augmenter aussi la misère

(1) Archives départ. Parlement. Actes importants.

et la disette. » « Je ne puis me dispenser de vous dire, écrivait Machault au procureur général, combien j'ai été étonné que vous ayez pris les conclusions visées dans cet arrêt, sans vous être préalablement instruit des intentions du Roi, surtout étant en état de savoir que si Sa Majesté a bien voulu laisser au Parlement l'administration générale de ce qui pouvait concerner les grains, ce n'avait été que par la persuasion où elle était qu'il ne serait rien fait sur cette partie que de concert avec le gouvernement. » Le procureur général n'acceptait pas les reproches qui lui étaient adressés, et le 16 juillet répondait : « Notre détermination a été mesurée et combinée avec l'extrémité pressante de pourvoir jour par jour à la subsistance d'un nombre infini de malheureux, parvenus sous nos yeux au moment de périr par la faim. Ce parti, tout extrême qu'il paraisse, ne laissait pas la liberté du choix, les règles de l'équité et de l'humanité le sollicitaient également…. Chacun s'est exécuté, le blé a recommencé à reparaître, les visites ont redoublé les envois, les particuliers ont ouvert leurs greniers pour aider les nécessiteux, ce qui a diminué dans les marchés des villes la foule des affamés, et nous ne pouvons comprendre comment il s'est trouvé dans ce pays quelqu'un pour chercher à donner des impressions défavorables de notre conduite au milieu des applaudissements publics qu'elle a reçus, et des bénédictions qu'elle nous attire[1]. »
Nous citons cette correspondance, pour montrer com-

---

[1] Archives départementales. Correspondance du Parlement. Minutes des Remontrances, année 1749.

bien la province était parfois menacée de la famine, combien le gouvernement, injuste dans sa désapprobation, supportait difficilement l'indépendance des magistrats.

A côté de questions d'un ordre supérieur, le Parlement se préoccupe de détails qui nous paraissent aujourd'hui sans importance, sans intérêt sérieux, qui tiennent cependant une assez grande place dans ses délibérations, et sont aujourd'hui curieux comme symptômes de la différence des époques.

Il commence par signifier en maître ses volontés.

Le 9 novembre 1676, il déclare « qu'il choisira l'église de Saint-Pierre pour y dire la messe le jour de la rentrée; que Mgr l'archevêque sera prié de la célébrer et que cette messe sera chantée en musique. » Les cloches l'incommodent : il décide que « l'on fera entendre au magistrat de ne plus sonner la cloche de Saint-Pierre qui sonnait en devant pour l'assemblée des gouverneurs, si ce n'est aux jours et heures destinées pour l'assemblée du Parlement. » Il veut pour son chef une place d'honneur, et il entend que M. le premier président se mette dans la première forme de l'église; il règle le cérémonial à suivre pour ce magistrat, même à son domicile, et il estime que « M. le président estant en son logis ne reconduira personne hors de la salle ou antichambre, soit que les visites lui fussent faites par civilité ou toutes autres affaires. » Il n'admet pas que les membres du Parlement soient grevés de certains impôts, et il requiert le magistrat de Besançon de « tenir exempts de toutes impositions les vins et denrées entrant dans la ville et appartenant à la compagnie. »

De concert avec le marquis de Louvois, il se préoccupe de la tenue de la magistrature, des détails de son costume, qui était considéré comme chose de grande importance.

Le 13 novembre 1675, Louvois invite le président Jaquot et le procureur général à proposer à la compagnie « d'aller vêtus de long, parce que cela inspirera aux peuples plus de respect et de considération envers les particuliers et les corps : » c'est la même pensée qu'exprimera plus tard d'Aguesseau, qui considère, lui aussi, que la décence extérieure doit toujours accompagner le magistrat, et que le costume est un des moyens capables d'attirer à la magistrature la distinction publique qui lui est nécessaire. Il est certain que la majesté du costume obligeant ceux qui en étaient revêtus à une dignité, à un respect d'eux-mêmes, que n'eût pas exigés l'habit de ville ordinaire, le magistrat conservait cette qualité en dehors même de ses fonctions, la population le reconnaissait, et le respect qu'elle portait à sa robe donnait à ses arrêts une autorité d'une incontestable utilité.

Nous avons changé tout cela. L'étiquette, qui régnait alors en souveraine, a fait place à une liberté démocratique à laquelle nous n'avons peut-être pas gagné beaucoup.

Le Parlement reconnaissait la sagesse des instructions de Louvois et s'empressait de décider « qu'il prendrait des robes fermées devant comme au Parlement de Paris [1]. »

_____

(1) Archives départ. Correspondance du Parlement.

Dans les grandes cérémonies, le président portait un manteau d'écarlate fourré d'hermine et un mortier ou bonnet de velours noir, orné de deux galons d'or pour le premier président et d'un seul galon pour les autres. Les conseillers, les avocats et les procureurs généraux avaient la robe écarlate et le chaperon rouge fourré d'hermine. Dans ces mêmes cérémonies, les magistrats faisaient porter la queue de leurs robes.

D'autres incidents, dont toute l'importance est précisément dans les prescriptions de l'étiquette, méritent d'être rapportés et motivent de longues délibérations. A peine installé, le Parlement conteste au chapitre métropolitain son titre d'illustre et se refuse à laisser les chanoines occuper leurs places habituelles dans le chœur, lors des cérémonies publiques.

Il s'attaque, en 1704, à l'archevêque Pierre-Joseph de Grammont, et soutient qu'il n'a pas le droit de prendre, en plaidant devant une cour supérieure, des titres et éloges tout à fait hors d'usage, contraires aux ordonnances de la province et incompatibles avec la qualité de suppléant; que, procédant au Parlement, il ne peut se qualifier d'illustrissime et révérendissime seigneur et autres titres brillants et même plus éclatants [1]. Pierre-Antoine de Grammont, oncle et prédécesseur de l'archevêque, se contentait de la qualité de messire. Pourquoi modifier l'usage établi ? Puis le Parlement ne connaissait de seigneurs que le roi et les fils de

---

[1] Mémoire pour les officiers du Parlement. Archives du Doubs. Intend. Carton 125, C. 633.

France [1]. Le Parlement va plus loin : il veut s'attribuer, en 1706, des droits exorbitants ; dans une requête présentée au roi, le comte de Bourgogne se plaint « d'abus onéreux sur lesquels il ne peut obtenir justice, attendu que ces abus procèdent du fait des officiers du Parlement, lesquels, en premier lieu, s'attribuent l'examen des curés sur les mœurs et la capacité ; dans la même requête, le clergé affirme que le Parlement veut régler les droits curiaux et droits honoraires des ecclésiastiques ; qu'il exige jusqu'au huitième denier du revenu des bénéfices pour l'enregistrement des bulles ; qu'il fait payer aux curés et autres ecclésiastiques des épices excessives ; qu'il consomme sans nécessité ni utilité le revenu des bénéfices pendant les vacances, sous prétexte que le revenu est aux économes [2]. »

Assez embarrassé, le chancelier tente la conciliation : il échoue ; on songe à donner à des commissaires choisis par les deux parties le soin de terminer le différend ; on échoue encore : on rédige de très nombreux, de très volumineux mémoires, et l'avocat Muyard soumet au conseil du roi de longues requêtes. Aucune solution n'intervient tout d'abord. Le chancelier espère que le temps calmera l'irritation des esprits.

Blessé de ces procédés, l'archevêque ne se contente pas de répondre par plusieurs mémoires aux prétentions des magistrats ; il veut user de représailles ; il

(1) Archives du Doubs. Intend. Carton 124, C. 632.
(2) Id., ibid.

considérait assez peu les parlementaires, ces anoblis de fraîche date ; il ne souffrait point la haute importance que s'attribuait la magistrature. Les prédicateurs devaient, dans le carême qui se prêchait dans l'église Saint-Pierre et pour lequel le Parlement en robe et en bonnet carré avançait d'une demi-heure ses audiences matinales, adresser aux magistrats un salut « qui se composait d'une profonde inclination accompagnée du mot : Messeigneurs. » C'était, aux yeux des parlementaires, un droit qui ne pouvait être contesté ; mais, en 1715, l'archevêque essaie de supprimer le cérémonial et ordonne au curé de Saint-Pierre, M. Vuillemot, de s'abstenir du salut et de la qualification de messeigneurs : grande émotion parmi les magistrats ; on procède à une enquête, on entend M. le curé, on lui demande une déclaration écrite, qu'il dit ne pouvoir donner sans l'assentiment de son évêque. On veut les conclusions des gens du roi. L'intendant intervient, il écrit au régent Philippe d'Orléans ; la régence, qui désirait ne rien trancher d'une façon absolue et tenir le large, répond « que l'usage resterait perpétuel et constant ; que l'on saluerait le Parlement après l'archevêque dans les sermons d'Avent et de Carême ; qu'à l'égard des oraisons funèbres, on se conformerait à la pratique des autres villes du royaume, sans préjudice des droits des intéressés. » C'était tenir le large. Le Parlement se plaint très vivement [1] ; il envoie une députation à

'archevêque, qui finit par convenir que « le prédicateur saluerait messieurs du Parlement comme on avait accoutumé de le faire. » C'était satisfaction complète donnée aux parlementaires; mais la compagnie demande plus encore, elle prétend que le « prédicateur est répréhensible, que son affectation a été marquée par la différence qu'il a mise entre les inclinations faites à M. l'archevêque et au peuple et le mouvement de tête qu'il a fait pour messieurs du Parlement, seulement vis-à-vis de la chaire; que tout le monde a regardé cette manière de saluer comme un témoignage public de mépris. » Et le Parlement décide que le coupable sera interrogé sur son inconvenance. Le lendemain, le frère Cyrille de Jésus, religieux du Mont-Carmel, est introduit par les greffiers devant la cour. Le président Boisot lui adresse la mercuriale suivante : « Frère Cyrille, la cour vous a mandé pour vous instruire de la manière respectueuse dont vous devez saluer messieurs du Parlement. Ce salut consiste dans une inclination profonde, à commencer depuis le premier magistrat qui est à leur tête, en continuant jusqu'à l'extrémité. » Et le prêtre s'incline et dit : « Messeigneurs, je suis fâché de n'avoir pas rendu à votre auguste compagnie tous les honneurs qu'elle mérite; je n'ai pas eu intention d'y manquer ni de lui déplaire; je la prie d'en être très persuadée et des sentiments soumis et respectueux dont je suis pénétré pour elle [1]. » Le Parlement

---

(1) *Extrait analytique des délibérations.* Archives du Doubs. Manuscrits, 2144, p. 292.

ne pouvait rien exiger de plus ; mais, ce point réglé de concert avec l'intendant, le Parlement continue la guerre avec le chapitre, qui se refusait à lui donner les formes placées en haut de l'église.

De l'Eglise, il entre en discussion avec le prince de Montbéliard et lui supprime sa qualité d'Altesse Sérénissime. Le roi intervient et décide que « le Parlement passera la qualité d'Altesse à M. le prince et non celle de Sérénissime. » Le Parlement s'en prend à l'Université et soulève une question de fauteuil qui rappelle les questions de tabouret à la cour du roi. Le recteur prétendait prendre rang et marcher aux processions générales auprès du gouverneur et du premier président, avant le Parlement ; il voulait s'asseoir à côté du banc des magistrats ; un jour il se fit à l'église apporter un fauteuil qui primait toutes les autres places. Ce fut pour la première et la dernière fois. « Comprend-on une pareille conduite ! s'écrie le Parlement ; depuis dix-huit années on n'a jamais vu pareil mélange, pareille bigarrure ! Le recteur doit être à la suite du Parlement, à la tête des professeurs. Il ne serait pas de bon ordre que le chef d'une compagnie étrangère et inférieure quittât sa compagnie pour venir se mettre à la tête du Parlement. Les peuples de Besançon n'ont jamais rien vu de semblable, et la nouveauté et bizarrerie de cette marche espagnole pourrait leur inspirer du mépris pour leur Parlement, s'ils le voyaient précédé par un de leurs médecins ordinaires ou un autre docteur régent. Le recteur peut d'autant moins prétendre marcher avec le gouverneur et les présidents, qu'il doit passer après le lieutenant du roi de la ville, qui ne peut marcher avec le Parlement [1]. »

Ce n'est pas seulement l'Université, c'est le lieutenant du roi, le sieur de Clairan, qui, en 1687, élève, lui aussi, la prétention, aux obsèques du marquis de Montauban, de précéder le Parlement ; il laisse tout d'abord ie premier président occuper la première place, « puis tout à coup, au milieu de l'office, il fait savoir audit sieur premier président que s'il ne se retirait avant la cérémonie, il l'arresterait lorsqu'il irait à l'eau bénite, comme il fit à la sortie des formes, et le précéda en le repoussant ; cette action, qui a esté faite dans la métropolitaine et à la face, rejaillit sur la justice [2]. » Irritée, la justice se jeta aux pieds du roi ; elle lui demanda « de la tirer du mépris auquel elle était réduite en toutes rencontres. » Le roi ne pouvait que blâmer les procédés du sieur de Clairan ; il donna raison au Parlement.

Une autre discussion s'élève entre le Parlement et la Chambre des comptes, deux compagnies rivales qui ne pouvaient vivre en paix. Le Parlement prétend que la Cour des comptes statue sur l'état des personnes, leurs titres et qualités, et même sur des questions de propriété, qu'elle s'arroge le droit d'envoyer par son procureur général, aux procureurs du roi des bailliages, les édits et déclarations du roi [3]. Des lettres patentes favorables au Parlement déterminent et restreignent les

---

(1) Archives départementales. Minutes du mémoire pour le Parlement contre l'Université. Parlement, non classé.

(2) Archives départementales. Parlement. Corresp. B. 388.

(3) Archives du Doubs. Intend. Carton 124, C. 632.

attributions de la Cour des comptes le 13 octobre 1727 [1],
et ordonnent qu'en cas de contestations nouvelles, des
conférences auront lieu entre les deux compagnies, afin
d'arriver à une conciliation.

Puis vient un incident dont nous trouvons le récit
dans Dunod, et qui nous montre avec quelle ardeur in-
quiète, soupçonneuse, les magistrats défendaient leurs
prérogatives.

« Le Parlement, dit l'historien comtois [2], ne voulut
pas souffrir le salut que l'on avait coutume de faire
nommément et en premier ordre au recteur dans les actes
scolastiques, ni qu'il exerçât une juridiction au criminel,
quoiqu'elle fût nettement établie par les statuts de l'Université, par une déclaration de Charles-Quint et par la
possession immémoriale ; le collège défendit ses droits
avec fermeté pendant quelques années au conseil du roi,
où fut portée la contestation. Mais, impatient de ne plus
voir aux actes scolastiques le Parlement, il se détermina
à sacrifier au bien de la conciliation et au rétablissement
de son ancienne harmonie avec le Parlement une
partie des prétentions dans lesquelles il croyait être
fondé. » Les deux compagnies firent, à la médiation de
MM. Jobelot, premier président, et de la Fond, intendant, un traité de paix. L'Université fut compétente
pour juger en dernier ressort des actions civiles purement personnelles intentées d'écolier à écolier, de professeur à professeur, de sujet à sujet, comme aussi des

(1) Archives du Doubs. Intend. Carton 124, C. 632.
(2) Dunod, *Histoire manuscrite de l'Université*. Biblioth. de Besançon.

actions ne devant pas emporter peines afflictives et in-
famantes. En cas de peines afflictives, le recteur eut le
droit de statuer conjointement avec le lieutenant des
bailliages de Besançon, mais à la charge de l'appel au
Parlement [1]. Le même traité réglementa le salut et
décida que dans le cas où le Parlement et l'Université
assisteraient aux thèses et disputes, « il ne serait fait
qu'un seul salut, sans distinction de personnes ni dignité, et que ledit salut serait conçu dans les termes
suivants : *Viri illustrissimi et undequaque ornatis-
simi.* » Enfin, il fut convenu « qu'aux processions générales, le recteur marcherait à la gauche du dernier
des présidents, et qu'à l'église métropolitaine, il précé-
derait les chevaliers d'honneur, maîtres des requêtes et
conseillers, pourvu qu'il fût revêtu de sa robe et de son
chaperon [2]. »

La Confrérie de Saint-Georges n'est pas non plus à
l'abri des attaques du Parlement, qui ne pouvait admettre la prétention des membres de cette compagnie,
de se qualifier de chevaliers, leur refusait surtout le
titre de haut et puissant seigneur, et contestait même
leur noblesse. « Plusieurs des confrères de Saint-Georges
qui ne sont pas ceux des plus bas étages, disait le Parlement dans ses mémoires, ne tirèrent leur noblesse
que des charges de conseiller au Parlement, dont ont
été revêtus ceux qui ont formé la tige de leurs maisons, au delà desquels il ne faut point porter des vues

(1) Archives du Doubs. Intendance. Carton 124. C. 632.
(2) Arrêt du conseil d'Estat du Roy du 10 juin 1697. Archives départementales. Parlement, non classé.

trop curieuses, de crainte d'y voir des choses désagréables. » Il était difficile de montrer plus d'impertinence ; les répliques de Saint-Georges étaient sur le même ton : « Quel jugement ferait le public, si le Parlement parvenait à dégrader les chevaliers confrères des titres de messire et de chevalier, tandis que les officiers de cette compagnie se donnent le titre de monseigneur publiquement, celui de seigneur et de messire à tous en particulier, que toutes leurs épouses sont des madames, et qu'il n'est pas même jusqu'aux professeurs de l'Université qui ne jouissent, de l'aveu du Parlement, du titre de messire [1]. » La querelle traîna en longueur, le pouvoir royal ne se souciant pas d'intervenir ; elle finit par s'épuiser d'elle-même. En réalité, le Parlement voyait dans les chevaliers de Saint-Georges une corporation redoutable, capable de parler et d'agir au nom de la noblesse de la province, et pouvant contre-balancer son influence et son autorité.

Enfin, un conflit s'élève entre les magistrats et le gouverneur, conflit qui se terminera par un échec pour la magistrature, et lui montrera que sous la domination française, elle doit se résigner à s'incliner devant la toute-puissance royale.

Dès les premiers jours de la conquête, Louis XIV avait manifesté de vives sympathies pour le Parlement. Lorsque arrivant à Besançon, il entra au palais Granvelle, son premier mot fut pour demander où étaient

---

(1) Archives départementales. Bibliothèque Richelieu. Collection Moreau, 974.

les magistrats : ces sympathies n'étaient qu'apparentes. Le souverain avait déjà la volonté arrêtée de soumettre son Parlement à son autorité, de briser, chez ces descendants des hommes énergiques qui avaient rendu célèbre le Parlement de Dole, toute velléité de résistance ; il fallait les forcer à subir son pouvoir despotique et absolu.

A Dole, la compagnie était souveraine, et les affaires du pays devaient se traiter par le gouverneur et le Parlement « ensemble et de commun avis, » surtout en ce qui concernait la conservation des places, défense et sûreté de la province ; » cette précieuse prérogative avait été maintenue aux parlementaires par les déclarations de Marguerite d'Autriche, de Charles-Quint, de Philippe II, et pour que les communications entre le peuple et le gouverneur fussent plus rapides, et pour qu'il leur fût facile de prendre les résolutions « de commune main. » Les mêmes droits avaient été concédés aux magistrats par l'archiduc Albert, qui, dans des lettres du 6 août 1602, prescrivait au comte de Champlitte, qu'il venait de nommer gouverneur de la province, « de faire tout ce qu'il pourrait pour fixer sa résidence à Dole, afin d'être plus près du Parlement. »

L'archiduc Albert prenait soin de préciser le rôle de chacun, et le 24 juillet 1613, déclarait « que les affaires d'État et les affaires militaires de grande importance seraient traitées par le gouverneur et le Parlement conjointement; que les affaires de peu d'importance seraient soumises au gouverneur, au président et aux deux chevaliers. »

L'établissement et le règlement de la milice, la déclaration de l'éminent péril, se faisaient par le gouverneur et le Parlement. Les ordres concernant les levées d'hommes devaient être adressés au gouverneur et au Parlement, et s'ils n'étaient envoyés qu'au gouverneur, ils devaient être immédiatement transmis au Parlement, et leur exécution devait être résolue d'un commun accord. Les passages, étapes, logements et quartiers des gens de guerre, étaient réglés par le gouverneur et le Parlement. La surveillance, l'entretien des fortifications, le ravitaillement, « les munitions des places fortes, » étaient confiés aux soins des magistrats comme aux soins du gouverneur; il en était de même pour la direction, le logement et la solde du prévôt des maréchaux et de ses archers, pour les traités, les négociations avec les puissances étrangères, l'Etat de Milan, la France, la Suisse, etc.

En cas de maladie, d'absence ou de mort du gouverneur, c'était le Parlement qui administrait le pays; « il était, en cas de décès du gouverneur, commis au gouvernement sans autre déclaration ni commission. » La connaissance et la conservation des limites de la province étaient dans ses attributions.

Lorsque les souverains ou les gouverneurs des Pays-Bas voulaient faire des règlements sur les monnaies, ils devaient demander l'avis du Parlement.

C'était, aux yeux du roi de France, concéder trop de pouvoir à des hommes que la royauté redoutait.

Le gouverneur deviendra, sous le règne de Louis XIV, l'adversaire des magistrats, et en sa qualité de représentant du roi, il exercera une autorité qui lui sera propre, indépendante de celle du Parlement.

L'hostilité se fait jour dès l'arrivée des magistrats à Besançon.

En janvier 1679, le gouverneur, le duc de Duras, prétend occuper la première place dans les séances du Parlement ; il veut marcher dans les cérémonies publiques en tête de la cour, avant le premier président. Le Parlement s'émeut, soutient que jamais gouverneur n'a émis pareille prétention sous la domination espagnole, que toutes les prérogatives des magistrats leur sont maintenues. Le Parlement n'est-il pas l'égal du gouverneur ? N'est-il pas, lui aussi, préposé à l'administration de la province ? Grand débat, longue discussion qui reste alors sans solution.

En août 1683, nouveau conflit. Le marquis de Montauban, gouverneur, prétend occuper la première place le jour de la fête de l'Assomption. Le premier président en réfère au marquis de Louvois, qui, désireux de donner gain de cause au représentant du roi, argumente de ce qui se passe à Grenoble, et écrit : « Le roi ayant réglé que M. de Montauban tiendrait le même rang à l'égard du Parlement de Besançon que tient le lieutenant général de Sa Majesté en Dauphiné, dans les cérémonies ou processions, je vous en donne avis, afin que vostre compagnie, estant informée des intentions du roy, elle s'y conforme sans difficultés.

» Je suis, Monsieur, votre très humble et très affectionné serviteur.

» 18 août 1683. »

Mais le Parlement ne se soumet qu'en hésitant ; il écrit au premier président de Grenoble, il lui demande « un certificat des choses qui s'observaient en ces occasions » par ledit Parlement, et apprend « que le rang donné par la compagnie au lieutenant du roi du Dauphiné n'a été donné que sur une lettre de cachet et à une seule fois, que ledit sieur lieutenant du roi ne s'y est point présenté depuis, qu'il ne s'agit point d'un règlement perpétuel [1] ; » il réclame de nouveau et ne se résigne au silence que sur l'ordre réitéré de Louvois.

On a considéré comme puérile cette question de préséance ; elle avait son importance. Non seulement la distinction des rangs était, à cette époque, une chose grave, sérieuse, respectée, mais le Parlement comprenait qu'en donnant le premier rang au gouverneur, c'était créer une autorité rivale de la sienne. Il ne se trompait pas, c'est la décentralisation qui commence ; les beaux jours de la liberté sont finis pour la province conquise ; ses magistrats ne la gouverneront plus, elle ne sera plus indépendante du pouvoir, elle ne se régira plus elle-même, elle devra s'incliner devant une monarchie éblouissante de pompe et de gloire ; le roi domine tout, il veut briser l'influence des cours souveraines, il aura, pour se faire obéir, un gouverneur qui signifiera ses volontés à ceux qui étaient autrefois les maîtres de cette même province. Tant que régnera Louis XIV, tout devra s'incliner et se taire. Le gouver-

---

(1) Archives départementales, B. Parlement, affaires intérieures. *Recueil manuscrit des délibérations*, 2ᵉ partie, p. 91. Archives départementales.

neur, l'intendant régnera en maître; il ne connaîtra
d'autre loi que les ordres venus de Versailles; il lèvera,
taillera, imposera, rançonnera à sa guise. Le roi avait
juré, lors du traité de Nimègue, que la Comté conserverait ses privilèges, franchises et libertés; qu'elle se
gouvernerait en pays d'Etats. C'était la condition de
l'obéissance de ses nouveaux sujets, il foulera aux
pieds son serment. Pendant quarante années, son pouvoir exorbitant absorbera tous les autres.

Ne nous étonnons point de la ténacité hautaine avec
laquelle, en toute circonstance, le Parlement entendait
faire prévaloir ses volontés, et réclamait la prééminence
tantôt contre le clergé, tantôt contre l'intendant, tantôt
contre l'autorité militaire, tantôt contre le pouvoir royal
lui-même; il ne pouvait oublier que pendant de longues années, il avait à lui seul gouverné le pays, qu'il
avait assuré à la province une prospérité relative, et
l'avait préservée de bien des exactions; il se rappelait
ses origines anciennes, sa haute influence sous la domination espagnole; puis il y avait dans ces parlementaires un orgueilleux esprit de domination. Ils descen-
daient pour la plupart de familles aristocratiques, leur
dignité suffisait à leur conférer la noblesse et leur
donnait le droit de la transmettre à leurs descendants,
pourvu qu'ils eussent rempli leurs fonctions pendant
vingt années, ou qu'ils fussent morts en les possédant.
Le titre de chevalier d'honneur, celui de conseiller clerc,
étaient ambitionnés et portés par les plus hautes familles de la noblesse, par les dignitaires les plus élevés du clergé. Le Parlement ne pouvait échapper à l'es-

prit aristocratique que nous avons rencontré et que
nous rencontrerons partout sur notre route, dont il me
restera seulement à signaler les effets.

D'autres innovations d'une haute gravité devaient se
produire, provoquées par le pouvoir royal. Fidèle aux
traditions et aux maximes politiques des conquérants,
Louis XIV avait conservé à ses nouvelles possessions
leurs lois, leurs coutumes, leurs usages et leurs privilèges; en plaçant leur maintien sous la sauvegarde du
Parlement, il avait reconnu et la haute autorité du Parlement et le droit pour cette compagnie de se recruter
elle-même, en présentant aux offices vacants des candidats de son choix, sans qu'il fût possible au magistrat
de trafiquer de son office; mais sous l'action du temps,
et à mesure que s'opéraient le travail de la fusion nationale et le mouvement de centralisation, les franchises
locales étaient destinées à s'altérer, la magistrature devait fatalement se modifier dans son organisation, son
mode de recrutement et sa composition.

Bien qu'en 1664, Besançon eût passé sous la domination du roi d'Espagne, il avait conservé la forme de
son gouvernement, et ses magistrats, qui appartenaient
le plus souvent à des familles patriciennes, jouissaient,
à l'époque de la conquête, d'un pouvoir égal à celui qui
leur avait été dévolu au temps où cette ville était impériale et libre; mais avec ses idées d'absolutisme,
Louis XIV crut nécessaire de créer une juridiction uniforme, ayant des attributions limitées et restreintes; il
s'empressa, dès 1676, de supprimer les quatorze magistrats qui, élus, par le peuple, administraient la cité

et étaient en même temps chargés de rendre la justice ; il remplaça cette forme de gouvernement par un bailliage auquel il donna les attributions judiciaires, et créa un corps de magistrats pour gérer les intérêts de la ville [1] ; puis il résolut de s'attaquer au Parlement lui-même.

De nos jours, on réduit le nombre des sièges, pour faire des économies que l'on ne réalise pas, car en réduisant le nombre des magistrats, on augmente leur traitement, bien qu'ils aient moins de travail ; sous l'ancienne monarchie, on créait de nouveaux offices, afin de se procurer de l'argent ; on battait monnaie avec la judicature, et les exemples de créations excessives d'offices, sous le spécieux prétexte d'utilité et de besoin du service, ne sont que trop fréquentes dans notre histoire judiciaire. Le Parlement ne comprenait primitivement à Dole que douze conseillers et deux chevaliers d'honneur ; en 1679, il s'augmentait de deux présidents et de six conseillers ; en 1684, on adjoignait à ces magistrats un président et trois conseillers ; en 1693, deux nouveaux présidents, un chevalier d'honneur et quinze conseillers, ce qui portait à six le nombre des présidents à mortier, à huit les chevaliers d'honneur, à quarante-cinq les conseillers. Ces quinze magistrats appartenaient à des familles de Franche-Comté ; ils se nommaient Richard, Jean-Baptiste ; Coquelin, Henri ; Ferrier, Jacques ; Baquet, Nicolas ; Maréchal de Vezet, Luc-Joseph ; de Mesmay, Laurent-Jean ; de Vaudry, Pierre ; Petit, Jean-

---

(1) Manuscrits Chiflet, vol. 139. Lettres patentes du 20 août 1676.

Baptiste; Petremand de Valay, Denis; Grégoire d'Arvisenet, Antoine; de Laistre, Paul; de Laborey, Claude;
Chapuis de Rodières, Pierre-Dominique; Mouret de
Chatillon, Pierre; Mareschal d'Audeux, Ambroise. Nous
retrouverons quelques-uns de ces noms au cours de
notre récit.

L'édit d'avril 1693 attribuait aux membres de la
Compagnie tous les honneurs, prérogatives, prééminences, franchises et privilèges réservés aux officiers
des autres Parlements [1]. Les conseillers clercs demandèrent vainement à être traités comme les conseillers laïques; on prétendit que la justice du roi était
laïque, maxime vraie, mais ne reposant sur aucun
texte de loi, et on décida que, comme précédemment,
leurs gages seraient inférieurs, qu'ils ne pourraient
être élevés au rang de présidents à mortier, qu'ils ne
pourraient même être appelés, en raison de leur ancienneté, à présider à défaut ou en l'absence des chefs
de la cour. Quant aux chevaliers d'honneur, qui représentaient la noblesse militaire, ils ne devaient être que
des magistrats de parade, ne prenant pas une part
active aux travaux de la compagnie, et se contentant
de venir siéger assez rarement dans les grandes solen-
nités où ils étaient convoqués régulièrement; ils y
assistaient en habit noir avec le manteau, le collet et
l'épée, prenaient place sur le banc des conseillers et
jouissaient de tous les privilèges, honneurs et prérogatives, droit de *committimus* et de franc-salé, dont

---

[1] Archives du Doubs. Actes importants, vol. 12, p. 159.

jouissaient les officiers de cour ; ils étaient choisis parmi les représentants des plus anciennes familles du pays. En 1681, le Parlement avait décidé « qu'il ne serait reçu dans la charge de chevalier de la cour que des personnes de naissance illustre ou de la plus haute noblesse, ou qui aient été, ou leur famille, honorées de dignités. » En 1700, le Parlement, persistant dans son appréciation, refusa d'admettre parmi les chevaliers d'honneur le sieur Gérard de Mont-Saint-Légier, « qui, cy devant conseiller au Parlement, s'était fait pourvoir d'une charge de chevalier d'honneur en la Chambre des comptes de Dole, et s'était peu après procuré de M. le marquis de Listenois la démission de l'office de chevalier d'honneur que ce dernier occupait au Parlement. » Les magistrats représentèrent à Sa Majesté « que l'autorité de la justice serait ravalée, et que l'éclat de la Compagnie serait de beaucoup diminué. » Ils ajoutèrent que « ces offices avaient été de tout temps recherchés par des personnes revêtues de mérite, de services et de titres au-dessus du commun, mais encore d'une haute et ancienne noblesse, comme ceux de la maison de Vienne, de Rye, de Beaufremont, d'Oyselay, de la Baume, de Grammont, de Clermont, d'Achey, tous d'illustre et de la première noblesse de la province, quelques-uns même d'entre eux ayant été honorés de l'ordre de la Toison [1]. » Le roi ne résista pas à cette argumentation et annula la démission qui avait été faite en faveur du sieur Gérard.

(1) Archives du Doubs. Minutes des délibérations. B. 3768.

Le droit de modifier, d'augmenter la composition du
Parlement, de faire des fournées d'offices plus ou moins
inutiles, droit dont usait et abusait la monarchie, ne
pouvait être contesté à la royauté, aucune loi ne limi-
tant le nombre des officiers du Parlement ; mais il ne
blessait pas moins profondément les compagnies, car
il avait pour résultat d'accroître sans mesure et sans
nécessité le nombre des juges et, en multipliant les
charges, de diminuer leur valeur. Les justiciables en
souffraient comme les magistrats : c'étaient, en définitive, les justiciables qui payaient les magistrats. Le
peuple avait le droit de se plaindre, car les parlementaires reversaient sur le peuple les deux tiers de l'impôt et des autres charges publiques et locales dont ils
étaient grevés avant leur nomination. Ajoutons que
cette énorme augmentation de magistrats n'accélérait
point la solution des procès, que certains litiges se
prolongeaient pendant trente, quarante années et même
pendant la moitié d'un siècle. Néanmoins, le Parlement se soumit, il remercia même le roi « d'avoir
choisi pour remplir les charges nouvelles des personnes
d'un mérite consommé. » Il écrivit, de son côté, le
21 avril 1679, à Louvois, pour lui témoigner sa reconnaissance de la grâce que Sa Majesté avait bien voulu
faire à la compagnie. « Nous joindrons cette nouvelle
faveur, dit le Parlement, à toutes celles dont vous nous
comblez [1]. »

---

(1) Archives départementales. Parlement. Correspondance 6383, 6399,
année 1679.

Louvois avait eu assez d'habileté pour faire entendre au Parlement que cette création d'offices donnait à la compagnie une importance, et qu'avec cette organisation nouvelle, elle serait assimilée aux autres Parlements du royaume. L'observation était juste, mais dans la plupart des Parlements, il fallait des lits de justice pour enregistrer les édits sur l'augmentation des offices et pour briser la résistance de la magistrature.

Une modification plus grave encore eut lieu relativement à la transmission des offices.

La vénalité était depuis longtemps pratiquée en France, soit par les officiers, qui s'efforçaient de transmettre, à titre onéreux, les charges dont ils étaient investis, soit par le souverain, qui revendiquait le droit de collation directe de toutes les fonctions publiques, et les conférait moyennant la finance dont il arbitrait le montant. Les intérêts des officiers et ceux du souverain se trouvaient ainsi en opposition, et la royauté s'efforça, tout d'abord, de supprimer la vénalité privée, instituant des pénalités pécuniaires, des incapacités civiles contre les magistrats convaincus d'avoir trafiqué de leurs charges; mais, le plus souvent, le pouvoir royal sanctionnait des traités notoirement obtenus à prix d'argent, et la possession des offices finit par être considérée comme une portion de la fortune patrimoniale; on céda, par héritage, échange, achat, sa robe rouge, le droit de rendre la justice; le fisc avait reconnu aux officiers de justice le droit de transmission entre-vifs, à la condition de payer au trésor, à chaque mutation, le quart du prix de la charge. Timide encore au temps de Louis XII, mystérieuse et comme honteuse d'elle-même, elle se montre tout à fait à découvert sous François Ier, elle marche tête levée sous Henri II. Toujours sans argent à cause de ses guerres en Italie et de son goût pour le luxe et les fêtes, François Ier ne donna plus les charges de judicature qu'à des hommes qui versaient dans ses mains la somme à laquelle il les avait taxées, mais qu'ils étaient censés lui prêter, « prest à jamais rendre, vérité desguisée du mot de prest, » selon l'expression de Loyseau, dans son livre *Des offices.*

A son arrivée au pouvoir, Louis XIV, trouvant la vénalité établie, essaya un instant, à l'exemple de ses prédécesseurs, de l'abolir et de donner satisfaction aux Etats généraux, qui demandaient instamment sa suppression ; mais le trésor était vide, et le gouvernement sans cesse obéré par des dépenses de guerre. La vénalité offrait de faciles ressources, et bien que l'intérêt et l'honneur de la couronne conseillassent d'étouffer ce triste mode de recrutement, on l'encouragea, comme un moyen de se procurer de l'argent. Ce fut une faute qui eut les conséquences les plus graves ; elle contribua à assurer l'indépendance de la magistrature, à lui inspirer contre le pouvoir royal l'esprit d'insubordination, de révolte, d'hostilité, qui devait être fatal à la monarchie.

En présence de ces innovations, les vieux parlementaires ne purent dissimuler leur mécontentement ; il ne leur était point possible de voir sans inquiétude la vénalité des charges, ils craignirent l'admission de candidats incapables : il leur sembla que le Parlement perdait de son autorité, que le droit d'accepter, de discuter, de rejeter des édits, d'exercer une influence sur les destinées d'un grand royaume, de trancher des questions intéressant la fortune, l'honneur, la vie des justiciables, ne pouvait s'acquérir à prix d'argent. La justice est chose sainte et ne saurait être transmise, passer de main en main comme un héritage, comme un effet de commerce. Elle doit appartenir au plus digne et non être donnée au privilège, à l'hérédité. Une lettre du procureur général Boisot au contrôleur général, en date du 15 mars 1692, montre les dispositions d'esprit des parlementaires : « Vous savez qu'il y a deux partis en ce Parlement sur la vénalité des charges ; les uns, le petit nombre, la désirent, les autres la craignent et la regardent comme une affaire qui les privera du revenu de leurs charges, revenu qu'ils devront employer à payer l'intérêt de la somme qu'il faut qu'ils empruntent pour satisfaire à la taxe de leur office ; car s'ils empruntent dix ou douze mille livres pour cette taxe, il faudra payer cinq ou six cents francs d'intérêts chaque année, et un conseiller n'a que deux cent quatre-vingt-seize livres de gages par an, et il faudra que les épices, qui sont le fruit de son travail, soient employés pour achever le paiement de ces intérêts. » Et Boisot conseille d'admettre les magistrats à prendre chacun une augmentation de gages que le roi déterminerait, et de rendre héréditaires les offices [1].

(1) *Correspondance des contrôleurs*, vol. 1, p. 280. Biblioth. de Besançon.

Quelques années plus tard, Lampinet critique en ces termes le nouvel état de choses : « On entrait, dit-il, au Parlement, par nomination, aux âges de quarante-trois à cinquante ans; aujourd'hui, il y a plusieurs conseillers de dix-huit et de vingt ans; on a introduit une pratique toute différente de l'ancienne, on a establi quantité de nouveaux tribunaux, un parquet, un greffe, une chancellerie, et il faut des mois et des années pour faire ce qu'anciennement l'on faisait dans le moment, et donner des trente et quarante livres pour ce qui ne coûtait autrefois que cinq petits sols, et tous les édits qui establissent ces nouveautés portent que c'est pour abaisser la justice et le plus grand soulagement des peuples. Tous ces changements ont fort diminué le lustre du Parlement, qui n'avait pas d'égal dans le royaume, soit pour l'ancienneté de son institution, soit au nombre des grands hommes qui l'ont rempli ou qui en sont sortis [1]. » Rien de mieux fondé que cette appréciation, mais le roi voulait être obéi ; comment résister à ses ordres ? Personne n'osait tenter une opposition énergique. Puis des hommes éminents étaient partisans de la vénalité, qu'ils considéraient comme devant accroître l'influence, l'autorité de la magistrature, comme devant créer une espèce d'aristocratie judiciaire; pendant longtemps, la vénalité avait en France révolté la conscience des magistrats; peu à peu les idées s'étaient modifiées, à ce point que l'un des grands esprits du xviiie siècle, Montesquieu, ne craignait pas de

[1] Manuscrit Lampinet, p. 40.

proclamer qu'elle était bonne et utile dans les Etats monarchiques, parce qu'elle destinait chacun à son devoir et rendait les ordres de l'Etat plus permanents. La magistrature n'avait-elle pas compté dans ses rangs, malgré la vénalité, Domat, Montesquieu, l'Hôpital, d'Aguesseau? La vénalité avait en outre cet avantage, d'ouvrir une porte aux capacités non protégées, de réparer ainsi les injustices de la faveur ou les oublis du pouvoir, de permettre à des avocats vieillis dans la lutte, entourés de l'estime publique, de couronner honorablement leur carrière dans les hautes fonctions de la magistrature. Sans doute il y avait eu des abus; certains choix du souverain avaient fait scandale; des fonctions de magistrat avaient été concédées à des hommes qui se recommandaient par leurs services et leur dévouement plutôt que par un mérite réel; mais habituellement, les postulants avaient des habitudes sérieuses, graves, laborieuses, ils s'étaient efforcés de mériter l'honneur d'entrer dans une compagnie éminemment respectable; puis il fallait remplir certaines conditions pour aller s'asseoir sur le fauteuil parlementaire, et on n'achetait pas une robe de magistrat comme une défroque à la friperie; il fallait un avis favorable de la commission d'enquête et du Parlement. La vénalité n'était pas la vente incessante des charges au premier venu et au plus offrant. Le plus souvent le père cédait à son fils son titre de magistrat; de la vénalité découlait la transmissibilité héréditaire, qui permit au Parlement de faire encore bonne figure pendant trois siècles.

La majorité du Parlement fut d'avis de rédiger des remontrances dans une forme adoucie. L'intendant essaya de s'y opposer, mais en vain. Le Parlement envoya à Paris deux de ses membres pour soutenir ses intérêts ; ils furent à peine écoutés. L'ordonnance de 1667, adressée au Parlement en 1684, défendait toute remontrance avant l'enregistrement, et contraignait les récalcitrants à plier sous la volonté absolue du roi ; les édits des offices furent donc enregistrés ; toutefois, le gouvernement fit de belles promesses ; il déclara que les nominations seraient entourées de précautions qui corrigeraient les inconvénients de la vénalité, qu'il exigerait la fréquentation du barreau pendant deux années (Edit de 1679, article 16), et un noviciat judiciaire sérieux ; qu'il demanderait en outre, non seulement que le candidat eût atteint l'âge de vingt-cinq ans, mais qu'il eût obtenu l'assentiment de la compagnie. Ajoutons, à l'honneur du pouvoir, qu'il n'est pas d'exemple que le veto parlementaire ait été violé.

De nombreuses prérogatives devaient d'ailleurs être accordées à la magistrature. L'une des plus précieuses aux yeux des parlementaires était le privilège nobiliaire. Vingt années de service conféraient à un membre du Parlement et à sa postérité la qualité de noble, et cette qualité était également acquise à la postérité du magistrat décédé dans l'exercice de ses fonctions. L'autorité royale maintint au Parlement le droit d'être affranchi du ban et de l'arrière-ban, c'est-à-dire de tout service militaire ; il fut dispensé de contribuer aux charges ordinaires et extraordinaires de la ville de Besançon pour la subsistance et le logement des gens de guerre, les étapes, le chauffage et l'éclairage des corps de garde; on l'exempta de tous impôts, subsides, tailles et gabelles. On lui concéda le franc-salé, c'est-à-dire le droit de prendre le sel au prix des marchands, et la portion colonique ou le privilège de ne supporter que le tiers des impositions pour les biens et fermes. Il eut l'autorisation de faire entrer en franchise dans la ville de Besançon « les vins provenant de leur cru, sinon toutes leurs récoltes, du moins une partie (huit queues pour les présidents, quatre pour les conseillers); » ceux qui n'avaient pas de vignes eurent l'entrée franche d'une queue de vin de Bourgogne, s'ils étaient présidents, d'une demiqueue, s'ils étaient conseillers; ils furent exonérés des droits seigneuriaux, soit en achetant, soit en aliénant; ils eurent le privilège de ne pouvoir être jugés que par leurs collègues, par la compagnie en assemblée générale. Enfin, le roi laissait habituellement aux Parlements le droit d'évaluer eux-mêmes le prix des offices, de les tarifer de concert avec le pouvoir royal; le prix variait suivant l'importance des charges, suivant les circonstances. Il fut souvent de cent mille livres pour les présidents à mortier; de trente-cinq à quarante mille livres pour les charges à gros gages, de trente mille pour les autres, et de vingt mille pour les conseillers clercs. Le Parlement ne trouvait jamais le prix trop élevé et avisait aux moyens de le maintenir.

Les honoraires et les épices augmentaient la valeur de l'office; les honoraires étaient les gages payés par le roi aux conseillers pour rémunérer leur temps et leurs services, la rétribution allouée par l'Etat et destinée à indemniser le magistrat de son dévouement à la chose publique. Ces honoraires, qui étaient de cinq sous par jour sous Charles VI, s'élevèrent peu à peu, mais jamais en proportion du prix qu'atteignirent les charges. Ils restèrent longtemps dans le domaine de l'arbitraire. Plus tard, les gages finirent par ne plus constituer que le revenu auquel le magistrat avait droit pour le prix de sa charge[1]. Le premier président touchait, en 1695, 1,240 livres; un président à mortier, 1,200 livres; chaque conseiller clerc ou laïque, 440 livres; un avocat général et un procureur général, même somme; chaque substitut, 294 livres, etc. Les gages devaient être payés de trois mois en trois mois, mais ils n'étaient pas acquittés avec beaucoup d'exactitude, on ne les remettait habituellement aux magistrats que tous les six mois [2].

Ces gages varièrent; ils s'élevaient, en 1715, à 37,626 livres 14 sols 5 deniers [3], qui se répartissaient ainsi :

Au premier président	826^l 14^s
Aux présidents à mortier	6,600
Aux chevaliers d'honneur. . . .	1,500
Aux 46 conseillers	18,800
Aux sieurs Théophile Doroz et Jean Racquet, avocats généraux	1,800
Au sieur Doroz, procureur général .	292
A reporter . . .	29,818^l 14^s

(1) Archives du Doubs. B. 3860.
(2) Id., ibid.
(3) Manuscrits Chiflet, vol. 61, p. 26 et suiv.

Report . . .	29,818^l 14^s
Aux deux substituts.	520
A M. Louis Bonne, greffier en chef.	1,000
Aux officiers de la chambre des va-	
cations.	1,169 » 5^d
Aux notaires et secrétaires près le	
Parlement	1,980
Au 1er huissier	150
Aux six autres huissiers	600
Au receveur des amendes. . . .	150
Aux payeurs des gages.	1,919
Pour les frais et façon de compte	
des payeurs	320
Total. . . .	37,626^l 14^s 5^d

Plus tard, ces gages s'augmentèrent de l'intérêt des sommes versées au trésor par le Parlement; c'est ainsi que la compagnie ayant payé 24,000 livres pour confirmation de noblesse, reçut annuellement, à partir de 1711 et en dehors de ses gages, 1,200 livres.

Le roi avait, en outre, accordé au Parlement, pour ses menues dépenses, une somme de 5,600 livres qui ne lui était pas remise avec plus de régularité que les gages. Cette somme, qui était le produit des amendes de fol appel et des droits de réception payés par les officiers, était consacrée au chauffage, à l'éclairage des salles, à la buvette.

Chiflet a écrit ces lignes dans ses manuscrits :
« L'Etat venait en aide aux magistrats pour les dépenses du palais, comme chauffage, bougies, buvette,

entretien du palais et autres de cette espèce. Jusqu'en
1750, la somme allouée fut de 5,600 livres. » Elle fut
portée plus tard à 5,800.

Les magistrats se faisaient servir « des pintes de
vin, du pain, des biscuits, des macarons, des cerises;
le mémoire s'élève, en 1687, à douze cent neuf francs
douze sous [1]. » Le juge tenait à boire frais, et les notes
des dépenses indiquent qu'on lui fournissait de la glace
pour douze livres par mois. Les magistrats appréciaient
surtout le vin de « Port-de-Lesné, » et c'est dans cette
localité que se faisaient leurs achats [2]. Le maître apo-
thicaire Belon leur remettait, en 1683, de l'hypocras,
vingt-quatre bouteilles d'hypocras blanc et huit de
rouge. Le dîner de Saint-Yves était aussi une cause de
dépenses. Louis Rigoine, imprimeur du roi et de la
cour, touchait annuellement trente-trois livres six sols
et huit deniers pour les lectures des gazettes de France
et de Hollande ; c'est à lui que s'adressait la cour pour
se procurer des livres de droit. Les curés et chapelains
de Saint-Pierre recevaient vingt francs « pour rétribution des service et grand'messe de la rentrée de Saint-
Martin ; » on payait une rétribution de deux cents francs
au prieur et aux religieux des Pères Carmes de l'ancienne
Observance de Besançon, chargés de sonner la cloche
qui devait annoncer les séances ordinaires et extraordinaires du Parlement. L'entretien des bâtiments et du
mobilier du palais, le chauffage, motivaient des dépenses

(1) Archives du Doubs. B. 3859.
(2) Archives du Doubs. B. 3859.

relativement élevées. Le chauffage était de huit cents
livres, monnaie du royaume. Il se faisait par abonnement, mais le crédit était insuffisant et le Parlement
l'augmentait chaque année.

La somme allouée en 1761, tant pour flambeaux,
bougies et buvette que pour couvertures, entretien,
chauffage des chambres du palais, était de cinq mille
huit cents livres. Nous copions la note des dépenses :

MENUES NÉCESSITÉS

Service de Saint-Martin et de Saint-Yves .	22
Messe des vacations	20
Chauffage	1,000
Flambeaux, cire et bougies	3,000
Buvette	1,200
Horloge	20
Cloche.	50
Concierge	80
Couvertures, vitres, etc.	400
	5,792

Ne nous étonnons pas des dépenses de la buvette. Les
audiences ne ressemblaient guère à celles d'aujourd'hui ;
elles étaient fort longues. Les magistrats restaient au
palais la majeure partie de la journée, et un lieu de
repos et de rafraîchissement leur était nécessaire.

A ces dépenses ordinaires s'ajoutaient des dépenses
imprévues, notamment les frais de procès. La compagnie était parfois en instance devant les conseils du roi ;
elle payait, en 1710, six cent vingt-trois livres à

Me Muyard, son avocat[1]; elle avait, en outre, à payer des
indemnités de route et de séjour aux magistrats qu'elle
envoyait en députation, indemnités qui, se renouvelant
fréquemment, constituaient une lourde charge. Nous
ne pouvons énumérer toutes les députations coûteuses
qui eurent pour mission de défendre à Paris ou à Versailles ses intérêts. Les députés soumettaient à leur
retour la note de leurs frais, et la cour en ordonnançait
le paiement; ils touchaient en outre intégralement les
gages et les émoluments attachés à leurs fonctions.

Les magistrats du Parlement, comme tous les autres
officiers de judicature, avaient en outre droit à des
épices et à des vacations pour ce qu'on appelait leur
travail domestique.

Les vacations étaient les salaires accordés aux magistrats dans les procès par commission, lorsque le rapporteur employait plusieurs séances à de longues lectures de pièces, pour mieux faire apprécier le procès.
Ces rapporteurs étaient désignés par le premier président ou les présidents à mortier.

Les épices, rémunération d'un travail effectif, étaient
une sorte de présent en nature que le plaideur faisait
au conseiller rapporteur, pour le remercier des soins
qu'il avait pris de son affaire, et consistaient en
sommes d'argent et surtout en denrées; c'était là un
abus criant, que les souverains tolérèrent sous prétexte
que le magistrat avait des salaires insuffisants. Gages
et épices devaient être partagés entre conseillers et

(1) Archives du Doubs. Parlement. B. 3860.

même avec le parquet, en tenant compte de l'ancienneté des magistrats et surtout de leur travail; ils étaient proportionnés à l'importance du procès.

Lorsque la chambre souveraine des eaux et forêts du Parlement confirma la ville dans la propriété de la forêt de Chailluz, la ville envoya vingt-quatre pains de sucre à chacun des présidents et au conseiller rapporteur, douze pains à chacun des conseillers de la chambre, une pièce de vaisselle de deux cents francs à Claude-François d'Orival, conseil de la ville, et douze pains de sucre à sa femme [1]. Le plus souvent, ce sont des cadeaux de sucre que l'on offre aux magistrats. Les dons en argent étaient parfois considérables ; c'est ainsi que dans l'affaire concernant les religieuses de Louviers, le conseiller rapporteur toucha douze cents livres.

Les épices, on le voit par cet exemple, étaient un don beaucoup plus personnel que les gages, et prêtaient au reproche de corruption, parce que c'était le plaideur qui les offrait à son juge, parce que la base qui servait à en déterminer le taux resta longtemps et même toujours dans le domaine variable de l'arbitraire. Les plaintes se multiplièrent surtout lorsque ces présents en nature ou en argent, qui étaient primitivement spontanés et volontaires, devinrent un impôt forcé et pour lequel le Parlement délivra des exécutoires. Cette décision souleva des récriminations fort vives, que les conseillers firent taire, prétendant que les juges avaient les épices comme le clergé avait la dîme.

---

[1] Archives municip., reg. petit in-folio, BB. 119, 1705, casier 1, rayon 8.

Toutefois, la façon dont se partageaient ces gages diminuait l'inconvénient de cet usage; donnés de la main à la main par le plaideur au juge, ils eussent été une source de corruption; distribués en vertu de certaines règles entre les magistrats, ils devenaient plutôt un supplément de traitement qu'une tentative de corruption; c'était un usage blâmable, mais il n'avait pas le caractère de pot-de-vin qu'on serait tenté de lui supposer.

Dans le principe, les rapporteurs touchaient la moitié des épices; plus tard, et à diverses reprises, on essaya de distribuer en parts égales ces épices à chacun des juges, ce qui favorisait les magistrats les moins capables et les moins laborieux; mais ces innovations ne furent pas de longue durée, et on finit par donner aux rapporteurs sinon moitié, du moins une assez forte part.

Les épices se percevaient non seulement dans les contestations entre plaideurs, mais à l'occasion de l'enregistrement de certains actes, notamment des baux des fermes générales de l'Etat.

En somme, les magistrats étaient assez mal rétribués, et les épices et les émoluments divers qui leur étaient attribués ne formaient qu'une somme fort modeste pour chacun d'eux. La magistrature n'a jamais été une occasion ou un moyen de fortune. Les anciens auteurs la définissaient une honnête pauvreté et une honorable servitude. Ce que voulaient les magistrats, c'était la considération, l'estime publique, plus que les satisfactions matérielles. Il est certain qu'ils ne se montrèrent jamais avides d'argent. Les rapporteurs les plus actifs, auxquels on donnait vulgairement le nom de conseillers aux épices, tiraient à peine chaque année du labeur le plus assidu trois mille livres, gages compris, et encore une telle rémunération ne s'obtenait que dans des époques relativement prospères, ce qui ne peut nous surprendre, les plaideurs n'étant pas riches et les procès se faisant remarquer par leur nombre plutôt que par l'importance des intérêts mis en question. Cette rémunération variait selon le nombre des personnes entre lesquelles la répartition devait être faite ; elle dépendait des habitudes de la population, de l'état de paix ou de guerre, du plus ou moins d'abondance des récoltes ou du numéraire, de toutes les causes permanentes ou temporaires qui ouvrent ou tarissent la source des procès.

Ce que nous disons du Parlement de Besançon au sujet des épices ne saurait s'appliquer à toutes les compagnies judiciaires. Dans certaines d'entre elles, les épices étaient taxées de la main des présidents à des sommes excessives ; primitivement, on n'admettait à siéger au Parlement que des magistrats pouvant justifier d'un revenu important, des personnes considérables que, selon l'expression de Fénelon dans son *Premier dialogue sur l'éloquence*, la nécessité ne pouvait tenter ; mais peu à peu on se départit de cet usage, on reçut des sujets qui, sans grande fortune, devaient se trouver gênés par l'achat de leur office, et dans une situation peu convenable pour un membre de cour souveraine, situation qui leur rendait impossible le désintéressement absolu, sans lequel il n'y a point de juge.

Ces magistrats étaient forcés de récupérer en détail le prix de leur charge; ils étaient forcés de vivre, de tenir un rang dans la société, d'avoir une aisance au moins apparente. De là des abus qui firent même scandale, notamment sous le règne de Louis XVI.

A côté des modifications relatives à la transmission des charges, le roi prit des mesures d'une utilité incontestable.

En 1696, il établit cinq présidiaux, à Besançon, Lons-le-Saunier, Vesoul, Gray et Salins.

En 1700, il dota la ville de Besançon d'une justice consulaire, établie comme celle de Paris, qui devait connaître, conformément à l'édit de novembre 1663, de tous les procès pouvant surgir entre négociants. Cette juridiction devait se composer de trois notables marchands de la ville de Besançon, d'un greffier et de deux huissiers; ces trois magistrats devaient être élus pour une année par quarante commerçants notables, auxquels devaient s'adjoindre le maire et les trois échevins. Ce sont les marchands eux-mêmes qui devaient y plaider les causes, et aucun procureur ni avocat n'était admis à s'y faire entendre, si ce n'est pour affaires personnelles. Cette nécessité, pour le commerçant, de plaider lui-même son affaire devant des commerçants, ses juges, était une excellente mesure, et tendait en même temps à réduire les frais et à diminuer la durée des procès.

La même année, le roi ordonna que le maire, comme lieutenant général de police, jugerait les causes de police dans la chambre du conseil à l'issue des séances municipales. Le maire devait être assisté de deux échevins et de deux conseillers de ville.

En 1702, le gouvernement conçut l'étrange idée de réunir la Chambre des comptes au Parlement. Si le Parlement et la Chambre des comptes ne se fussent composés que d'un petit nombre d'officiers, cette réunion eût été possible, mais en 1702, c'étaient déjà deux compagnies nombreuses et considérables. Il y avait dans le Parlement des présidents, chevaliers d'honneur, conseillers et gens du roi, au nombre de soixante et un, et vingt-neuf officiers subalternes; dans la Chambre des comptes, il y en avait quatre-vingts. Comment créer une compagnie de cent soixante-dix officiers dans une province aussi peu étendue que le comté de Bourgogne? D'ailleurs, parmi les officiers de la Chambre des comptes, la plupart n'avaient acheté leurs charges qu'en raison de leur domicile dans cette ville. Enfin, Dole, ancienne capitale de la province, venait de perdre son université; on ne pouvait lui enlever encore la Chambre des comptes. L'intendant d'Harouys insista vivement pour le maintien de l'état de choses [1], et aucune modification n'eut lieu.

En 1703, Besançon fut dépouillé d'une de ses prérogatives les plus précieuses. Un arrêt du conseil d'Etat prescrivit la fermeture de l'atelier monétaire, en ajoutant que la ville reprendrait la possession des bâtiments [2].

---

(1) Archives nationales. Biblioth. de Besançon. Correspond. des contrôleurs, vol. 2, n° 445.

(2) Archives municipales, reg. in-folio, BB. 111, casier 1, rayon 8.

L'ordonnance de 1669 avait établi près le Parlement une Table de marbre qui, à l'instar de celle de Paris, connaissait seule, au civil comme au criminel, des appels, des sentences, des maîtrises particulières et des grueries seigneuriales, et qui, pour les affaires à l'ordinaire, se composait du grand maître des forêts, d'un lieutenant général, de trois conseillers, d'un procureur général et d'un avocat général. Pour les affaires du souverain, la Table de marbre s'adjoignait des présidents et conseillers en nombre double des officiers des eaux et forêts. Les membres du Parlement formaient toujours les deux tiers des juges. En 1704, le roi abolit cette juridiction et créa dans chaque Parlement une Chambre souveraine des eaux et forêts; il n'avait d'autre but que d'obtenir de l'argent, en instituant des magistrats qui devaient verser la finance de leurs charges dans les caisses de l'Etat. Le Parlement voulut résister et rédigea des remontrances qui furent écrites en marge de l'édit; mais Chamillard s'indigna, et n'admit point que l'on osât ne pas obéir à la volonté royale. Le premier président Boisot, toujours trop disposé à s'incliner devant le ministre, partagea son appréciation, et les remontrances furent biffées.

Cette Chambre des eaux et forêts ne devait pas avoir longue vie; on songea à établir une quatrième Chambre, une Chambre des requêtes, projet qui remontait à plusieurs années, que le Parlement avait réussi à faire ajourner déjà en 1702; le contrôleur général insistait pour la création de cette nouvelle Chambre, il écrivait le 15 octobre 1702 à l'intendant d'Harouys : « Les

parties doivent avoir deux degrés de juridiction pour
la connaissance de toutes affaires civiles et criminelles,
mais depuis que l'on a créé les charges du Parlement
au titre d'office et que l'on a affranchi les arrêts de la
revision qui s'en faisait originairement à Malines et
ensuite dans les parlements les plus prochains, les
causes des privilégiés se portent en première instance
au Parlement et s'y jugent sans appel, ce qui est sans
exemple; il paraîtrait donc nécessaire d'établir une
Chambre des requêtes qui connaîtrait en première instance, et à charge de l'appel aux enquêtes et à la grande
Chambre, des causes des privilégiés [1]. » La même
pensée inspira Louis XIV, et l'intérêt des finances ne
motiva point seul sa détermination; il obéit à des considérations plus hautes. Le nombre des privilégiés qui
avaient leurs causes commises à la grande Chambre
s'était multiplié; il était indispensable de faire revivre
la maxime de notre droit public qui prescrit les deux
degrés de juridiction, et de former un tribunal qui
pût juger leurs procès en première instance. Cette quatrième chambre fut en outre chargée de la juridiction
des eaux et forêts, et elle dut se composer de juges spéciaux, d'une compétence reconnue; les affaires qui lui
furent soumises devaient être fort nombreuses, la province de Franche-Comté étant en grande partie couverte
de bois; et les questions à résoudre n'étant pas, comme
de nos jours résolues, soit par la loi, soit par une juris-

---

[1] Archives nationales. Biblioth. de Besançon. Corresp. des contrôleurs,
vol. 2, n° 442.

prudence nettement établie, cette chambre nouvelle
était destinée à devenir l'une des plus importantes du
Parlement.

Les parlementaires auraient souhaité que pour la
composer, on augmentât avec réserve le nombre des
magistrats; que l'ancienne magistrature fût appelée,
elle aussi, à statuer sur la matière des eaux et forêts;
ils argumentèrent de la difficulté de trouver des juges
expérimentés et habiles. « Il faudrait, dirent-ils,
recevoir des officiers de toutes sortes d'aloy, dont le
mélange déshonorerait la justice et ceux qui la
rendent. » Le 9 juin 1704, ils adressèrent à Chamillard une longue lettre, contenant d'excellents arguments. « Nous vous représentons deux choses, disait
le Parlement : l'une, que les règlements faits par le roi
pour l'intérieur de notre compagnie portent que nous
pourrons juger toutes sortes de matières à huit juges;
l'autre, que chacune de nos trois Chambres est composée de dix-sept à dix-huit juges, et qu'après l'augmentation, chacune sera de vingt juges, c'est-à-dire
qu'il y en aura dans chacune deux fois plus qu'il n'en
faut pour juger. »

Le Parlement ajoutait : « Vous concevez facilement
Monseigneur, que cette multiplication d'offices ne peut
que nous être très onéreuse; mais nous sommes
obligés de vous dire encore qu'il n'est pas de nos
charges comme de celles des autres Parlements, où
l'on n'y considère que l'éclat sans compter sur le produit; une partie des officiers de notre compagnie y ont
été appelés par la voie de la nomination, dans laquelle

on ne regardait que le mérite personnel, sans égard à la fortune, parce que la charge portait en elle-même les moyens de faire subsister l'officier. Si donc les augmentations diminuent si fort les revenus de leurs charges, ils seront réduits, ou à la fâcheuse nécessité de les quitter après y avoir vieilli avec honneur, ou à celle d'y vivre avec le déshonneur inséparable d'une pauvreté qu'on ne peut déguiser [1]. »

L'observation n'était que trop fondée. Comme le disait l'intendant d'Harouys au contrôleur général : « La robe de Franche-Comté n'est pas riche [2]. » Mais Chamillard fit la sourde oreille. Le Parlement insista et fit remarquer « qu'il lui resterait à peine de l'occupation pour le tiers de l'année, ce qui lui enlèverait la moitié de ses épices; que chaque magistrat aurait à peine trois cents livres, bien qu'autrefois il perçût environ deux mille livres; que les parlementaires étaient médiocrement pourvus des biens de la fortune; qu'ils étaient pour la plupart obérés pour les emprunts auxquels ils avaient engagé la finance de leurs charges et pour les deux prêts qu'ils avaient consentis à Sa Majesté, pour lui témoigner des marques de leur zèle [3]. »

Le gouvernement ne voulut tenir compte que dans une faible mesure de ces réclamations fort sages; il fut décidé que la Chambre des requêtes se composerait de

(1) Archives départementales. Correspondance.
(2) Archives nationales. Biblioth. de Besançon. Correspond. des contrôleurs, vol. 2, n° 445.
(3) Archives départementales. Minutes des délibérations.

deux présidents à mortier, d'un chevalier d'honneur,
de huit conseillers laïques, d'un conseiller clerc, de
deux présidents aux requêtes et aux eaux et forêts, d'un
avocat général, de deux substituts, d'un commis au
greffe, de procureurs et d'huissiers.

Blessé à juste titre de l'insuccès de ses réclamations
les mieux fondées, le Parlement fit retomber son mécontentement sur les nouveaux magistrats, à qui ne
pouvaient être imputés les procédés du gouvernement ;
il se montra fort difficile pour leur admission, contesta
l'aptitude des uns, l'honorabilité, la moralité des
autres, et la Chambre des eaux et forêts et requêtes
n'entra en fonctions qu'en 1706. Le conseiller Quégain
fut surtout l'objet d'attaques fort vives.

Le Parlement prétendit « que l'état de la personne
de ce magistrat était douteux ; qu'il était incertain si
son père, notoirement né mainmortable, fils d'un paysan
de Genevrey, village généralement de mainmorte,
avait été affranchi, ni à quelle condition ; si c'était
avant ou après la naissance de son fils. Par les coutumes
générales de cette province, dit le Parlement, les main-
mortables sont serfs de corps et de poursuite, et non
seulement les villes, mais encore la plupart des villages
sont dans l'usage de ne les pas admettre au rang de
leurs habitants. La crainte qu'a notre compagnie de
tomber dans l'estrange inconvénient de voir au rang de
ses conseillers un serf mainmortable ou tout au moins
le fils d'un affranchi, l'oblige de faire au Roy les très
humbles remontrances qui contiennent les raisons de sa
juste répugnance, et les conséquences fâcheuses qu'en-

traînerait une nouveauté qui la rendrait méprisable à la noblesse et à toute la province (1). »

Mais le pouvoir royal n'admit point que la dignité du Parlement eût à souffrir de la nomination du conseiller Quégain. Il déclara « que l'argument qui regarde la naissance et la qualité des personnes n'appartenait qu'au roi seul (2). » En réalité, le reproche n'était point fondé ; le père du candidat était citoyen de Besançon et pourvu de la charge de payeur des gages du Parlement, ce qui faisait supposer qu'il était de condition libre (3).

Enfin, dès 1692, avec la vénalité des charges on vit se créer quantité d'emplois nouveaux dans toutes les branches de l'administration. Sur la demande de M. de Pontchartrain, contrôleur général avant d'être chancelier, les places civiles et militaires, celles de l'administration royale, municipale ou ecclésiastique furent mises en finances ; on multiplia les offices et les tribunaux, présidiaux, maîtrises, officiers des monnaies, prévôts des maréchaux, etc. La Chambre des comptes fut successivement érigée en Cour des aides, domaines, finances, monnaies, avec un personnel de près de quatre-vingts officiers ; le nombre des juges de bailliage fut aussi augmenté dans de notables proportions. On finit par créer des offices dont il est inconcevable qu'on ait pu imaginer les noms, tels que des jurés crieurs d'enterrement, des courtiers de vin, des contrôleurs d'eau de la reine de Hongrie, des greffiers

---

(1) Archives départementales. B. Parlement. Affaires intérieures.
(2) Bibliothèque de Besançon. Correspond. des contrôl., vol. 2, n° 753.
(3) Id., ibid.

de baptême, des priseurs de foin, des contrôleurs de
bans de mariage, des contrôleurs et visiteurs de
pierres de taille, des contrôleurs de perruques, etc., etc.
Places civiles et militaires, places de l'administration
royale, municipale ou ecclésiastique, tout devint vénal.

A peu près à cette même époque où il créait la quatrième chambre, le roi crut devoir supprimer le tribunal de l'inquisition, auquel il n'avait pas voulu toucher lors de la conquête, et qui avait une organisation
et des attributions spéciales à notre province. Les inquisiteurs devaient en principe être institués par la con-
grégation des cardinaux établie à Rome ; toutefois, en
Franche-Comté, l'inquisiteur était obligé d'obtenir des
lettres patentes du souverain, de se présenter au diocé-
sain pour avoir son agrément et de demander des lettres
d'attache du Parlement ; il avait des pouvoirs fort éten-
dus. « Il prenait connaissance sans appel, dit de Courbouzon, du crime d'hérésie, à quelque degré qu'il fût
porté, et même de celui de sortilège, lorsqu'il était com-
pliqué de celui d'hérésie [1]. » « L'apostasie, dit le Père
Desloy, les alchimistes, ceux qui adorent le diable, les
blasphémateurs, hérétiques, ceux qui baptisent un mort
comme un vif, ceux qui méprisent l'usage des cloches,
ceux qui mangent de la viande les jours prohibés, ceux
qui invoquent le diable, ceux qui vacillent en leur foi,
ceux qui abusent de l'Eucharistie, ceux qui observent
le sabbat, etc., étaient soumis à la juridiction de l'in-

[1] Ouvrages manuscrits de M. de Courbouzon, vol. 2, p. 208. Biblioth. de
Besançon.

quisiteur. » Le P. Desloy devait être d'autant mieux renseigné qu'il avait été longtemps inquisiteur de la foi dans le diocèse de Besançon. Ajoutons que l'inquisiteur avait le droit « de se faire régler une pension par l'évêque, de punir ceux qui l'injuriaient ou l'offensaient de paroles, d'avoir des prisons, un geôlier, des consulteurs, de recevoir les abjurations, de dénoncer les excommuniés. »

L'immensité de ses pouvoirs, le mode de nomination, la bizarrerie des procédures, ne pouvaient que faire naître des conflits et produire des abus de toute nature, et l'on ne peut comprendre comment un tribunal si contraire au droit des évêques et à la juridiction séculière ait pu subsister aussi longtemps ; il est vrai qu'en réalité le tribunal ne fonctionnait plus, que les causes qui auraient pu lui être déférées étaient soumises au Parlement, et que l'Inquisition, devenue inutile grâce à l'unité de croyances et à la paix de l'Eglise, était représentée par un seul personnage, un moine dominicain pourvu du petit prieuré de Rosey, qui, pendant quarante ans, n'eut à prendre aucune décision ; mais les Dominicains de Besançon avaient soin, dès que la place était vacante, de demander au saint-siège d'y pourvoir, et le saint-siège s'empressait d'accéder à leurs désirs pour maintenir leurs droits dans l'avenir. Ces mêmes Dominicains conservaient dans leur cloître le siège du tribunal de l'Inquisition. « On voyait, dit de Courbouzon, une place élevée dans le milieu comme une espèce de trône ; c'était celle de l'inquisiteur ; à droite et à gauche étaient des sièges plus modestes, où étaient ses assesseurs et inquisiteurs subalternes. Il y en avait quatre. Au-dessus des sièges étaient écrits ces mots : *Tribunal sanctæ Inquisitionis.* Au-dessus de la légende étaient les armes du pape régnant, et au bas celles de l'Inquisition, qui étaient moitié blanches et moitié noires ; plus bas encore, celles de l'inquisiteur, avec le chapeau et des cordons de protonotaire apostolique [1]. »

Le roi ne se borna point à des modifications dans l'organisation de la justice, il voulut apporter aussi des réformes judiciaires.

Au commencement du XVIIIe siècle, une correspondance active et suivie s'établit entre le chancelier et les magistrats. Le Parlement examina et discuta, de concert avec le chef de la magistrature, les améliorations utiles. Les Archives du Doubs possèdent un très long mémoire rédigé en 1704, en réponse aux questions que le chancelier posait au Parlement pour arriver à une meilleure administration de la justice dans le comté de Bourgogne.

L'ordonnance de 1667 avait conservé à certaines personnes, surtout à des communautés, le droit d'être jugées par des magistrats spéciaux ; ce privilège que l'on désignait sous le nom de privilège des *committimus* fut supprimé.

L'usage de la langue latine s'était conservé dans nos tribunaux ; le roi ordonna, en 1704, sur la demande du Parlement que toutes les procédures seraient rédigées en français ; le latin ne fut maintenu que pour l'acte

---

[1] Manuscrits de M. de Courbouzon, vol. 2, p. 221 et 222.

préliminaire de réception des magistrats, qui consistait à expliquer la loi, et pour le discours des récipien-
daires.

La législation criminelle et la législation civile elle-
même étaient restées pleines d'imperfections et d'abus.
Promulguées à des époques différentes et sous l'empire d'influences diverses, les ordonnances étaient tout
à la fois discordantes et incomplètes ; il s'agissait de
créer, d'établir en France l'unité, de réformer les abus,
de codifier tout cet ensemble de dispositions légales ;
ce fut la pensée de Richelieu, qui voulait déjà réduire
tout le royaume sous une même loi ; mais le moment
n'était point venu ; il fallait d'abord faire disparaître les
distinctions de classes et les privilèges ; ce fut la noble
ambition de Louvois, de Colbert et de ses successeurs.
Le premier président Jobelot s'empressa de les seconder ; ancien avocat général, puis conseiller au Parlement de Dole, il était digne de s'associer aux vues du
chancelier ; il avait une longue expérience des affaires,
une finesse qui se déguise souvent, dans notre pays,
sous les formes d'une naïve bonhomie, une fermeté
remarquable jointe à un caractère conciliant, une érudition qui le distinguait dans une compagnie où se
rencontraient le président Espiard, de Saulx, Etienne
Jeannin, Pierre Belin, François d'Arvisenet, Eugène
Chiflet, François de Grammont. Jobelot comprit et se-
conda la politique de Louis XIV et de ses ministres.
Obéissant à un légitime sentiment d'humanité, il fit
établir par le Parlement, dès 1676, l'usage de prendre
trois fois les voix lorsqu'il s'agissait du dernier supplice,

de surseoir au jugement des femmes enceintes, de ne point laisser à l'autorité militaire le droit de connaître des querelles entre soldats et bourgeois. Des règles furent imposées au droit d'appel, il fut décidé que l'appel des bailliages ne serait admis que si la valeur de l'objet en litige dépassait dix livres. Sur la demande du chancelier, et rendant hommage à la sagesse lumineuse et profonde de la législation de 1684, sur la procédure civile, le Parlement rendit cette ordonnance ainsi que celle de 1679, sur la procédure criminelle, applicables à la Franche-Comté, en les conciliant et les mettant d'accord avec les usages de la province ; il accepta dès 1679 la réglementation sur les eaux et forêts, telle qu'elle se pratiquait en France, et se conforma avec empressement aux prescriptions du code Marchand.

Le chancelier étudiait tout, et se préoccupait de toutes les questions présentant quelque intérêt ; en 1703, le 3 septembre, il écrivit au Parlement « qu'il ne doit y avoir aucune différence entre la Franche-Comté et les autres provinces du royaume, en ce qui concerne les conditions et les formalités essentielles à la validité des mariages, tout en reconnaissant « que l'on ferait de sa décision l'usage le plus convenable par rapport à la province, aux conjonctures des temps et à la délicatesse de la nation. »

En 1707, il décida, d'accord avec les magistrats, « que les bannissements à temps ne doivent pas excéder neuf années, que cependant ils peuvent être portés à dix ans, que le plus régulier est de suivre l'usage universel fondé sur le peu de durée de la vie des hommes qui ferait regarder un bannissement à temps pour plus de quelques années, comme perpétuel, qu'il ne faut point, pour cette matière, établir de règlement [1].

Le gouvernement eut le bon esprit de respecter les habitudes, les privilèges et les prérogatives de la province. Jobelot sut les défendre avec intelligence, le plus souvent avec succès; c'est ainsi qu'il obtint le maintien du privilège connu sous le nom de privilège comtois, en vertu duquel nul ne pouvait être distrait de la juridiction ou ressort [2], privilège qu'il fut assez heureux pour conserver à la province. Occupé à tracer les limites des juridictions, il s'opposa aux entreprises du commissaire départi, et le contraignit à restreindre ses attributions aux questions concernant le passage et le logement des gens de guerre, les impositions royales et quartiers d'hiver. Toutes autres matières furent renvoyées par le roi à l'appréciation, au jugement du Parlement. Le même esprit de conciliation se maintint entre le chancelier de Pontchartrain et le président Boisot, successeur de Jobelot. Pontchartrain eut souvent à résoudre des questions de législation, il eut aussi à statuer sur les conflits qui s'élevaient entre le Parlement et les gens du roi; en 1707, les avocats généraux se refusant à assister aux audiences de la Chambre souveraine des eaux et forêts, Pontchartrain écrit : « Je trouve que vous avez raison de vous plaindre, et que les avocats généraux n'ont aucun prétexte pour se dispenser d'exécuter à la

---

(1) Lettre du 16 juillet 1707. Archives du Doubs.

(2) *Recueil des édits*, t. I, p. 212. Lettre du 11 août 1678. Invent. Boisot, cote 1. Archives du Doubs.

lettre le règlement du mois de juin 1706 [1]. » Il rappelle au procureur général « qu'il doit se soumettre aux ordres du Parlement, lorsqu'il s'agit de l'exécution des arrêts. » Il s'efforce, lui aussi, comme Louvois, de ne pas trop blesser les usages, les traditions, les mœurs de la province conquise. Rendons hommage à leur haute intelligence, à la bonne harmonie qui ne cessa de régner pour les réformes judiciaires entre le pouvoir royal et la magistrature. Bien que disposé à repousser toute innovation pouvant porter atteinte à l'ancien ordre judiciaire, aux prérogatives de la province, à la routine procédurière, le Parlement accepta les réformes nécessaires, et ne songea point à entraver le gouvernement. Rendons hommage à la bienveillance, à l'équité de Louvois ; il accueillit favorablement la plupart des observations qui lui furent soumises, il fit mieux ; il n'écrasa point tout d'abord de lourds impôts la Franche-Comté, malgré les besoins d'argent imposés déjà à la France par la guerre qui résulta de la ligue d'Augsbourg, et ne se termina qu'en 1696 ; il tint à honneur de réaliser les promesses faites lors de la conquête ; si fragiles que soient les garanties d'indépendance données à une petite province qui, par la force des choses, est réunie à un grand royaume, ces garanties conservent néanmoins dans les premières années une force morale qu'on hésite à violer.

Malgré la vénalité des charges, l'augmentation du

---

(1) Extrait des délibérations de la Chambre des eaux et forêts, B. 2144, Archives du Doubs.

nombre des offices, malgré les modifications profondes apportées par Louis XIV à l'organisation du Parlement, la magistrature n'en conserva pas moins son prestige d'autrefois. L'hérédité des charges avait augmenté sa puissance; à défaut de richesse, le Parlement avait la popularité. A une époque où la monarchie était souveraine, où la place publique était muette, la vie politique se concentrait tout entière dans les grandes compagnies judiciaires. Aimé du peuple, nécessaire au pays, le Parlement tenait dans ses mains les intérêts et les droits de tous; sa justice s'étendait partout; il statuait d'une manière irrévocable et sans appel; sa juridiction s'étendait sur les treize bailliages de Besançon, de Lons-le-Saunier, de Dole, de Vesoul, de Poligny, d'Arbois, de Quingey, d'Ornans, de Salins, de Pontarlier, d'Orgelet, de Baume et de Gray, et sur les présidiaux de Besançon, de Vesoul, de Gray, de Lons-le-Saunier et de Salins; il avait l'indépendance et l'esprit de domination, ce qui augmentait sa force; il se distinguait par son érudition, la pureté de ses mœurs, la sagesse de ses décisions dans des temps d'ignorance, d'arbitraire et de violence. Enfin, son autorité était encore des plus étendues, il était tour à tour Chambre des comptes, Cour de justice, Chambre des eaux et forêts, Cour des aides, Cour des monnaies. Avec des pouvoirs aussi variés, aussi considérables, il ne restait étranger à aucun intérêt, à aucune question; même dans les dernières années qui précédèrent la Révolution, le brevet annuel de l'imposition, transmis par l'intendant, lui faisait passer en revue tous les intérêts

de la province. Non seulement sa puissance était dans
sa qualité de première et unique cour souveraine, non
seulement ses arrêts et sa jurisprudence portaient partout son autorité et sa doctrine, mais sa juridiction
s'étendait sur tout ; il connaissait de tout ce qui regardait les fiefs, les finances, la haute police, la défense
des villes, les fortifications, la solde et la levée des
troupes, leurs quartiers, leur passage, leurs subsistances ; il régularisait les acquisitions faites par les
communautés religieuses, il surveillait les collèges,
les hôpitaux, les prisons, les fabriques des églises ; il
statuait sur les matières religieuses, et, appuyé par
l'opinion du pays, il apportait la même énergie à
défendre le catholicisme qu'à réprimer les empiétements du pouvoir spirituel, invoquant, bien avant la
réunion à la France, les libertés de l'Eglise gallicane et
la nécessité de lettres d'attache pour rendre les bulles
exécutoires. Il sauvegardait les intérêts des habitants
des campagnes ; si la gelée, la grêle, une inondation,
venait à ravager le pays, il ne négligeait rien pour
réparer ou atténuer ce malheur ; il fixait les prérogatives de chaque corps de métier, il taxait certaines
marchandises de nécessité première, il préparait l'approvisionnement des marchés, il luttait contre la con-
currence déloyale, veillant avec sollicitude à empêcher
les paniques, les émeutes, les disettes, d'autant plus
fréquentes, que chaque province vivait de ses produits.
La confirmation et la réformation des coutumes étaient
une de ses principales préoccupations ; le pouvoir
royal l'avait autorisé en quelque sorte à établir le bon

ordre dans la province, et il usait largement de ce droit : interprétation des règlements, entretien et salubrité des villes, surveillance des mendiants, des vagabonds, tirage de la milice, travaux publics par adjudication ou par régie, haras, cadastre, sel, domaine, tout était soumis à son active surveillance, même la construction des routes et des canaux. C'est ainsi que le premier président Jean-Jacques Boisot fut chargé de rechercher s'il était possible de rendre le Doubs navigable de Montbéliard à Besançon, et consacra quarante jours à remonter cette rivière, pour étudier un plan « auquel, dit un chroniqueur du temps, on renonça pour divers motifs. En résumé, » il était difficile de donner à cette compagnie judiciaire plus d'attributions, et l'on comprend que ses registres offrent au jurisconsulte, à l'économiste, au financier, à l'historien, les renseignements les plus détaillés, les plus consciencieux et les plus utiles. »

Il faut en convenir, cette autorité du Parlement présentait de sérieux avantages et devait avoir une haute utilité. Presque entièrement composée de magistrats habitant depuis longtemps la province, la compagnie vivait au milieu de populations dont elle connaissait et partageait l'esprit, auxquelles elle était sincèrement attachée, avec lesquelles elle avait des relations faciles, amicales, de tous les instants. Dans de telles conditions, elle pouvait faire grand bien, car rien ne lui échappait des besoins et des intérêts du pays. Les aspirations de la province étaient propres aux membres eux-mêmes du Parlement. La centralisation, bonne en quelques points, ne vaudra jamais ce gouvernement paternel et éclairé de corps judiciaires à l'active surveillance desquels tout était soumis et qui n'oubliaient rien.

En parcourant leurs délibérations, en examinant leurs travaux, on se demande comment les mêmes hommes suffisaient à tant de labeurs, et on ne se l'explique que par le profond sentiment du devoir et le noble désir de venir en aide à leurs compatriotes, d'atténuer par les bienfaits d'une administration habile et protectrice les rigueurs qu'entraînait la conquête. La plupart se faisaient remarquer par l'érudition la plus profonde. Nos codes ont simplifié et mis à la portée des intelligences vulgaires l'étude du droit; ils ont établi l'égalité, l'uniformité et donné aux procès eux-mêmes cette ressemblance banale, cet air de famille que reflète l'uniformité de nos mœurs. La loi s'applique au riche comme au pauvre; plus de privilège, plus de juridiction spéciale; il en était autrement sous l'ancienne monarchie. La loi s'était formée à travers les législations et les débris des siècles, composée d'éléments différents, empreinte des passions, des préjugés des législateurs. La naissance avait créé des prérogatives de race; l'inégalité existait partout, elle régnait parmi les hommes, et la diversité était descendue aux choses comme aux personnes. Non seulement la loi n'était pas la même pour le noble et le roturier, mais le sol était assujetti à mille distinctions juridiques; il y avait la glèbe féodale, le franc-alleu, le sillon du seigneur et le sillon du paysan, le pâturage de la commune et celui du prieuré, tous gouvernés par des droits différents et des lois quelquefois opposées. Les corps de métiers avaient leurs statuts, leurs maîtrises, leurs jurandes. Les coutumes étaient souvent en contradiction ; il y avait des règlements dont l'application se trouvait restreinte à une seule paroisse ou à une simple corporation ; il y avait le droit romain qui exerçait aussi une haute influence sur les décisions de justice ; il y avait la tradition, il y avait la jurisprudence, dont on argumentait autant que des textes légaux ; il y avait les commentateurs, aussi nombreux que ceux de nos lois modernes, et qui ne réussissaient pas toujours à répandre la lumière sur les compilations de Justinien et de ses successeurs. Tout ce labyrinthe de lois, de textes romains, c'était aux avocats à les connaître, c'était aux magistrats à en débrouiller le fil, à en consacrer le sens par leurs arrêts. Il fallait un opiniâtre labeur, une science approfondie, pour se reconnaître dans ce dédale de lois remontant au droit romain et au moyen âge, et qui faisaient dire à Montaigne : « Autant soumettre sa cause au premier passant qu'à des juges armés de ce nombre d'ordonnances. » Comment se faire une idée de la difficulté de ces litiges où devaient se résoudre les questions les plus délicates, où les principes du droit politique, du droit canonique et du droit civil étaient tour à tour invoqués, interprétés et conciliés ? Enfin les questions de compétence entravaient la solution de la plupart des procès.

Des mœurs austères, des habitudes laborieuses, permettaient aux magistrats de mener de front tous ces travaux, et de creuser cette science du droit que nos

lois ont mise à la portée de tous. La cour n'était point
encore envahie par des gens de fortune et de loisir,
mais, ce qui valait mieux, garnie de légistes modestes
et instruits. La plupart étaient des travailleurs infati-
gables, amassant au prix de labeurs obstinés des
trésors d'érudition, estimant, comme les solitaires de
Port-Royal, que c'était assez d'avoir pour se reposer la
perspective de l'éternité. Dès la pointe de l'aube, ils venaient, ouvriers actifs, s'asseoir sur ces sièges d'où
descendait une justice égale pour le pauvre comme
pour le riche, secourable à l'opprimé, redoutée de l'op-
presseur [1].

Chaque jour une ou plusieurs audiences étaient consacrées à l'expédition des affaires. La cour tenait en
outre, à des intervalles rapprochés, des assemblées
générales, où s'agitaient des questions législatives,
financières, administratives, d'une importance souvent
capitale, où s'examinaient les édits, où se rédigeaient
les remontrances, où les magistrats délibéraient avec
l'intendant et le commandant de la province, où se
discutaient certains points de discipline judiciaire. A
l'issue de l'audience de relevée, une assemblée de commissaires se prolongeait assez avant dans la nuit.
Enfin les portes de la maison des juges étaient ouvertes
au plaideur, au défendeur, comme au demandeur, le
magistrat considérant comme un devoir de « les ouyr
et escouter en leurs plaintes, doléances et discours de

---

[1] La cloche du palais, dit Chiflet, commençait à sonner avant huit
heures du matin, elle sonnait pendant un quart d'heure. La compagnie était
en séance avant huit heures et demie. Vol. 64, 1°, p. 339.

leurs affaires et procès [1], » usage que répudient nos
mœurs, qui s'explique à une époque où la plupart des
affaires se jugeaient sur rapport, dans le secret du conseil.

Est-ce à dire que tous les magistrats donnaient
l'exemple de toutes les vertus? Non, mais en cas de
scandale on s'empressait de les expulser de la magistrature, et le scandale était fort rare. C'est ainsi que
l'avocat général Callet, s'étant enivré et ayant été
insulté, hué publiquement par des laquais, fut en 1708,
sur la demande du Parlement et sur les ordres de Pontchartrain, contraint de renoncer à sa charge.

L'aventure est ainsi contée dans une lettre du
premier président Doroz au contrôleur général : « Loin
de se corriger et quoique bien averti des plaintes qu'on
fait de lui, le sieur Callet se prit de vin le jour de
Notre-Dame dernière, si fort qu'ayant perdu connaissance de ce qu'il faisait il se mit en plein jour dans une
chaise à porteurs, non à lui, où, étant mort ivre, il fut
porté dans le jardin et versé sur des paillassons, avec
la risée de plus de vingt porteurs ou laquais [2]. » Mais
la triste histoire de ce magistrat indigne est unique
dans les fastes du Parlement; pas un parlementaire
n'oublie le respect qu'il doit à lui-même et à ses fonctions. Façonnés dès leurs premières années à l'austérité
de la vie, aux habitudes laborieuses, à la sévérité de la

---

(1) *Treize livres des Parlements de France*, par B. DE LA ROCHE FLAVYN,
liv. VIII.

(2) Archives nationales. Bibliothèque de Besançon. Correspondance des
contrôleurs, vol. 2, n° 386.

robe, les magistrats se soumettent à la rigidité parlementaire ; ce sont non seulement des savants, mais des
hommes d'énergie, fortement trempés et obéissant à la
voix du devoir, insensibles aux séductions, aux promesses du pouvoir royal, donnant, dans leurs mœurs
privées comme dans leur vie publique, l'exemple des
vertus qui font le véritable citoyen. Il y avait entre eux
l'esprit de corps qui permet de marcher avec une
mutuelle confiance dans la voie que l'on s'est tracée,
qui soutient les forces, qui élève les caractères, qui
oblige au respect de soi-même et commande le respect
des autres. Il y avait pour chacun d'eux des principes
arrêtés d'honnêteté, principes qu'ils conservent au
milieu des désordres d'une société qui se dissout.
Quand toutes les classes se dégradent et s'abaissent,
quand la moralité disparaît, ils restent inaccessibles
aux entraînements du siècle ; ils donnent de nobles
exemples de désintéressement, de bonnes mœurs,
de vie de famille, d'amour de la justice et des belles
lettres ; ils gardent le respect de la légalité, l'attachement aux croyances de leurs ancêtres, à leur religion, à leur Dieu, chrétiens avec la soumission de
Pascal, la conviction de Bossuet, la piété de Fénelon.
Ils vivent dans des temps troublés ; ils savent que les
magistrats qui les ont précédés ont eu à subir de
cruelles épreuves, que l'exil les a souvent frappés,
qu'ils doivent hausser leur âme au niveau de celle de
leurs devanciers et préparer leur courage pour de nouveaux combats. La plupart étaient nés sous la pourpre
judiciaire, leur enfance s'était écoulée au milieu des

exemples paternels. Le plus souvent, le magistrat se
dévouait avec sollicitude à l'éducation de son fils,
désireux de lui laisser, avec l'hermine, un trésor de
traditions, de principes, d'érudition. D'Aguesseau est le
type du grand magistrat au temps de Louis XIV et de
Louis XV, il domine le Parlement, il fait retentir
le palais de la pompe académique de ses harangues;
s'il a un instant de loisir, il le consacre à son fils, il
lui trace la voie à suivre, il le guide de ses conseils.
Plus d'un magistrat, au fond de sa province, imitait
l'éminent garde des sceaux. Ajoutons que les traditions
d'honneur laissées par toute une famille sont pour ceux
qui survivent une garantie de vertu; elles les excitent
à bien agir, à mériter l'estime des hommes, à gagner
une place dans leur mémoire; elles doublent leur
responsabilité en les rendant comptables de leurs
œuvres d'abord, puis du renom qu'ils ont reçu; elles
stimulent leurs efforts pour se rendre dignes de leurs
ancêtres et pour laisser la même réputation d'honneur
à leur descendance.

Besançon possédait de ces familles sénatoriales de
vieille souche judiciaire, ayant traversé des siècles,
avec des services héréditaires, des vertus transmises,
un continuel mérite, un amas d'exemples donnés dans
la vie publique et dans la vie privée, et une réputation
d'intégrité : véritables dynasties de magistrats dont les
noms d'âge en âge figurent dans nos annales parlementaires. C'est ainsi qu'à la mort du président Jobelot, en
1702, son nom restait vivant et se perpétuait au Parlement; il était encore dignement porté en 1791 par le

président à mortier Jobelot de Montureux. Les Maréchal,
les Terrier, les d'Orival, succédaient à leurs pères,
admis aux fonctions publiques par l'estime de leurs
concitoyens et soutenus par les garanties de famille.
Claude Terrier, lieutenant général à Vesoul, conseiller
en 1618, était remplacé, en 1639, par son fils, Jacques
Terrier, l'auteur d'un Commentaire sur le droit romain,
la coutume et la jurisprudence, puis, en 1658, par son
petit-fils. » Tous ces messieurs, dit Courchetet, étaient
de bons, sages et savants magistrats [1]. » A Besançon,
l'un de leurs descendants devenait président à mortier.
Le conseiller de Mesmay, propriétaire du château de
Quincey, près Vesoul, était arrière-petit-fils de Jacques
de Mesmay, nommé avocat général en 1664. Le conseiller de Marenches comptait, parmi ses ancêtres,
Louis de Marenches, avocat général en 1508 [2]. A
Richard d'Orival, conseiller depuis 1684, succédaient
d'autres magistrats du même nom, notamment Claude-
François d'Orival, qui a publié un livre curieux sur les
usages et coutumes de Besançon.

La famille Doroz eut aussi dans le Parlement des représentants pendant plus d'un siècle. L'un d'eux était
avocat général peu après l'annexion, et remplissait ces
fonctions pendant une vingtaine d'années, jusqu'en
1703, époque à laquelle il était nommé procureur général. Il jouissait d'une si haute réputation que le roi
lui accorda un brevet de conseiller d'Etat. Deux de ses

(1) Manuscrits de Courchetet, p. 144.
(2)   Id.   de Lampinet, p. 167.

fils suivirent la même carrière. L'un fut avocat général: l'autre remplaça son père comme procureur général en 1729 [1]. Les Lampinet soutenaient dignement
un vieux nom judiciaire. Les Talbert, les du Ban, se
perpétuaient au Parlement et à l'Université. Il en était
de même des Chiflet, des Seguin, des Dunod, des Hugon, qui étaient d'une famille ancienne de la ville de
Gray, et dont le nom se retrouve, parmi les parlementaires, jusqu'à la fin du xviiie siècle. L'avocat général
d'Agay était fils d'un président à mortier, et son fils fut
lui-même conseiller [2]. Enfin, les Varin fournissaient
des magistrats au Parlement, et avant l'annexion de la
province, des cogouverneurs à la cité. Magistrats de
race, ces descendants de noble famille, que recommandaient leur savoir, leur vertu, leur amour pour la justice, leur attachement aux devoirs de leur état, lais-
saient derrière eux une race de magistrats.

La vénalité et l'hérédité des charges, si contraires à
nos idées modernes, et qui ont maintenant quelque
chose qui révolte, n'entrainèrent point tout d'abord
avec elles tous les inconvénients, tous les dangers que
généralement on leur attribue. Elles avaient des limites raisonnables, elles étaient, surtout dans les premières années, tempérées par des règles inflexibles,
dont la magistrature elle-même se constituait la gar-
dienne vigilante et sévère. Les provisions du roi portaient que le pourvu d'un office ne serait admis qu'au-

---

(1) Archives du Doubs. Affaire Jacques Doroz. Bibliothèque de Besançon.
Manuscrits de Courchetet.

(2) Archives du Doubs. Actes importants, B. 2182, p. 234.

tant que la compagnie le jugerait suffisant et capable.
Il fallait justifier d'un stage. Le candidat était soumis
à l'information préalable de bonnes vie et mœurs, qui
n'était point alors une vaine formalité. Il devait établir
devant une commission qu'il réunissait, sous le rapport
de la naissance, de la famille, de la conduite et de la
fortune, toutes les conditions nécessaires. Le Parlement
se montrait sévère, même pour la fortune, et, voulant
assurer l'indépendance de ses membres, rejetait les
demandes de ceux qui avaient emprunté pour acheter
leur charge.

Tous les membres de la compagnie avaient le droit
de faire parvenir à la commission les renseignements
qu'ils jugeaient utiles. Lorsqu'il avait obtenu l'agrément
du Parlement, le candidat devait s'adresser au roi pour
en obtenir des provisions; elles portaient que l'impé-
trant ne serait reçu que s'il était jugé « suffisant et capable. » On lui faisait alors subir un examen. L'usage
des examens avait été introduit en 1498; l'édit exigeait
que le sujet, nommé du propre mouvement du roi, fût
examiné par des présidents et des conseillers, reçu s'il
était digne et capable, mais refusé sans merci dans le
cas contraire. Le roi devait être immédiatement averti
« pour, dit Brantôme [1], y pourvoir d'autre personnage idoyne et suffisant. » L'épreuve était sérieuse et
ne profitait pas toujours à ceux qui ne remplissaient
pas les conditions désirables de savoir exigées d'eux.
C'est ainsi que le chancelier de l'Hôpital, impatienté

---

(1) Digression sur le chancelier de l'Hôpital.

de l'ignorance de plusieurs jeunes gens qu'il interrogeait, s'écria : « Voilà de grands ânes; c'est charge de conscience au roi de constituer ces gens-là en justice! » Ces examens étaient indispensables, nécessaires. Les concours font la force et la vie des institutions; ils élèvent constamment le niveau de la science. Le candidat était introduit dans la chambre du conseil, passait derrière le bureau, et le Code des lois romaines lui était présenté. Il piquait la loi, c'est-à-dire qu'à l'ouverture fortuite du Code, une loi lui était indiquée comme devant faire l'objet principal de l'examen qu'il aurait à subir. Le premier président lui indiquait le jour et l'heure où il devait se présenter pour être entendu. Le délai devait être de trois jours au moins. Au jour indiqué, le candidat était de nouveau introduit dans la chambre du conseil, interrogé et sur la loi qui lui était échue au sort, et sur les différentes parties de la législation [1]. L'examen terminé, la cour délibérait et le premier président prononçait la décision. Après leur réception, les jeunes gens étaient soumis à un noviciat judiciaire, ne siégeant tout d'abord qu'avec voix consultative, et acquérant peu à peu les lumières, l'expérience et la sagesse de leurs anciens.

« Le Parlement, disait une délibération des magistrats, est une compagnie nombreuse, qui ne manque jamais d'avoir à sa tête d'anciens magistrats expérimentés, dont les lumières seront toujours des guides assurés pour former les jeunes conseillers et les rendre

[1] Les Archives du Doubs possèdent un petit volume manuscrit, contenant de très nombreuses questions à poser aux candidats.

aussi parfaits qu'eux [1]. » Ce n'était pas trop de toutes
ces exigences pour la constitution et l'avenir d'un
grand corps judiciaire qu'attendaient tant de difficultés
à résoudre, tant d'entraves à surmonter.

Plus tard, des abus s'introduiront dans les compagnies judiciaires. Les informations sur les *vie, mœurs*
et *capacité* deviendront purement de forme et véritablement dérisoires. On se montrera moins difficile
pour l'*instruction*, dans l'espoir que la pratique et les
débats d'audience compenseront le défaut de connaissances juridiques; c'est ce que constatait un ancien
conseiller du Parlement, Rœderer, par ces mots :
« J'ai exercé la magistrature et je demande à ceux qui,
comme moi, ont trouvé leur instruction dans la provision de leur office, si ce ne sont point les débats oraux
qui nous apportent la nourriture de chaque jour et nous
fournissent les connaissances pour juger. » Le candidat
était souvent parent ou allié de parlementaires; comment se montrer d'une extrême sévérité? La frivolité
croissante des mœurs exercera aussi une influence sur
la magistrature. L'austérité, la gravité, seront rempla-
cées par des habitudes mondaines, par de lestes manières qui choqueront parfois un malin public et pro-
voqueront nombre de pamphlets et de libelles; le
magistrat ne vivra plus à l'écart, le monde l'envahira.

Mais dans les dernières années du règne de Louis XIV,
le Parlement ne se compose guère que d'hommes laborieux, inspirant la vénération et le respect. Ajoutons

(1) Manuscrits Chiflet. Recueil, vol. 63, p. 256.

que l'entente continue à être complète entre le pouvoir royal et les magistrats. Le Parlement de Paris est déjà animé d'un esprit indocile et tracassier, tout prêt à user et abuser du droit de remontrances ; mais cet esprit de résistance n'a point encore pénétré dans les provinces. Le juge garde vis-à-vis du roi un respectueux silence ; il est heureux de manifester en toute occasion son attachement profond. En 1714, lors de la publication de la paix conclue à Baden, en Suisse, avec les princes de l'Empire, il s'associe aux représentants de Besançon pour proclamer son dévouement absolu par des fêtes publiques qui eurent lieu le 9 décembre et les jours suivants dans cette ville. Le peuple, comme le Parlement, ne manifeste que des sentiments d'obéissance ; il souffre, mais se contient, et bien que des nuages menaçants s'amoncellent déjà à l'horizon, le sol de la patrie française semble se raffermir sous la protection et la vigilance du grand roi. La nation était avide d'ordre et de paix, et les Parlements du royaume, modifiant leur ligne de conduite vis-à-vis de la couronne, étaient eux-mêmes disposés à se renfermer dans leur rôle de corps judiciaires et administratifs, et à s'abstenir de se mêler aux questions purement politiques ; ils ne montraient que respect, obéissance sans bornes ; ils n'auraient d'ailleurs point trouvé d'appui s'ils avaient osé résister. Le souvenir des troubles de la minorité du roi disposait les esprits à songer au repos bien plus qu'aux libertés publiques. Le pouvoir suprême avait tout dompté, tout abattu ; la monarchie devenait absolue, et Louis XIV pouvait dire au Dauphin, son fils : « Dans l'Etat où vous devez régner après moi, vous ne trouverez point d'autorité qui ne se fasse honneur de tenir de vous son origine et son caractère; point de compagnie qui ne se croie obligée de mettre son unique sûreté dans son humble soumission. » Cette prédiction semblait justifiée, mais la mort du Dauphin et d'autres fils de France devait tromper les espérances du vieux roi, et les Parlements, qui pendant de longues années avaient obéi sans murmure, devaient se redresser de toute leur hauteur, impatients de recouvrer leurs prérogatives, d'imposer leurs volontés.

Un seul reproche peut être formulé contre les magistrats de Franche-Comté : ils s'inclinent trop vite devant l'invasion; ils subissent avec trop d'empressement les volontés despotiques du pouvoir royal; ils oublient que la domination espagnole a été, pour notre pays, clémente, humaine, paternelle; mais dès les premières années du xviiie siècle, ils se montreront dévoués aux populations qu'ils ont mission de défendre, ils revendiqueront leurs privilèges. Lorsqu'il s'agira de l'augmentation du nombre des offices, de la dépréciation de leurs charges, ils n'hésiteront pas à faire généreusement le sacrifice de ce qui n'est qu'intérêt pécuniaire, ils se tairont; il en sera autrement lorsqu'il s'agira de venir en aide à la province. C'est là un trait digne d'être cité, quand on veut reproduire la physionomie d'une institution qui ne se retrouve nulle part ailleurs, est spéciale à notre pays, et dont l'existence en Franche-Comté prouve les affinités qui liaient le comté de Bourgogne à la France avant même l'annexion.

CHAPITRE III

REMONTRANCES DU PARLEMENT

Le Parlement à la mort de Louis XIV. — Situation de la Franche-Comté.
— Charges et impôts. — Atteintes aux droits de la province. — Epuise-
ment des peuples. — L'agriculture délaissée. — Représentations du Parlement sur la capitation, le centième denier, l'impôt du cinquantième, etc.
— Son attitude lors de l'établissement de la banque de Law. — Noblesse
de robe. — Edits contre les protestants. — Intolérance du Parlement. —
Querelles religieuses. — Bulle *Unigenitus*. — Magistrats jansénistes. —
Protestations du Parlement contre divers impôts. — La Franche-Comté
sous le règne de Louis XV.

A la mort de Louis XIV, les magistrats de Franche-
Comté oublièrent pour un instant les calamités publiques, pour ne se rappeler que les bienfaits répandus
sur eux par le souverain qui n'était plus. Le jour même
où le nouveau roi, âgé de six ans, dans un document
signé du chancelier, recommandait aux parlementaires
de donner un souvenir religieux à la mémoire de son
bisaïeul, le Parlement décidait que tous les magistrats
prendraient le deuil et assisteraient aux cérémonies
publiques qui se feraient dans l'église métropolitaine de
Saint-Jean. Le 9 septembre 1715, il écrivait au duc
d'Orléans et au chancelier pour leur exprimer les regrets

que lui faisait éprouver la mort du roi et les assurer de ses sentiments de respect et de soumission au pouvoir royal; enfin, estimant qu'il ne pouvait « donner aux peuples des marques trop publiques de sa fidélité, » il envoyait à Paris quatre députés, le premier président Boisot, M. Boisot, président, le président Espiard, et le conseiller Duban, avec mission d'être les interprètes de son respectueux et profond attachement pour le nouveau souverain [1].

Ce n'était point là de la banalité officielle, mais l'expression vraie et sincère des sentiments des magistrats.

Cette impression de tristesse ne les empêcha point d'accueillir avec satisfaction la déclaration du 15 septembre 1715, qui leur rendait l'antique droit de remontrances si longtemps méconnu, et qui les autorisait à représenter à la couronne, avant l'enregistrement, « ce qu'ils jugeraient à propos pour le bien public du royaume. » Pendant quarante-deux ans les Parlements avaient gardé le silence; ils « avaient, suivant l'expression d'un grand écrivain [2], suivi le destin des choses humaines, cédé au temps qui détruit tout, à la corruption des mœurs qui avait tout affaibli, à l'autorité suprême qui avait tout abattu; » subjugués par la toute-puissance royale, ils étaient devenus de passives et muettes machines, prêtes à se mouvoir docilement sous la main énergique qui en pressait le ressort. L'enre-

(1) Archives du Doubs. Minutes des délibérations.
(2) MONTESQUIEU, 89e des *Lettres persanes*.

gistrement des édits était de style, un vain spectacle,
une pure cérémonie; les lois du royaume avaient plié
sous la force. L'intervention du Parlement de Franche-
Comté dans l'action gouvernementale avait été presque nulle. Timides, tremblantes devant la volonté de
fer qui avait pesé sur elles depuis la conquête,
ces grandes compagnies s'étaient le plus souvent
bornées à assister à des *Te Deum* chantés à l'occasion de la victoire de la veille, que devait effacer la
défaite du lendemain; à enregistrer des édits toujours
ruineux, parfois blessants pour leur dignité; à discuter
des questions de préséance, graves minuties, « faiblesse
des grands corps, » selon l'expression de Montesquieu.
Mais lorsqu'elles virent que la couronne de Louis XIV
tombait sur la tête d'un enfant de tout le poids de sa
puissance, de sa gloire, de ses revers, de ses malheurs,
elles crurent qu'elles pourraient recouvrer leurs anciennes prérogatives; elles espérèrent sinon secouer le
joug du pouvoir royal et se reprendre à la vie politique, du moins venir en aide, d'une manière plus
efficace, aux misères dont elles étaient les témoins.
Louis XIV avait, selon le mot de Saint-Simon, « tiré le
sang de ses sujets sans distinction; » il avait mangé
l'avenir même; son peuple était pressuré; la Franche-
Comté n'avait pas été épargnée.

Au début de l'occupation française, la province avait
cru un instant qu'au point de vue matériel elle béné-
ficierait de sa réunion à la France, que l'aisance serait
plus grande, que ses produits augmenteraient de valeur. Il en fut ainsi tout d'abord; non seulement l'im-

position ordinaire, qui était de 3,000 francs (monnaie
du pays), ou de 1,000 livres de France par jour, ne fut
pas augmentée, mais, assez éloignée du théâtre de la
guerre pour n'éprouver aucun des dommages insépa-
rables de la trop grande proximité des armées, la
Comté recouvra une prospérité relative; sa situation
topographique était des plus favorables; des armées
nombreuses combattaient en Alsace et sur le haut
Rhin, et donnaient à son commerce toute l'étendue
dont il était susceptible; le passage des troupes et de
la plus grande partie des officiers y entretenait la circulation. Lorsque les armées se séparaient et entraient
en quartier, les soldats qui passaient l'hiver en
Franche-Comté y trouvaient toutes les ressources nécessaires. L'argent était commun, les impôts étaient
payés sans peine. Ces avantages augmentèrent encore
par les facilités qu'eurent nos négociants de porter aux
armées de Dauphiné et de Provence toutes les productions du pays. La Comté eut ainsi une vente lucrative
de ses vins, de ses eaux-de-vie, de ses beurres, de ses
fromages, de son bétail, de ses salaisons et de ses
grains. L'administration était meilleure. L'économie
dans la gestion des affaires du pays était plus grande.
Les gouverneurs demandaient eux-mêmes qu'on traitât
la Franche-Comté avec bienveillance. De Bernage écrivait, le 13 mars 1705, au contrôleur général : « Je
ne puis m'empêcher de vous dire que dans ce pays
frontière et conquis, où vous savez que la plupart des
esprits et des cœurs se ressentent encore de quelque
inclination pour l'ancienne domination, il ne laisse pas

d'y avoir quelque danger de les aliéner davantage, donnant sujet au prétexte de se plaindre qu'on a manqué de bonne foi à leur égard [1]. » Desmarets reconnaissait que l'observation était fondée et écrivait en marge de cette lettre : « Ménager les choses et ne pas presser les peuples. » La plupart des représentants du pouvoir royal se conformaient à ces sages prescriptions. Non seulement de Bernage, mais le duc de Duras, qui était de l'intimité du roi, remplissaient leurs fonctions avec autant de tact et d'urbanité que de fermeté et d'intelligence.

Mais en quelques années un changement ruineux se produisit; les troupes furent envoyées sur les frontières, puis en dehors du royaume; les corvées les plus pénibles se multiplièrent, des transports de poudre, de bombes et de boulets furent exigés des cultivateurs, avec des fatigues excessives, des pertes de temps et d'argent irréparables, et à une époque de l'année où les travaux de culture étaient urgents. Les impôts augmentèrent. L'abonnement, qui en 1711 n'était que de 370,000 livres, s'éleva, en 1734, à 550,000, et devait atteindre, en 1741, 700,000 livres. Enfin, de nombreuses entraves furent apportées à la facilité du commerce, au développement du travail et de l'industrie.

Sous la domination espagnole, les plantations de tabac étaient autorisées; elles étaient considérables. Ce qui ne servait pas à l'usage des habitants était

(1) Archives nationales. Biblioth. de Besançon. Correspond. des contrôleurs, vol. 2, n° 769.

vendu à l'étranger. Le service des haras n'avait pas encore été imaginé. Les sels de Salins suffisaient à la
consommation. La navigation de la Saône était libre,
ou du moins n'était grevée que de droits peu onéreux.
Le commerce de la Suisse n'était entravé par aucune
loi restrictive. « Tout était, selon l'expression d'un contemporain, dans l'état primitif. »

La conquête bouleversa cet état de choses.

Le gouvernement voulut s'attribuer le monopole de
la fabrication et de la vente des tabacs, et soumettre la
Franche-Comté à la réglementation établie en France.
Il échoua tout d'abord, et dut céder devant les protestations de la population et les remontrances du Parlement; mais les traitants prétendirent que la contrebande devenait redoutable, que les habitants, abusant
du droit qui leur était concédé, finiraient par manquer
des grains nécessaires à leur subsistance, et ils obtinrent diverses ordonnances du commissaire départi,
défendant de planter plus d'un journal, exigeant qu'il
fût d'une seule pièce, convertissant le privilège en imposition, et prescrivant à chaque particulier voulant
planter un journal de payer la somme de cent livres
entre les mains des échevins de la communauté où la
plantation avait été faite.

C'était soumettre les propriétaires aux recherches des
commis des fermes, c'était resserrer l'industrie dans
les plus étroites limites, c'était tuer la culture du tabac
de Franche-Comté en faveur des produits de la ferme,
c'était pousser les populations à la fraude, à une contrebande d'autant plus répréhensible qu'elle se faisait

à main armée. L'aggravation du prix de vente devait frapper surtout l'artisan, le laboureur, le soldat.

Le Parlement renouvela ses doléances dans les termes les plus énergiques. Le pouvoir royal résistait. La lutte dura de longues années. En 1754, elle se continuait encore fort ardente. Le premier président, M. de Quinsonas, se faisait l'interprète des légitimes réclamations des magistrats; mais toutes démarches devaient rester infructueuses, et le 20 avril 1755, M. de Quinsonas écrivait de Paris : « Tous les ministres à qui j'ai répété les raisons que vous m'avez fournies et que mon zèle m'a suggérées m'ont paru moins disposés que jamais à les écouter. J'ai senti que l'esprit du ministère était que l'on restât dans le silence pour le moment, et que l'on attendît quelque arrangement favorable du propre mouvement du roi par l'organe de ses ministres [1]. » Les plantations ne purent excéder, dans le comté de Bourgogne, la quantité de cinq cents journaux, et tout habitant obtenant l'autorisation de planter un journal dut payer cent livres, lors même qu'il n'userait pas de la permission concédée.

Pendant plusieurs siècles les salines de Salins avaient fourni tous les sels nécessaires à la consommation de la province et à l'exécution des traités faits avec la Suisse; mais sur la fin du règne de Louis XIV, on eut la pensée de rouvrir, dans les environs de Lons-le-Saunier, à Montmorot, quelques mines de sel, et de forcer les habitants du bailliage de Lons-le-Saunier à prendre

---

[1] Archives du Doubs. Parlement. Correspondance.

dans cette saline les mêmes quantités de sel qu'on leur
délivrait à Salins et au même prix. Les bailliages d'Orgelet, de Poligny et de Saint-Claude furent soumis à la
même obligation. Le peuple se plaignait et affirmait que
les produits de Montmorot étaient de mauvaise qualité,
nuisaient à la santé et engendraient des maladies jusqu'alors inconnues.

L'habitant des campagnes avait eu, jusqu'à la conquête, la faculté de couper dans les forêts des bois de
sapin pour son usage, pour l'entretien de son habitation; cette faculté lui fut interdite sous prétexte qu'il
ne fallait point dépeupler les forêts; il ne put obtenir
des bois qu'avec des permissions qui lui étaient habituellement refusées ou qui lui étaient accordées trop
tard, lorsqu'un préjudice considérable lui était causé.

L'élevage du cheval fut entravé par la création des
haras. Pendant de longues années les communes
avaient veillé elles-mêmes à l'amélioration de la race
chevaline; peu à peu, avec le désir de tout centraliser
et de tout placer sous sa dépendance, le gouvernement
avait établi des gardes-étalons et des inspecteurs que
devait payer la province; il en résultait une aggravation de charges; puis ces réformes ne produisaient
pas les résultats que l'on pouvait espérer. Les remontrances du Parlement sont curieuses à lire; déjà se discutait le point de savoir s'il fallait recourir aux étalons
étrangers. Le Parlement protestait; il écrivait au roi le
25 janvier 1760 : « Une expérience constante et suivie
nous a appris que les étalons étrangers ne donnaient,
en Franche-Comté, que des productions d'une espèce

absolument imparfaite. L'épreuve en fut faite en 1735, et le mauvais succès obligea de l'abandonner. Les étalons royaux, quoique choisis avec le plus grand soin par le directeur général des haras de Votre Majesté, n'ont pas mieux réussi, et partout ils n'ont procuré que des productions qui n'ont été d'aucune ressource pour les peuples de notre ressort, ne pouvant être employés ni au service des vivres et de l'artillerie, ni à l'agriculture, ni même à la remonte de la cavalerie. » Et le Parlement ajoutait : « Le seul moyen de pourvoir à la monte prochaine est de rétablir l'espèce de chevaux que la nouvelle administration a détruite en Franche-Comté et d'y faire venir des étalons comtois; il a été vérifié qu'il n'y en avait plus dans la province et qu'on ne pouvait en trouver que dans la Brie ou quelques autres provinces, dont les habitants viennent acheter les poulains de Franche-Comté. Le temps qui reste jusqu'à la monte est à peine suffisant; si cette ressource manquait et que la monte ne pût être faite cette année, nous ne pouvons dissimuler à Votre Majesté que le commerce des chevaux serait entièrement anéanti en Franche-Comté et que cette perte serait irréparable[1]. »

Le commerce se maintint, mais dans de faibles proportions. La Suisse, qui, d'après l'appréciation des magistrats, avait des chevaux inférieurs à ceux de Franche-Comté, chercha dans d'autres pays ce qu'elle trouvait auparavant dans les montagnes de notre province, notamment dans les environs de Maîche et du Russey. Les

---

[1] Archives départementales. Minutes des délibérations, B. 3768.

agents chargés de fournir l'armée portèrent leur argent
à l'étranger. Un préjudice considérable en résulta pour
la population, préjudice aggravé par d'onéreux impôts,
par une réglementation excessive, que supportait péni-
blement une province habituée, avant l'annexion, à
une liberté presque absolue.

Sous la domination espagnole, les relations commer-
ciales avec les provinces voisines étaient faciles, mais
des taxes onéreuses furent établies sur la frontière du
sol comtois. L'intendant de la Fond écrit en 1695 :
« La Franche-Comté n'a aucun commerce ; d'un costé,
on ne souffre point le transport des blés en Suisse, qui
est le seul endroit où le débit pourrait rapporter de
l'argent ; d'un autre costé, les habitants ne peuvent
vendre leurs vins ; vous jugerez qu'il n'est pas possible
qu'ils puissent faire de l'argent. J'ajouterai que le transport des vins de Bourgogne a toujours subsisté, et qu'il
en vient dans cette province comme à l'ordinaire [1]. »

De Courbouzon formule la même pensée en ces termes :
« Le premier obstacle consiste dans la quantité de
bureaux dont la province est environnée. Tantôt on la
regarde comme une province du dedans, tantôt comme
une province étrangère ; l'on y paie en entrant et en
sortant, on n'y fait pas un pas qu'on ne soit fouillé et
visité. A la bonne heure que du côté des frontières on
garde nos avenues ; mais que pour porter des marchandises ou des denrées dans le comté de Bourgogne,
dans la Champagne, dans l'Alsace ou dans la Bresse,

---

[1] Lettre du 31 mai 1696 au contrôleur général.

il en coûte de l'argent, c'est qui ne paraît pas supportable. » De Courbouzon avait raison, l'essentiel était que l'argent de la province comtoise ne sortît pas du royaume. Comment admettre que chaque province tint son blé captif, que les greniers de la Beauce fussent garnis de grains sans s'ouvrir aux voisins affamés, que la province fût séparée des autres pour la culture découragée, que le peuple fût constamment terrorisé à la pensée de manquer de pain, que la panique occasionnât des émeutes? M. de Courbouzon n'était pas seul à se plaindre, et ce lamentable état de choses motivait en 1783, de la part d'un homme d'initiative et d'intelligence, C. Q. Lachiche, brigadier des armées du roi et auteur du projet de jonction du canal du Rhône au Rhin, les observations suivantes : « Il est certain que les entraves que les cultivateurs éprouvent au débit de leurs denrées ont borné nos relations de commerce et d'intérêt : dans les années d'abondance, ils se consument en frais de culture et de récolte, sans pouvoir en faire part aux provinces voisines; dans les années de stérilité, on ne peut rien tirer d'elles, ce qui expose le pays aux opérations fatales du monopole; c'est pourquoi ayant également à craindre la disette et l'abondance, ils ne cultivent que ce que leur prescrivent leurs besoins.... Le manque d'argent qui résulte de cette position fait que la Franche-Comté est pauvre au milieu de ses richesses naturelles. »

Enfin, en 1700, la Franche-Comté payait, outre l'imposition ordinaire, une somme modique pour les ponts et chaussées, et quelques autres sommes pour des réparations momentanées ; mais cinquante ans plus tard, les impôts, les subsides extraordinaires pouvaient à peine se compter. Il y avait la taille ou imposition ordinaire, qui n'était autre chose que l'impôt direct de nos jours, que l'on appelait taille personnelle, parce qu'elle atteignait tous les biens de la personne, propriétés, marchandises ; il y avait la capitation, qui frappait le revenu de chaque citoyen ; l'impôt des vingtièmes, créé temporairement par Louis XIV, pour subvenir aux besoins de la guerre, et qui non seulement ne disparut plus, mais fut doublé et même triplé ; il en était de ces impôts comme aujourd'hui du décime et du double décime de guerre, qui se maintiennent en temps de paix et que le gaspillage toujours grandissant augmentera encore ; il y avait les deux sols pour livre en sus du dixième ; l'impôt qui paraissait l'un des plus lourds était la gabelle. Le sel était nécessaire à l'habitant, au cultivateur, non seulement pour sa nourriture quotidienne, mais pour féconder ses terres, et surtout pour améliorer son bétail ; mais le roi avait seul le droit de vendre le sel, et il le vendait à si haut prix, que le cultivateur se serait résigné à n'en pas en faire usage pour ses aliments. Le fisc ne s'accommodait pas de cette privation que s'imposait le pauvre, et une ordonnance avait déclaré le sel obligatoire, et avait taxé à sept livres de cette denrée coûteuse toute personne ayant atteint l'âge de sept ans. Cette contribution du sel avait déterminé beaucoup d'habitants à prendre le triste métier de faux-saunier. La Franche-Comté étant un pays de salines, le sel ne s'y payait que de quinze à seize francs le quintal, tandis qu'il se vendait le double en Lorraine, le triple et même le quadruple en Bourgogne. Le gain à réaliser était si considérable, que la contrebande était des plus actives.

M. de Quinsonas écrivait, le 25 novembre 1754, à M. Chiflet : « La guerre des contrebandiers, qui est redoutable dans les autres provinces, l'est moins dans la Franche-Comté, qui est remplie de troupes. Cependant il est à propos que les commandants y veillent, et tâchent d'exterminer les contrebandiers armés et attroupés, en envoyant un nombre de troupes supérieur, en se tenant avertis par des espions bien payés [1]. » La loi était d'une sévérité excessive ; elle punissait des galères les faux-sauniers surpris avec armes, et en cas de récidive, les condamnait à être pendus et étranglés, mais les délits ne se continuaient pas moins en grand nombre.

La corvée constituait aussi une charge onéreuse en ce que l'habitant des campagnes était contraint souvent de travailler à la construction, à la réparation des chemins, à des jours déterminés ; toutefois il ne se plaignait pas trop, surtout lorsque son travail n'était pas éloigné de son domicile et pouvait lui profiter, puis il préférait donner son temps plutôt que son argent ; mais en dehors des impôts principaux que nous avons rappelés, il y avait encore des sommes considérables à acquitter pour les ponts et chaussées, les pépinières royales, l'entretien, l'habillement et autres dépenses

---

[1] Manuscrits Chiflet.

concernant la milice, les droits d'amortissement et nouveaux acquêts, les droits sur les huiles et sur les savons, les droits de courtiers jaugeurs. Il y avait pour les villes et pour certaines communes, à fournir des logements à diverses personnes, logements multipliés sans nécessité et taxés arbitrairement; il y avait un impôt en faveur des mendiants, impôt dont l'emploi n'était pas toujours destiné au soulagement des misères de la province; il y avait à fournir les voitures des troupes, les fourrages, les salaires des préposés aux chemins; il y avait à payer les droits de contrôle, insinuation et centième denier, les octrois de la Saône, les augmentations des droits de traites et transmarchements, l'imposition sur les haras.

La comparaison entre les charges et le montant des impôts qui frappent aujourd'hui les contribuables serait curieuse et instructive. Peut-être ne serait-elle pas à l'avantage de notre époque. L'habitant était grevé outre mesure, il l'est plus encore en ce moment. Combien d'impositions d'autrefois subsistent, le nom seul est changé; et combien d'impôts récemment créés!

Avec le surcroît de charges, le cultivateur découragé n'apercevait, comme prix et récompense de ses travaux, que la misère et la disette. Souvent il manquait de pain ou ne se nourrissait que de pain mêlé d'orge et d'avoine, dont on n'enlevait pas même le son. Parmentier n'avait pas encore importé la pomme de terre, et le paysan était forcé de manger de mauvais fruits ou du maïs, ou quelques herbes cuites à l'eau. Les montagnards vivaient de laitage. Il faut lire les *Lettres sur*

la Franche-Comté, par le capucin Romain Joly, pour
apprécier le degré de pauvreté de notre pays. Argen-
ton, Villars, constatent la même misère. Le premier
écrit que « les villages fondent et viennent à rien. » Des
pauvres, des insolvables, la pauvreté gagnait les gens
aisés, qui payaient à leur place et devenaient pauvres à
leur tour. L'habitant des villes n'était pas plus heureux. Dans un grand nombre de remontrances, les magistrats argumentent de leur peu de fortune. La plupart
n'avaient pour vivre, en dehors des gages, que les revenus de leurs terres; or, les terres produisaient peu.
Quelques-uns appartenaient à la bourgeoisie et avaient
fait partie du barreau ; leurs principales ressources
avaient été |employées à l'acquisition de leurs charges.
Cette situation était de notoriété publique, comme le
démontre la correspondance échangée en 1702 entre
l'intendant d'Harouis et le contrôleur général; d'Harouis déclare que la bourse des magistrats est vide,
qu'ils sont sans argent, et « que si on entreprenait
d'en exiger d'eux, il faudrait en venir à des con-
traintes dont on serait obligé de se départir et qui
ne feraient qu'aigrir les esprits. » Le Parlement exprime la même pensée dans beaucoup de ses remontrances : « On ne trouvera pas, disait-il en 1732,
dans le Parlement, qui est composé de quatre-vingts
personnes, plus de deux cent mille livres de rente. La
Chambre des comptes, formée partie d'étrangers, n'a
tout au plus que cent mille livres de revenu [1]. Les

---

(1) Manuscrits Chiflet, vol. 61, p. 294. Biblioth. de Besançon.

gentilshommes eux-mêmes étaient sans ressources ;
comme le dit, dans ses *Mémoires*, Ferdinand Lampinet, « les simples gentilshommes vivaient noblement
de leur fief, c'est-à-dire qu'ils faisaient bonne chère,
eux et leurs amis, de la quantité de denrées propres à
la consommation dans la maison que le fief donnait,
mais toujours dans la disette d'argent, » sans aucune
idée du confort, de ces dépenses qui aujourd'hui nous
font ambitionner la fortune, de ces recherches luxueuses
qui caractérisent notre siècle. Quant aux nobles qui entraient au service, non seulement ils ne s'enrichissaient
pas, mais ils n'avaient guère d'autre perspective que
de devenir capitaines, les grades supérieurs étant pour
la noblesse de cour, avec les gros traitements. L'Etat
ou ses représentants n'avaient aucune pitié pour les
souffrances du peuple. Les intendants gaspillaient
sans compter. En 1703, l'intendant de Bernage grevait
la ville de Besançon de dépenses excessives ; c'est ainsi
que voulant approprier, pour servir à son logement,
la maison Boisot, autrefois hôtel d'Anvers, située dans
la Grande-Rue, il dépensait, pour son fourneau de cuisine, plus de cinq cents livres [1]. Ces intendants parlaient, agissaient en maîtres ; ils étaient les rois du
pays, trop souvent les tyrans, les fléaux de leurs provinces, qu'ils écrasaient et qui se résignaient à dévorer
en silence leurs haines et leurs malédictions [2]. Les

---

(1) Archives de 1703 déposées à la mairie de Besançon. BB. 118, casier 1,
rayon 8.

(2) En 1750, un conseiller au Parlement écrivait : « Chez nous, l'intendant seul taille, augmente, répartit arbitrairement les impôts reçus, en établit

lieutenants généraux, les gouverneurs abusaient, eux aussi, de leur autorité. La ville et la province étaient forcées de se soumettre à toutes leurs fantaisies. En 1739, le duc de Duras imaginait de demander la création, à Chamars, d'un vivier; la ville cédait à ses exigences.

En 1739, il se faisait, en outre, accorder dix mille livres, payables en trois années, par la ville, pour ajouter un petit corps de bâtiment à sa résidence [1]. Le même lieutenant général faisait percer des routes dans la forêt de Chailluz, à l'insu de la municipalité, pour la commodité de ses chasses, et après une longue résistance, la ville était, par ordonnance du grand maître des eaux et forêts, contrainte d'entretenir les voies de communication. La plupart des hauts représentants du pouvoir royal se conduisaient en despotes. En 1735, le commandant militaire et le lieutenant du roi faisaient arrêter, aux portes de la ville, les marchands de poissons par des fusiliers, qui les conduisaient à leurs hôtels pour acheter ce qui leur convenait, au préjudice du public [2]. En 1737, l'état-major de la place s'empa-

---

d'autres de son autorité propre, juge souverainement de tout ce qui peut y avoir rapport. Il suspend les arrêts des cours de la province, il établit, casse, révoque à son gré les officiers municipaux, fait jurer aux notables assemblés qu'ils vont élire librement ceux qu'il les force de nommer, dispose en maître absolu des revenus des villes et communautés, suspend les paiements de leurs créanciers, autorise seul des levées de deniers sur les denrées, restreint, arrête le commerce intérieur ou extérieur sans aucune forme, avec une armée d'employés. » (Archives départementales. Parlement. Non classé.)

(1) Reg. in-fol., casier 1, rayon 10, BB. 152.

(2) Id., ibid., BB. 148.

rait des anciens greniers de la ville, pour remplacer les
prisons établies dans le bâtiment démoli de l'ancienne
mairie. La plupart de ces fonctionnaires vivaient, d'ailleurs, avec un grand luxe, avec un train de maison
coûteux; à l'exemple du roi, ils se montraient généreux
et prodigues. Lorsque le duc de Duras, commandant
en chef, vint, en 1734, s'établir à Besançon, il arriva
avec soixante chevaux, et il fallait bâtir des écuries
plus spacieuses dans la cour de l'hôtel de Montmartin,
affecté à ce haut fonctionnaire [1]. L'état de misère du
peuple n'empêchait pas les réjouissances publiques et
les dépenses inutiles. Parfois l'Etat, les villes, les corporations, les particuliers eux-mêmes prodiguaient l'or
sans compter. Quand fut annoncée la paix entre la France
et l'empire, en 1739, la fontaine de Charles-Quint, dans
la façade de l'hôtel de ville, déversa le vin de sept à
huit heures du soir pour les bourgeois, de huit à neuf
heures pour les soldats; il y eut des illuminations de
plus de trois mille lampions à l'hôtel de ville; réception
ouverte dans le même hôtel, organisée par la municipalité [2]. Chaque nomination de gouverneur, chaque
visite de personnage plus ou moins illustre, chaque
proclamation de traité de paix entraînait des dépenses;
on multipliait les banquets, l'envoi de vin d'honneur.
Lorsque le duc de Tallart, pair de France et cordon
bleu, vint, en 1728, remplacer son père, la ville s'empressa de lui envoyer cent trente bouteilles de vin de

---

(1) Reg. in-fol., BB. 147, casier 1, rayon 9. Archives municipales.
(2) Id., ibid., 152, rayon 10.

Bourgogne, cinquante bouteilles de vin de Champagne, cinquante livres de bougie du Mans, avec douze flambeaux de nuit en cire blanche. Ces détails sont puérils, mais ils montrent bien les habitudes, les mœurs de notre pays.

Les campagnes se dépeuplaient, mais les impôts augmentaient. L'autorité, le prestige de la royauté attirait tout à Versailles, ramenait la noblesse à l'oisiveté. La vie des courtisans se passait à la cour. L'impôt, doublé et reporté sur le petit cultivateur, avait obligé le paysan à vendre son champ au seigneur de paroisse; mais le seigneur vivait inoccupé, parfois loin de son pays. Les champs restaient improductifs : c'est ce que font remarquer toutes les remontrances du Parlement. Il y avait des fonctionnaires, un clergé nombreux, une aristocratie qui vivait souvent dans ses domaines; mais l'agriculture était délaissée; plus de travailleurs, plus de bras pour cultiver et faire fructifier la terre. En 1756, la Chambre des comptes, s'adressant au roi, disait : « Il y a moins de fonds cultivés, et, en conséquence, les impositions et les charges surpassent d'autant plus la possibilité de la province; les derniers tirages de la milice offrent un nombre de garçons bien moindre qu'autrefois, excepté dans le bailliage de Saint-Claude, où presque tout est en mainmorte. Un grand nombre de lieux, autrefois considérables, se dépeuplent, et ne présentent plus que des squelettes de bourgs et de villages sans vie et sans mouvement. Combien n'y a-t-il pas de terres abandonnées et incultes! On apprend que dans le seul bailliage de Gray, l'un des meilleurs du comté de Bourgogne, il y en a près de dix mille journaux ; une partie de la Bresse franc-comtoise, des bailliages de Dole et de Poligny, est encore dans une situation plus fâcheuse ; une poignée d'habitants qui y restent a été sur le point de prendre le parti de la transmigration [1]. » Un avocat de Gray écrivait en 1758 : « Dans la plus belle, dans une des meilleures parties du comté, dans un bailliage d'une étendue médiocre, près de quinze mille arpents de terre sont abandonnés ; on en voit dans les meilleurs territoires, à la portée des villes ; il est évident qu'il manque des hommes dans notre pays, qu'il en est dépourvu dans les meilleurs cantons ; il est malheureux que les tristes et arides rochers de la Suisse aient plus d'habitants que nos agréables et fertiles plaines [2]. »

Quant aux impôts, c'était le peuple qui les payait. Les classes privilégiées entendaient s'en exonérer. En 1683, M. de la Fond, intendant en Franche-Comté, écrivait au contrôleur général : « La province est imposée à la somme de huit cent trente mille livres ; cette imposition n'est point réelle ; la province n'est point pays d'élection, ni pays d'estat, de sorte que jusqu'à présent, tantost on a fait les cotes d'une manière, tantost d'une autre. Les gentilshommes tenant biens de fiefs prétendent que lesdits biens doivent estre

---

(1) Eclaircissements sur les Remontrances de la Chambre des Comptes. Biblioth. de Besançon, manuscrits du P. Dunand, vol. 10, p. 376.

(2) *Essai sur le commerce de la Franche-Comté*, par l'avocat CHEVILLET, de Gray. Manuscrit composé pour le prix de l'Académie de Besançon en 1758.

exempts de toutes charges, les ecclésiastiques et béné-
ficiers ont tous la mesme prétention, Messieurs du parlement de Besançon de mesme. Ces trois corps composent plus de la moitié du bien de la province, en
sorte que les communautés sont extraordinairement
chargées [1]. »

La crainte de subir le sort de la milice produisait sur
les Franc-Comtois une impression singulière; ils re-
gardaient un enrôlement qui n'était pas libre comme
une sorte d'ignominie, et redoutaient de paraître soldats malgré eux. Les effets de ce préjugé augmentaient
la dépopulation.

La plupart des jeunes gens s'enrôlaient. Mais la
Franche-Comté n'en devait pas moins fournir le même
nombre de soldats, et les engagements volontaires ne
diminuaient pas sa charge. « Ces levées de milice, dit
un de ceux qui participaient au gouvernement de la
province en 1729, étaient regardées comme la plus
grande charge que le pays eût à supporter par l'épuisement des hommes. » Ajoutons que le nombre de
miliciens qui lui était imposé était exagéré. De cent bataillons à fournir pour tout le royaume, la Franche-
Comté en devait cinq, ce qui faisait supposer que les
habitants de cette province formaient la vingtième partie des sujets du roi, tandis qu'ils n'en formaient que
la trentième, tandis que des provinces plus étendues et
plus peuplées étaient traitées avec une faveur marquée,
tandis que la Champagne ne donnait que cinq batail-

[1] Archives nationales. Lettre du 17 décembre 1683.

lons, le duché de Bourgogne cinq, la Picardie trois, le Dauphiné deux.

Plus une province fournissait de soldats, plus les frais du tirage et du petit habillement étaient pour elle considérables, le roi ne procurant aux miliciens que l'habit; aussi cet impôt des dépenses concernant la milice s'augmentait-il sans cesse. Pendant toute la durée de la guerre, de 1733 à 1741, l'imposition de l'habillement, entretien et autres dépenses, avait été portée de 95,000 livres à 192,000; cette dernière somme devait encore être doublée; en 1757, le même impôt atteignait le chiffre de 329,000 livres; il en était de même pour 1758.

Les autres impôts se multipliaient; la pénurie des finances allait croissant; elle était le résultat des passions, des erreurs et des grandes pensées de Louis XIV; de longues guerres y avaient mis le comble. La guerre de la succession d'Espagne, qui commença en 1700, avait placé la monarchie à deux doigts de sa perte. La bataille d'Hochstædt, en 1704, avait ouvert toute une série de revers, et la victoire de Denain, qui sauva la France, l'avait laissée épuisée et plongée dans la misère, lorsque les traités d'Utrecht et de Rastadt nous avaient donné une paix chèrement achetée; plus tard, il avait fallu de l'argent pour payer la gloire de Fontenoy, pour payer l'humiliation de Forbach. Des édits onéreux venaient frapper toutes les provinces.

En Franche-Comté, les réquisitions, les logements des garnisaires aggravaient encore les charges imposées par le pouvoir royal; ces réquisitions étaient si

lourdes que si l'on ajoutait foi à l'histoire manuscrite
du P. Prost, elles ruinèrent les villes de Baume et de
Quingey. Les intendants signalaient la situation malheureuse de la province. Les lettres de Bernage et de
le Guerchois, déposées aux Archives nationales, aver-
tissaient, en 1708 et 1709, le contrôleur général de l'irritation bien légitime de la population, de la difficulté
de recouvrer l'impôt. C'était la misère partout, et cette
misère s'était encore aggravée en 1709, par la rigueur
de l'hiver et par le dépérissement de l'agriculture. La
disette de 1709 tient une place lugubre parmi les calamités publiques; elle était si grande, qu'à Besançon,
ordre fut donné aux boulangers de ne fabriquer que du
pain bis et d'en vendre par demi-livre [1]. Le froment
valait sept francs la mesure; on réduisait à deux livres
de pain d'orge la ration des prisonniers incarcérés par
ordre de la municipalité. La rigueur exceptionnelle de
l'hiver avait stérilisé les vignes; il n'entra pas en ville
un seul chariot de vendange, ce qui était sans
exemple. La disette venait se joindre à tous les maux
que causait au royaume l'égale impuissance de soutenir la guerre et de parvenir à la paix.

La guerre nous dévorait. Les caisses publiques étaient
dans une pénurie absolue. L'Etat était sans argent, aussi
bien que les populations. En 1709, l'intendant obli-
geait la ville à avancer la paie des troupes, sous peine
de voir lâcher la bride aux soldats [2]. En 1715, la gar-

(1) Archives municipales. Reg. in-fol., casier 1, rayon 8. BB. 124.
(2) Id., ibid..

nison de Besançon se souleva, parce qu'elle réclamait vainement le paiement de trois prêts non acquittés ; les tambours battirent la générale ; il y eut menaces de pillage et d'incendie des maisons ; la caisse de l'extraordinaire des guerres était vide, et la municipalité dut s'entendre avec les divers corps constitués de la ville pour avancer à l'Etat les sommes nécessaires [1].

Le Parlement souffrait cruellement de cet état de choses.

Plein de respect pour la puissance royale, il ne se décida pas tout d'abord à lui déplaire et à contrarier ses projets. La résistance ne fut pas ouverte. Louis XIV avait, durant la première partie de son règne, donné de la gloire à la France, en dédommagement de ses sacrifices pécuniaires, et quand il se vit, plus tard, cruellement frappé dans sa puissance et dans ses affections, le pays continua encore à lui obéir par habitude, par dévouement et par patriotisme ; mais le poids des maux de la guerre était si lourd, les impôts si onéreux, que le Parlement devait bien vite acquérir le courage de braver le courroux du maître ; ses instincts primitifs et innés le portaient sinon à la révolte, du moins à une indépendance absolue ; il protesta, tout en se maintenant dans des limites restreintes. Comment se résigner au silence ? Aucune loi portant établissement d'un nouvel impôt ne pouvait être exécutée dans l'étendue de la juridiction sans avoir reçu l'enregistrement parlementaire ; la Franche-Comté n'était réellement et

---

(1) Archives municipales. 1715. Reg. in-fol., BB. 129, casier 1, rayon 8.

efficacement protégée que par son Parlement. Les magistrats étaient les tuteurs du peuple; ils devaient venir au secours des malheureux que l'on pressurait
sous leurs yeux, et ne pouvaient rester impassibles et
muets devant les désordres financiers qui s'aggravaient et conduisaient l'Etat à la ruine.

Le premier signe de lassitude se produisit en 1685,
lors de l'édit du 18 janvier, créant la capitation, qui,
comme son nom l'indique, était un impôt devant se
prélever par tête, et qui, divisant les contribuables en
vingt-deux classes, devait atteindre tous les habitants,
à l'exception des gens de service et des indigents. Les
magistrats protestèrent, en invoquant la misère publique, les prérogatives de la province, les engagements contractés par le pouvoir royal lors de la conquête. Ils demandèrent à être eux-mêmes exemptés de
l'impôt nouveau, en argumentant « de la médiocrité de
leurs fonctions, du peu d'émoluments qu'ils tiraient de
leur travail; » mais on ne daigna pas les écouter, et le
chancelier Boucherat leur répondit que « plusieurs Parlements, dont le ressort n'est pas si considérable que
celui de Besançon, n'ont fait aucune difficulté de payer
la taxe, qu'il n'a pas cru devoir informer le roi de l'opposition faite à l'édit; » on ne pouvait traiter le Parlement avec plus de sans-gêne et même d'impertinence;
il se tut; toute réclamation serait restée vaine; on
l'imposa à plus de 17,000 livres. Le premier président
donna un noble exemple de générosité, il abandonna
tous ses gages, qui étaient de 800 livres; les présidents
à mortier furent taxés au tiers de leurs gages, et les

conseillers, à la moitié. En rendant compte à Chamillard de ces décisions, le Parlement lui rappela que « les richesses n'étaient pas le partage des officiers du Parlement de Besançon [1]. »

La délibération du Parlement montre le désintéressement des magistrats; nous citerons les lignes : « Procédant au règlement de chaque officier, il a été résolu que MM. les présidents à mortier seraient taxés à quatre cents livres, qui font le tiers de leurs gages; MM. les conseillers à la moitié; que les chevaliers d'honneur seraient réglés non seulement par rapport à leurs offices de chevaliers, mais à leur dignité de marquis; que les vétérans seraient taxés à cent livres. Et quant à M. le premier président, la compagnie l'a prié de se capiter lui-même et de se faire la même justice qu'il faisait aux autres. A quoi il a répliqué que, touché qu'il était de l'honnêteté de Messieurs, il voulait bien abandonner tous ses gages, qui sont de huit cents livres, pour sa capitation [2]. »

Quelques années s'écoulèrent, puis, en 1692, un édit imposa le paiement d'une année de revenu aux héritages tenus en franc-alleu. Le Parlement soutint que le franc-alleu roturier était de droit commun, et essaya de surseoir à l'enregistrement; mais Pontchartrain déclara que « Sa Majesté voulait l'enregistrement im-

----

(1) Voir, pour la capitation imposée aux magistrats, manuscrits Chiflet, vol. 61, p. 275 et suiv.

Pour la capitation des avocats, vol. 61, p. 281. Elle était minime pour la plupart d'entre eux.

(2) Archives départementales. Minutes des délibérations, B. 3768.

médiat, après quoi Sa Majesté veut bien que vous envoyiez vos mémoires des raisons et des titres particuliers à la Franche-Comté; elle est satisfaite des services et du zèle de la noblesse de votre province; elle est contente de l'obéissance de ses peuples, elle conservera tous les privilèges qui se trouveront bien fondés [1]. » Un arrangement intervint. Le roi accorda à la province la dispense du paiement des droits de franc-fief et franc-alleu, moyennant la somme de deux cent mille livres. La ville de Besançon fut imposée, pour sa part, à trente mille livres, dont elle fit la répartition sur les immeubles [2].

En 1698, le peuple oublia un instant ses misères pour fêter l'avènement de François-Joseph de Grammont à la dignité d'archevêque de Besançon. Le prélat succédait à son oncle; il y eut des fêtes publiques pendant trois jours, feux d'artifice, concours de tir, illuminations [3], conflit entre la brigade des chevaliers de l'Arquebuse de Besançon et la brigade de Dijon.

En 1706, nouvelles exigences du pouvoir, nouvelles demandes d'argent.

Lors de la conquête, le Parlement avait obtenu, non sans difficultés, le maintien de ses privilèges de noblesse; mais il fallait au gouvernement des ressources pécuniaires; oubliant ses promesses, sans se préoccuper de la situation difficile des magistrats, le pouvoir

(1) Archives du Doubs. Parlement. Biblioth. de Besançon. Correspondance des contrôleurs. Lettre du 17 nov. 1792.

(2) Archives municipales. Reg. in-fol., 290, casier 1, rayon 8.

(3) Archives municipales. Reg. in-fol., BB. 113, casier 1, rayon 8.

royal, en 1706, ne consentit à conférer la noblesse aux officiers du Parlement que moyennant la somme de 24,000 livres. Grand émoi dans la compagnie, qui refusa tout d'abord, puis finit par céder.

En 1709, de nouvelles plaintes s'élèvent; depuis deux années, la misère a encore grandi, le pays a encore perdu de ses habitants, la terre s'épuise, ne pouvant réparer ses forces génératrices; l'hiver est venu empêcher tout travail, détruire toute espérance de récolte. La mortalité a été épouvantable, d'autant plus grande que le pauvre était mal vêtu, que sa demeure, ouverte à la bise sifflante, ne le mettait plus à l'abri du froid. Le blé n'a plus circulé, des accapareurs ont spéculé sur la cherté croissante. Jamais le peuple n'a autant souffert et du froid et de la faim. Le P. Dunand s'exprime ainsi : « Les années renommées pour leur grand hiver ne pouvaient être comparées à celle de 1709, dont on ne se souvient point d'avoir vu la pareille. La gelée dura tout le mois de janvier, il mourut de froid plusieurs personnes et beaucoup de bestiaux. La longueur et la rigueur de cet hiver causa une telle disette, ou pour mieux dire, une telle famine, qu'il n'est pas possible d'en rapporter ici toutes les horreurs. On ne recueillit ni blé ni vin [1]. Au moment où la province subit d'aussi cruelles épreuves, où le Parlement ne peut, malgré tous ses efforts, pourvoir à la subsistance du pauvre, le contrôleur général Desmarets, qui avait succédé à M. de Chamillard, proposait au roi, pour la

---

[1] Manuscrits Dunand, vol. 7, p. 453.

première fois, la levée du dixième « comme un remède extrême et violent » nécessité par l'état des finances. »

Comment se soumettre aux exigences du pouvoir ? Le Parlement fit remarquer que la situation de la province, la nature du sol, la qualité des fruits qui y croissent, formaient autant d'obstacles à la perception de l'impôt; que les denrées étaient toujours à vil prix, que les terres et les domaines s'y affermaient difficilement, que les bois étaient presque en nature de futaie et de sapins, qu'on ne les coupait qu'en jardinant, que les vins étaient de mauvaise qualité, que la plantation des vignes se multipliait et que désormais les frais de la récolte surpasseraient le prix de vente des produits. Il ajouta, non sans raison, que les terres et les domaines ne pouvaient s'affermer, que la misère régnait partout.

Il était difficile de mieux plaider la cause du peuple comtois, mais le contrôleur général Desmarets répondit « que c'était une affaire générale, que le secours était nécessaire, mais qu'en considération des charges que supportait la province, il chercherait les moyens de la soulager autant qu'il serait possible. » Le Parlement dut s'incliner. Le dixième fut abonné à 370,000 livres et joint au rôle de la capitation de 1711.

Jusqu'à ce jour, le Parlement s'est montré docile, sa résistance va s'accentuer à la mort de Louis XIV. La rivalité entre les grandes compagnies judiciaires et le pouvoir s'affirme alors avec éclat ; elles entendent participer au gouvernement même de l'Etat, procéder à toute information utile d'une manière permanente, prendre des arrêtés pour empêcher l'exécution des ordonnances des intendants, s'opposer à la perception d'un impôt, régler même cette perception. Elles vont plus loin : elles affirment que le Parlement est aussi ancien que la monarchie, qu'il est né avec elle, que son concours législatif a son principe et sa source dans une loi fondamentale. Elles invoquent une loi de Constantin et les capitulaires des premiers rois; elles soutiennent comme conséquence de leur thèse que le pouvoir du Parlement est indépendant de celui du roi, et que ce dernier ne peut lui porter atteinte sans enfreindre une des lois primordiales de la monarchie, sans violer le serment qu'il a fait à la nation.

Toutefois, dans les premières années du règne de Louis XV, l'opposition des magistrats est encore modérée; il n'a qu'à applaudir aux mesures prises par le régent, aux promesses qu'il prodigue à la France; les actes du régent sont tout d'abord empreints de bonté et de sagesse; il veut donner du pain au peuple, il vise aux économies, il supprime le gaspillage qu'entraînait toute une armée de gentilshommes, d'officiers vivant à Versailles, et qu'on appelait la maison du roi; il surveille la perception de l'impôt, rappelle à leur devoir les agents de la régie, les employés du fisc, les intendants de province; il noiera plus tard sa vie dans une débauche honteuse, mais il était né le meilleur des hommes, affectueux, bienveillant, prêt à obliger, ouvert à toute innovation utile, généreux et humain. L'administration du cardinal Fleury est elle-même douce et ferme, elle évite les conflits et ne soulève que des questions secondaires. Le Parlement se borna à une guerre défensive. En 1718, il réclama sur les quatre sous pour livre rétablis dans cette même année. Le ministre n'admit point que le Parlement se mêlât de cette partie d'administration; il voulut entraver l'action des magistrats; le Parlement répliqua par un mémoire, où il affirma son droit de faire valoir tout ce qu'il croit utile « pour le bien de l'Etat et les intérêts de la province. » En 1719, il insista pour le rétablissement du franc-salé. Le comte de Bourgogne avait ses salines particulières, il ne se servait que de sel blanc formé sur son territoire et qui ne devait être fabriqué que pour l'usage des Comtois, et pour fournir aux Suisses et à leurs alliés les quantités convenues par des traités. Ce sel se distribuait à quatre catégories de personnes : aux rentiers des salines, aux églises et hôpitaux, aux officiers et ouvriers des salines, et aux officiers du Parlement, de la Chambre des comptes et des chancelleries. Mais le privilège de franc-salé n'avait pas été conservé aux magistrats. Le Parlement soutint que par les traités de paix il avait été maintenu dans tous les droits qu'il possédait sous les rois d'Espagne ; il établit qu'il jouissait alors des droits de franc-salé; le 2 avril 1719, il écrivit au duc d'Orléans : « Nous renouvellons nos très humbles prières à Votre Altesse Royale, pour lui demander le rétablissement de notre franc-salé; cette grâce vous flattera infiniment par le témoignage public que nous recevrons en cette occasion des sentiments de Votre Altesse Royale à notre égard. Ces sentiments, Monseigneur, attireront à notre

Compagnie cette considération si nécessaire pour faire fleurir la justice, et exciteront dans nos cœurs les mouvements de la plus vive reconnaissance, en redoublant notre zèle pour le service du roi et l'attachement le plus marqué pour les intérêts de Votre Altesse Royale [1]. » La demande fut accueillie, et le 21 avril, les magistrats s'empressèrent d'exprimer leur gratitude en ces termes : « La grâce que Votre Altesse Royale vient de répandre sur notre Compagnie excite dans nos cœurs les sentiments de la plus vive reconnaissance ; la satisfaction que vous avez la bonté, Monseigneur, de marquer de sa conduite et de ses services en augmente le prix, et si après des témoignages si éclatants de votre équité et de votre protection, il nous reste quelque chose à désirer, c'est de pouvoir donner des preuves à Votre Altesse Royale et de notre attachement à ses intérêts, et du respect profond avec lequel nous avons l'honneur d'être, etc. »

La déclaration du 17 octobre 1720 sur la vente exclusive du tabac, occasionna d'autres remontrances. Cette fois, le Parlement fut assez heureux pour obtenir gain de cause. M. de la Neuville reconnut dans ces ordonnances que « le tabac était libre et marchand, qu'il n'était dû aucun droit d'entrée ni autre pour le tabac venant en Franche-Comté. »

En 1721, la peste de Marseille répandit l'alarme dans le royaume. La ville de Besançon prit des précautions pour se garantir du fléau. « On fit la garde aux portes,

---

(1) Archives départementales. Correspondance.

dit Dunand [1], pour empêcher qu'il n'entrât des personnes venant des lieux infectés. » Le Parlement ordonna de se montrer sévère pour les mendiants, vagabonds et voyageurs suspects.

L'édit du contrôle souleva, en 1722, des difficultés : à chaque nouveau bail, les fermiers s'efforçaient d'augmenter les droits, et il fallait toute la fermeté, la vigilance du Parlement pour lutter contre leur avidité. Des lettres patentes durent reconnaître que l'on exempterait des frais de contrôle « les rapports et exploits des gardes en matière d'eaux et forêts et tous exploits de police. »

En 1723, le Parlement protesta contre l'ordonnance qui établit les quatre sols pour livre de tout le produit des fermes, les insinuations laïques et le centième denier : « Quelle disgrâce pour vos sujets, si, outre les droits que la nouvelle déclaration leur impose, ils sont obligés de découvrir l'état de leurs affaires pour parvenir à l'évaluation du centième denier ; quels retranchements dans les legs, les donations, les testaments, si ceux qui succèdent à ces différents titres sont obligés d'en communiquer le profit à des étrangers ! Quelle cherté n'éprouvent-ils pas dans l'achat de toutes les choses nécessaires à la vie, par l'augmentation des quatre sols pour livre des fermes ! »

Et le Parlement ajoutait :

« Telle est la dureté des préposés à la recette des droits du contrôle, que non contents des cas prévus par

---

[1] Manuscrits Dunand, vol. 7, p. 464. Bibliothèque de Besançon.

les tarifs, ils les excèdent en tout et partout; ils se font représenter les registres les plus secrets des greffes, et portant sur le passé leurs vues avides et intéressées, ils exigent des droits des actes passés bien antérieurement à la date de la déclaration dont il s'agit.

» Cette conduite alarme tous les sujets de Votre Majesté; on leur demande des droits d'insinuation, des jugements d'envoi en possession des arrêts qui leur ont conservé leur propre patrimoine, des inventaires faits d'autorité de justice, et on oblige les magistrats qui transmettent leurs charges à leurs enfants, de produire des contrats auxquels ils n'ont jamais pensé [1]. »

En 1.25, l'impôt du cinquantième motiva les plus vives, les plus légitimes réclamations; fruit de ce désordre de finances qui signalait le règne de Louis XV, cet impôt était des plus lourds; il entrait dans la grange du laboureur et lui prenait une gerbe de blé sur cinquante, et ainsi sur toutes choses; il était, en outre, d'une application difficile, il venait frapper le peuple au moment où la misère était à son comble, où le pain coûtait huit sols la livre, où la crise des subsistances était aggravée par l'incurie du gouvernement, par les méfaits de certains fonctionnaires, par l'imprévoyance, l'entêtement en matière d'économie politique; enfin, il atteignait les malheureux contribuables au moment où la plupart d'entre eux, après avoir cru tenir la fortune,

---

(1) Minutes des délibérations. Archives départementales. Intendance, carton 125, c. 633.

venaient d'être dupés, ruinés par les rêves, les utopies
de Law. La population s'était d'abord montrée très hostile au système. C'est vainement qu'on avait essayé de
faire miroiter à ses yeux d'immenses bénéfices, un jeu
où l'on ne pourrait perdre, où tous réussiraient; on n'a-
vait pas cru à ces merveilleuses promesses. Le Parlement avait enregistré, en novembre 1716 [1], les lettres
patentes concédant privilège, en faveur de Law, d'établir une banque générale, mais il n'en avait pas moins
combattu ses théories; il n'admettait pas que l'on pût
ainsi multiplier la richesse; il ne croyait point à son
incroyable succès, à son miracle de bourse; Law les
sortait de leurs idées, voulait abolir la vénalité des
charges, modifier l'organisation judiciaire; mais les
actions montant d'heure en heure, la fièvre de l'agio-
tage avait peu à peu gagné les plus sages. Les classes
élevées se laissèrent prendre; il leur sembla que la
banque offrait des ressources infinies, une caisse sans
fond où l'on pourrait prendre sans compter. La noblesse, le clergé et surtout les oratoriens, les marchands
eux-mêmes finirent par succomber; on leur parlait du
remboursement de la dette, d'une prospérité sans précédent, d'un mouvement immense d'activité et d'industrie. Comment résister? L'or devenait rare; emporté
par l'ivresse publique, Law avait fabriqué un nombre
prodigieux de billets, qui débordaient, inondaient tout.
Les plus prudents devaient, eux aussi, être à demi

---

(1) Archives du Doubs. Actes importants. Parlement de Besançon, 2165,
vol. 17, p. 32.

ruinés. En 1718, après la disgrâce de d'Aguesseau, la banque de Law avait été déclarée banque du roi. Un arrêt du conseil d'Etat avait, en 1720, ordonné le cours forcé des billets de la Banque royale, en édictant des peines contre les personnes qui garderaient plus de cinq cents livres en espèces, décision qui avait jeté la perturbation et la gêne partout; c'est ainsi qu'en 1720, avec les billets de mille livres délivrés à la ville de Besançon, la ville se trouvait dans l'impossibilité de payer ses ouvriers ou d'acheter du blé [1]. Cette misère ne frappait pas seulement la cité, elle étreignait la province entière, toute la France. Nous trouvons dans les manuscrits de Dunand ces lignes : « L'Ecossais Law, vulgairement appelé Lass, faisait alors valoir son système en France pour le paiement des dettes de l'Etat. La banque qu'il tenait en son nom devint banque du roi. En cette année 1718, le système que l'on suivit d'abord avec une espèce de vertige, causa, comme on sait, les plus grands ravages dans le royaume. Les variations des espèces produisirent aux uns des biens immenses, aux autres la ruine entière de leur fortune. Les louis d'or de trente livres furent augmentés de six livres, et les écus de cinq livres augmentés de vingt sous. L'année suivante, les louis furent diminués de vingt sous en mai, et encore de la même somme en juillet; ils ne valurent plus que trente-trois livres en septembre [2]. »

---

(1) Reg. in-fol. Archives municipales, BB. 134, casier 1, rayon 9.
(2) Manuscrits Dunand, vol. 7, p. 461. Bibliothèque de Besançon.

Ce qui occasionna la ruine publique, ce ne fut pas la variation du cours de l'argent ou de l'or, ce fut la contrainte où se trouvèrent les créanciers d'accepter des billets, simples chiffons de papier. Après avoir enrichi la cour et les agioteurs, les billets devinrent sans valeur et restèrent en la possession des créanciers remboursés et de ceux qui en faisaient trafic. « Les billets, dit Dunand, étaient fort bien payés; c'était à qui en aurait; il fut défendu de faire aucun paiement autrement qu'en papier de banque; tout le monde portait son argent à la monnaie. Puis les choses changèrent de face. Le peuple reconnut son erreur; on courut à la monnaie pour changer le papier en argent, mais il n'était plus temps. On ordonna que les billets seraient visés; peu à peu ils furent presque réduits à rien, puis réduits en liquidation. Toutes ces ordonnances firent le malheur de ceux qui avaient des billets : des riches devinrent pauvres, ceux qui étaient accablés de dettes s'enrichirent. Ce n'étaient pas les débiteurs qui fuyaient les créanciers, mais les créanciers qui fuyaient la rencontre de leurs débiteurs; on ne voyait que des sergents aux portes pour offrir le remboursement en billets de banque. Les mineurs, les hôpitaux, les fabriques, furent remboursés [1]. »

En présence de cette horrible situation, il n'était pas possible de se soumettre en silence à l'impôt du cinquantième. Aussi le Parlement résista avec plus d'énergie que jamais; il fit valoir d'excellents arguments.

---

(1) Manuscrits Dunand, vol. 7. p. 462. Bibliothèque de Besançon.

Après avoir affirmé son dévouement, son attachement au roi, sa volonté de tout sacrifier pour la gloire de son règne, il s'exprima ainsi :

« La plus grande partie du pays étant occupée par des montagnes, les fruits qui y croissent ne servent qu'au pâturage du bétail; les habitants de ces contrées les achètent et les revendent successivement. Comment lever sur le commerce le cinquantième ?

» Nos bois sont presque tous en nature de futaie; on ne les coupe pour la plupart qu'en jardinant; surtout on n'en vend qu'un seul pied à la fois. Quel moyen dans le détail d'exiger le droit établi par l'édit ?

» D'ailleurs, quel profit Votre Majesté pourra-t-elle tirer de nos vins ? Ils sont d'une si mauvaise qualité, et l'usage des vignes s'est tellement multiplié, que désormais les frais de la récolte surpasseront le prix que l'on pourrait en tirer.

» Les denrées sont toujours à vil prix, les terres et les domaines s'y afferment difficilement; cette difficulté d'affermer sera bien plus grande, en présence du cinquantième dont la nouveauté embarrassera, et si Votre Majesté veut tourner ce droit en régie, quels frais ne faudra-t-il pas faire pour les percevoir [1] ? »

La mort de Dubois et du régent, le chaos qui suivit le système de Law, ne devaient pas améliorer la situation de la province.

En 1727, le surhaussement du sel, les quatre sols pour livre, les courtiers jaugeurs et autres offices do-

---

(1) Archives départementales. Minutes des délibérations, B. 3768.

maniaux motivèrent de nouvelles représentations, qui devaient rester vaines; ce n'est qu'en 1768 que les courtiers jaugeurs furent supprimés; quant au surhaussement du sel, qui devait cesser à la paix d'Utrecht, il se maintint indéfiniment.

A cette même époque, le Parlement défendit le privilège connu sous le nom de franc-alleu, le plus ancien et le plus précieux de la province, donnant le droit de posséder des biens ne relevant d'aucun seigneur, exempts de toutes redevances et transmissibles par quelque voie que ce fût, sans impôt ou prélèvement quelconque, privilège fort rare, et qui, en raison même de son étendue, devait à chaque instant être contesté. Il s'opposa à la juridiction du Parlement de Paris, relativement à la régale; il s'efforça de procurer au clergé des abonnements avantageux, il mit la main sur les bénéfices vacants, il les administra lui-même, il empêcha le rétablissement ruineux des économats.

L'édit prescrivant, en 1734, la levée du dixième des revenus, motiva les plaintes des magistrats. Déjà en 1710, Louis XIV avait voulu établir la perception d'un pareil droit, mais il avait consenti à un abonnement. Le Parlement rappela à Louis XV la générosité du grand roi. « L'auguste bisaïeul de Votre Majesté se laissa attendrir au récit de nos malheurs; il considéra qu'il était de sa politique de nous traiter favorablement, non pas comme province conquise; mille et mille témoignages de notre dévouement et de notre affection, et le sang de nos concitoyens prodigué pour la gloire de ses armes, avaient jeté dans son cœur la certitude d'une fidélité inviolable, mais comme une province frontière, dont il importe de ménager les forces.... Les peuples de Franche-Comté, ajoutait le Parlement, ne s'attendaient pas qu'après vingt années de paix, pendant lesquelles les charges ont été beaucoup plus fortes que durant la dernière guerre, on levât tout d'un coup le dixième du revenu de tous leurs biens. » Et le Parlement énumérait tous les préjudices que leur causerait ce nouvel impôt : « Comment former un revenu dans la possession des biens qui n'en possèdent aucun ? Comment démêler le véritable état de la fortune des particuliers ? Comment fixer à une somme certaine quelque chose d'aussi variable que le produit des fonds et des droits qui composent le patrimoine des familles ? Combien de procès, de difficultés sur les déclarations ! que d'obstacles à surmonter pour en avoir de fidèles ! que de frais pour y parvenir ! Quels dérangements pour ceux qui ne se soutiennent que sur leur crédit, qui ont intérêt de cacher au public la situation de leurs affaires ! Et le Parlement demandait, comme en 1711, un abonnement. Rien n'était plus justifié. « L'établissement du contrôle, du centième denier, avait augmenté les charges ; la diminution des fortunes occasionnée par ce système, nos campagnes qui deviennent désertes par le nombre des soldats qui prennent journellement le parti des armes, sont les sources des misères dont nous sommes environnés. »

Jusqu'ici, les magistrats se bornent à défendre les intérêts matériels du pays, mais le jour arrive où ils sont menacés de perdre les titres de noblesse attachés à leurs fonctions. Ils tenaient à ces titres plus qu'à leur fortune; ils entendaient être, sinon les égaux des grands seigneurs et des gens de cour, du moins ne pas être assimilés au tiers état. C'était pour conquérir la noblesse, bien plutôt que pour s'enrichir, que certains d'entre eux avaient acheté leur charge. Aussi s'empressèrent-ils de revendiquer ce qu'ils considéraient comme un droit : « Nous prenons la liberté, Sire, de porter nos plaintes à Votre Majesté, de l'attentat qu'on fait à l'unique privilège qui nous reste; d'une infinité de distinctions et de prééminences dont nous jouissions sous nos anciens souverains, nous sommes réduits au seul avantage de la noblesse au premier degré; cette marque d'honneur si précieuse pour nous, si chère à nos postérités, a paru à quelques partisans une ressource propre à les dédommager des faibles taxes que la justice du gouvernement à exigées d'eux, et sous le prétexte des édits donnés pour la recherche des francs-fiefs, ils ont fait arrêter un rôle où ils ont confondu la noblesse de robe avec la roture la plus parfaite[1]. »

Le Parlement rappela que Louis XIV, en 1694 et en 1706, conféra la noblesse au premier degré aux charges du Parlement; que des lois, aussi claires que multipliées, promettaient aux magistrats une tranquillité parfaite. Il soutint « que parmi les quatre-vingts personnes qui composent la Compagnie, il y en avait très peu qui aient été dans la nécessité de faire usage

---

[1] *Recueil analytique des délibérations.* Archives du Doubs. Manuscrits, p. 246.

de la noblesse au premier degré, que le nombre des anoblis ne changeait pas l'arrangement des finances de la province, et que les tailles étant plus réelles que personnelles, la multiplicité des nobles n'était à charge ni au roi, ni au peuple, ni à l'Etat [1]. »

Quelques mois s'écoulèrent, et le Parlement, de plus en plus inquiet, renouvela sa demande. Il termina un long mémoire en argumentant de la fidélité, du dévouement de la magistrature au service du roi. « La noblesse de robe s'est distinguée par le nombre des sujets qui ont pris le parti des armes et qui ont sacrifié leur vie et leurs biens dans les dernières guerres ; combien de maisons de gentilshommes sont éteintes depuis quelque temps ou prêtes à s'éteindre ; la politique veut qu'il y en ait d'autres qui les remplacent. Les officiers de votre Parlement se flattent que vous maintiendrez l'unique privilège qu'elles conservent de toutes leurs anciennes prééminences, tout leur serait sensible sur une matière aussi délicate. »

La prétention des parlementaires était justifiée. « La noblesse à une seule vie était, dit le P. Dunand [2], établie sur une foule de titres incontestables, les fils de conseillers étant toujours entrés aux Etats dans la chambre de la noblesse. » C'est la même appréciation qu'expriment Chiflet et Courchetet. Chiflet est des plus précis [3]. Courchetet n'est pas moins affirmatif.

La plupart des parlementaires étaient gentilshommes,

---

(1) Minutes des délibérations. Archives départ. Intend., carton 125, c. 634.
(2) Bibliothèque de Besançon, manuscrit du P. Dunand, vol. 17, p. 244.
(3) Manuscrits Chiflet, vol. 64, p. 62.

dit Courchetet [1], et ceux qui n'avaient pas cette prérogative par leur naissance l'acquéraient par leurs
charges, même les substituts et les greffiers. Ce privilège avait été solennellement reconnu par les archiducs,
le 9 décembre 1620. « Léonel Labourey, dit encore
Courchetet, leur exposa qu'il avait fidèlement servi
Leur Majesté dans leurs armées, notamment au siège
d'Ostende ; qu'il avait vécu noblement comme Jean
Labourey, son père, conseiller au Parlement ; qu'il
pensait que son père avait acquis la noblesse pour lui
et les siens, et cependant il demandait des lettres patentes qui lui accordassent les droits et les privilèges
des nobles. » Les archiducs répondirent : « Le suppléant n'a besoin des lettres qu'il demande, attendu
que les conseillers du Parlement de Dole sont réputés
nobles par eux et leur postérité vivant noblement [2].
Le pouvoir royal reconnut fondées les revendications
des magistrats et donna gain de cause au Parlement.

Ces protestations que nous retrouvons à chaque pas
dans l'histoire du Parlement, nous aurions souhaité les
rencontrer vives, ardentes, énergiques, lors de la révocation de l'édit de Nantes, lors des cruelles exécutions militaires qui, en 1684 et 1685, terrorisèrent le
midi de la France. Pendant de longues années, '
Louis XIV s'était borné à une politique de séduction,
politique libérale et vraiment française de Henri IV,

---

(1) *Histoire manuscrite du Parlement de Dole*, par COURCHETET, p. 2.
(2) Id., ibid.

qu'il fait connaître et développe dans ses Mémoires [1],
et qui consistait à ne rien concéder à ses sujets de la
religion réformée, mais à ne point recourir à des re-
mèdes violents, à laisser s'éteindre insensiblement les
derniers restes des luttes sanglantes du XVI° siècle;
c'était un plan habile qui, s'il ne respectait pas complètement la liberté de conscience, puisqu'il la mettait
aux prises avec les tentations de l'intérêt, du moins ne
retirait pas les concessions faites par l'édit de Nantes.
Telle fut la conduite du roi et de Colbert jusqu'en 1674;
mais à cette époque, l'influence protectrice de Colbert
disparut, une politique nouvelle fut inaugurée. L'as-
cendant de Mme de Maintenon s'établit sans rival; on
n'essaya plus de ramener, on voulut contraindre, et
tout un ensemble d'édits oppresseurs se succédèrent :
interdiction aux ministres de s'établir et de prêcher
hors de leur résidence, affectation du revenu des
abbayes de Saint-Germain et de Cluny au paiement
des conversions, interdiction aux jeunes filles protestantes de douze ans enfermées à la Propagation, à
Sedan, de voir leurs parents, confiscation des biens de
relaps, puis, en 1680, exclusion des réformés des
fermes et gabelles, destitution des officiers protestants
dans les justices, interdiction des mariages mixtes, qui
ne produiront que des enfants illégitimes. En présence
de toutes ces mesures aussi impolitiques que rigoureuses, le Parlement garde le silence; il estime que,
selon l'expression de de Courbouzon, « Dieu a mis la

(1) *OEuvres de Louis XIV*, t. I, p. 84. Mémoires et instructions.

religion sous sa protection [1], » et qu'il doit la défendre par tous les moyens possibles. Sous la domination espagnole, il s'était montré d'un zèle ardent, plus ardent que le gouvernement français à l'égard des hérétiques ; plus tard, il s'associe à toutes les mesures de persécution. Le Parlement était de son temps, il en partageait toutes les passions ; il ne savait point s'élever au-dessus des préjugés, des injustes appréciations de l'opinion. Chacun, à cette époque, était contre les hérétiques. Saint-Simon plaide pour les jésuites et contre les protestants. Personne ne comprend qu'il y aurait utilité à ramener en France tout un monde de gens riches, intelligents, actifs, de commerçants, d'ouvriers habiles qui ne demanderaient qu'à rentrer. Puis le Parlement obéissait à cette pensée, qui était celle du roi, qu'il fallait l'unité de religion ; il croyait défendre les croyances nationales et coopérer à un acte politique ; c'est la même pensée qui anime, au XIXᵉ siècle, le gouvernement anglais en faveur de la religion gallicane, l'empereur de Russie pour le rite grec. En août 1679, Louis XIV fait défense aux protestants de vendre, sans autorisation, les immeubles qui leur appartiennent, ou l'universalité de leurs

---

(1) Le Parlement de Franche-Comté, écrit de Courbouzon, a toujours été extrèmement attentif à empêcher que les nouvelles sectes et opinions ne s'introduisissent dans ce pays qui est environné d'hérétiques. Ceux cy ont tenté plusieurs fois à mains armées et autrement d'y estendre leurs erreurs et d'y faire des établissements.... Dieu a mis sa religion sous la protection des puissances temporelles. Les magistrats sont chargés de veiller à ce qu'elle soit maintenue dans toute sa pureté. (Ouvrages de M. le P. de Courbouzon, vol. 1, p. 285.)

meubles. Le Parlement enregistre sans mot dire les prescriptions royales [1]. En 1724, il approuve l'édit ordonnant des mesures inhumaines et intempestives contre les partisans de l'Eglise réformée; il surveille avec la plus grande vigilance l'exercice du culte protestant dans les terres appartenant aux princes de Montbéliard, rentrées sous la souveraineté du roi. Il ne peut oublier les malheurs que l'invasion de l'hérésie a fait éprouver au comté de Bourgogne, les malheurs plus grands encore dont elle l'avait menacé. Pendant de longues années, le protestant est traité en paria; il lui est fait défense d'occuper des emplois publics, de former aucun établissement. Les prohibitions les plus iniques entravent son mariage. Tout Français, étant réputé catholique, ne pouvait se marier que devant un prêtre; les protestants étaient forcés de mentir à leurs convictions religieuses, ou à entacher d'illégitimité leurs enfants. Le mariage bénit par un ministre de leur religion étant nul aux yeux de la loi, il arrivait parfois qu'un protestant abandonnait sa femme et ses enfants et formait devant l'Eglise une union nouvelle. Le roi et ses ministres voulurent remédier à cet état de choses; il s'agissait, à leurs yeux, non seulement d'une question d'égalité civile et de justice politique, mais d'une affaire d'argent. Les religionnaires offraient un subside considérable et le roi leur concédait de faire constater leur mariage par le magistrat. Or, cet édit, qui rendait l'état civil aux protestants, fut mal

---

[1] Archives du Doubs. Actes importants, vol. 13, p. 258. B. 2163.

accueilli par le Parlement. La foi, en Franche-Comté, était vive dans les mœurs et dans les esprits ; les préventions y étaient ardentes contre le protestantisme. En 1754, la ville expulsait trois particuliers du canton de Glaris, qui depuis deux ans habitaient Besançon et s'étaient permis d'aller au prêche des troupes suisses protestantes de la garnison [1]. Les magistrats ne surent point s'élever au-dessus des préjugés qui les entouraient. Toutefois, tout en se refusant à l'enregistrement ils ne consentirent qu'exceptionnellement à appliquer aux protestants les rigueurs légales et à sévir contre eux ; ils les laissèrent se réunir et prier en commun ; ils ne brisèrent point leurs mariages et se refusèrent le plus souvent à proclamer l'illégitimité des enfants.

La bulle *Unigenitus*, dont le public ne sait plus que le premier mot, et qui était l'œuvre du confesseur de Louis XIV et d'autres jésuites [2], rencontra dans le Parlement des adversaires résolus.

Des controverses religieuses fort vives s'étaient produites en France au xviie siècle, sur la question du jansénisme. On disputait alors sur des matières de dogme, avec d'autant plus d'ardeur que l'on ne pouvait se préoccuper de la politique, et les querelles religieuses, qui ne rencontreraient de nos jours qu'une froide indifférence, passionnaient la société ; on ne croyait pas alors qu'il y eût pour l'humanité des intérêts plus sacrés. A peu près éteintes, ces controverses s'étaient

(1) Reg. in-fol. Archives municip. BB. 167, casier 1, rayon 2.
(2) Duclos, *Mémoires secrets sur le règne de Louis XIV*, vol. 1, p. 130.

rallumées dès le commencement du xviiie siècle, à propos d'un livre publié sous le titre : *Réflexions mo-*
rales, par le chef du parti janséniste, le P. Quesnel, de
l'Oratoire. Recueillant ce que les Pères de l'Eglise
avaient écrit de plus remarquable sur le Nouveau Testament, et développant avec force les vérités de la religion, l'oratorien Quesnel, qui était l'oracle des jansénistes, qui avait hérité du manteau d'Arnauld, émettait
diverses propositions sur les effets de la grâce divine,
sur la charité, sur la prière, sur la miséricorde de
Dieu. On le soupçonna d'avoir voulu faire revivre les
théories de Jansénius; on signala son livre comme
tendant à détruire la responsabilité, en supprimant ou
en affaiblissant la liberté humaine. Quesnel fut dé-
noncé, arrêté à Bruxelles; son œuvre fut commentée,
diversement interprétée; on fit un extrait de son livre
pour établir qu'il avait voulu attaquer l'Eglise dans ses
dogmes, dans sa morale, dans sa discipline; ses partisans protestèrent. Fatigué de ces discussions, mécon-
tent de voir la France déchirée par des divisions,
Louis XIV demanda au pape une constitution assez pro-
noncée pour mettre fin aux débats; c'est alors que fut
dressée la fameuse bulle *Unigenitus*, œuvre de Clément XI, qui, en condamnant le livre du P. Quesnel,
déclarait fausses, hérétiques et blasphématoires ses
propositions.

La bulle n'amena pas tout d'abord la guerre; les
évêques s'inclinèrent. La bulle fut enregistrée cette
même année par le Parlement de Paris, sous le ministère de Dubois; mais sous la Régence, plusieurs évêques

en appelèrent à un futur concile général; le pape
leur ordonna de se soumettre; les parlementaires,
qui n'avaient pas osé résister sous Louis XIV, protestèrent; quelques-uns furent exilés par ordre du roi;
puis tout ce bruit s'apaisa devant la rétractation des
évêques et de la Sorbonne, qui les avait soutenus.

Quelques années s'écoulèrent, puis, en 1730, la querelle se ranima. Quarante avocats signèrent une consultation approuvant l'appel au concile. Un arrêt du conseil leur prescrivit de se rétracter. Le barreau tout entier,
faisant cause commune avec eux, refusa de plaider. Le
conseil n'insista pas et la consultation fut maintenue.

Les évêques intervinrent en faveur de la bulle; mais
le Parlement, comme s'il était une assemblée des Pères
de l'Eglise et comme s'il s'agissait de questions judiciaires, reçut des dénonciations contre des prêtres
coupables d'avoir refusé les sacrements aux malades qui
ne pouvaient prouver, par des billets de confession,
leur adhésion à la bulle *Unigenitus;* il fulmina des
arrêts contre les évêques, et malgré les menaces du
cardinal Fleury, déclara l'enregistrement de la bulle
non consommé. Le conseil cassa l'arrêté des factieux.
Le Parlement suspendit le cours de la justice; il fut
exilé; rappelé, il rendit un arrêt en forme de règlement, défendant d'exiger des mourants des billets de
confession signés par des prêtres soumis à la bulle; il
s'érigea en juge dans la question religieuse. Le roi
s'effraya de son opiniâtreté, et la victoire resta à la
magistrature, comme pour l'encourager à lutter contre
le pouvoir royal et contre l'autorité du souverain pontife.

Toutes ces querelles religieuses, qui entretenaient
l'esprit de sédition et de schisme, et fomentaient les
tendances révolutionnaires, eurent un profond retentissement dans le royaume, surtout à Paris, où les esprits,
d'après le journal de Barbier, étaient fort surexcités.

En Franche-Comté, le jansénisme, combattu dès le
début par Claude d'Achey, le premier prélat de la chré-
tienté qui condamna Jansénius, et tenu en échec après
la conquête de la province, par tous les archevêques,
avait cependant ses partisans dans le barreau, dans
l'université, dans la magistrature, et aussi dans le
clergé et dans certaines communautés religieuses opposées aux jésuites. Les oratoriens et les bénédictins
passaient pour soutenir les doctrines de Jansénius ; ils
avaient publié des apologies des *Provinciales* et d'autres ouvrages favorables aux opinions nouvelles ; à ces
attaques les jésuites avaient répondu par de nombreux
écrits ; la querelle s'était envenimée à ce point que tout
libelle avait été interdit, et par l'archevêque Antoine-
Pierre de Grammont, et par un arrêt du Parlement du
11 mars 1671 ; au commencement du XVIIIe siècle,
François-Joseph de Grammont devait avoir encore à lutter contre le jansénisme. En 1705, ce prélat publiait
un mandement pour condamner les erreurs des *Réflexions morales* de Quesnel. Dans l'assemblée du
clergé de France, en 1714, il se soumettait à la bulle
Unigenitus, et était suivi par le clergé de son diocèse ;
mais la division n'en existait pas moins, et de nouvelles
publications paraissaient chaque année. Après la mort
de Mgr de Grammont, en 1717, les jansénistes redou-

blaient de violence; cinq curés de Besançon faisaient
paraître un factum contre les jésuites, pour signaler
diverses propositions tirées de leurs livres; les jésuites
ripostaient, les têtes s'échauffaient, et le Parlement
n'hésitait pas à prendre part à leurs conflits.

Les magistrats avaient, pour la plupart, embrassé
la cause du jansénisme; il y avait dans le Parlement
des mécontents, et le jansénisme était un cadre tout
trouvé d'opposition politique; puis les magistrats étaient
trop attachés aux libertés de l'Eglise gallicane, trop
fidèles au roi, trop gardiens du droit royal, pour
admettre l'immixtion des papes dans les affaires du
royaume, pour obéir à des décisions qui leur paraissaient porter atteinte à la prééminence, à l'indépendance de la couronne; de tout temps ils avaient pris
soin d'arrêter les empiétements de la puissance papale
et ecclésiastique. Dès 1680, un règlement resserrait la
juridiction du clergé dans de justes limites [1]. A cette
même époque, le président Jobelot prononçait un discours en faveur des libertés gallicanes; plus tard, en
1687, il demandait qu'aucune bulle ne fût exécutée
sans lettres d'attache; mêmes décisions le 8 août 1710
et le 29 avril 1712 [2]. C'était l'opinion de Chiflet qui
écrivait : « Les juges délégués du saint-siège doivent
se conformer aux ordonnances du royaume. L'Eglise
n'ayant pas de territoire, elle n'exerce sa juridiction
contentieuse que par permission du roi et sous sa pro-

[1] *Recueil des édits*, vol. 1, p. 125.
[2] Ces arrêts sont rapportés dans les manuscrits du président de Courbouzon, vol. 1, p. 333 à 335.

tection [1]. » Aussi, le Parlement s'empressa-t-il, en
1717, d'affirmer ses principes; il rendit un arrêt portant « qu'aucune bulle, bref, décret, émanés de la cour
de Rome, ne seraient publiés sans la permission expresse
du souverain, et sans lettres d'attache de son conseil
enregistrées au Parlement. » En 1718, il prononça la
suppression d'un livre qui avait pour titre : *Dénonciation du traité philosophique et théologique* de M. Dupin sur l'amour de Dieu, et cela parce que ce livre ne
se montrait pas suffisamment respectueux vis-à-vis de
la Faculté de Paris et de la Sorbonne en particulier.
C'est le même esprit d'indépendance qui l'anima en
1718. Dunand prétend qu'à cette époque « une partie
des juges était fort attachée aux doctrines ultramon-
taines, que les autres tenaient pour les maximes du
royaume [2]. » En réalité, les derniers l'emportaient.
Lorsque l'Inquisition ordonnait, par un décret du
19 décembre de cette même année, de lui dénoncer les
personnes qui refusaient une entière obéissance à la
bulle *Unigenitus*, le Parlement n'hésitait pas à déclarer que l'Inquisition n'avait pas été reçue en France,
que les sujets du roi ne reconnaissaient pas ce tribunal; il avait pour lui l'opinion, qui, sans prendre parti
dans la querelle, voyait avec satisfaction ses magistrats disposés en toute circonstance à empêcher tout
empiétement illégitime et à conserver toujours leur
liberté d'appréciation.

---

(1) Manuscrits Chiflet, vol. 64, 1°, p. 88.
(2) Manuscrits Dunand, vol. 7, p. 462. Bibliothèque de Besançon.

Toutefois, le Parlement eut assez de sagesse pour
ne pas trop se passionner dans cette longue querelle
des billets de confession et pour tenir une balance
égale entre le pouvoir royal et la papauté. Le 28 janvier 1719, le procureur général Doroz, obéissant aux
ordres de Son Altesse royale, lui ayant présenté une
requête pour lui demander d'être reçu appelant comme
d'abus d'un décret du pape, il n'hésita pas à déclarer
que l'appel comme d'abus n'était pas recevable ; son
arrêt est savamment motivé, mais le Parlement ne
voulut pas qu'on le soupçonnât d'ultramontanisme ; il
s'empressa d'écrire au garde des sceaux. « C'est, dit-il,
avec un extrême chagrin que nous n'avons pas suivi
les intentions de Son Altesse royale et la vôtre.... Nos
raisons ne sont point fondées sur des maximes ultra-
montaines, nous ne cherchons qu'à maintenir la paix
et la tranquillité en cette province, et à y empêcher
tous les mouvements que des esprits inquiets y pourraient causer. » Il exprima la même pensée au maréchal duc de Tallart, alors à Paris, qui lui répondit :
« Je suis si persuadé de votre attachement pour le roi
et de votre soumission aux ordres de Mgr le régent, que
je n'ai point balancé d'assurer ce prince qu'aucune
compagnie du royaume n'estoit plus que la vostre dans
la résolution de soutenir nos maximes, nos usages et les
véritables libertés de l'Eglise gallicane à l'égard de la
cour de Rome [1]. » Ce qui domine dans les décisions et
dans toute l'attitude de la magistrature, c'est l'intention

---

[1] Toute cette correspondance est déposée aux Archives du Doubs.

bien arrêtée de ne pas se laisser émouvoir par les tempêtes ecclésiastiques; de ne pas agiter le pays par des discussions inutiles; de ne pas diviser les catholiques. L'archevêque se montra ardent en faveur du pape. « L'archevêque, dit Dunand en 1728, a donné ordre à son grand vicaire de faire venir devant lui les sieurs Merret et François, chanoines de Saint-Anatoile, qui ne sont point appelants, mais ont toujours marqué de l'opposition à la constitution *Unigenitus*, et de leur déclarer que s'ils ne donnaient point des preuves de leur soumission avant le premier dimanche de Carême, il prendrait leur silence pour un refus, et qu'eux et le curé de Boujailles, qui est dans le même cas, devaient s'attendre à des lettres de cachet [1]. » Le Parlement resta calme et fort impartial. Il frappa tout écrit qui lui parut séditieux, sans rechercher si le livre était hostile ou favorable à la papauté; il déclara scandaleux un libelle ultramontain intitulé : *Lettre d'un avocat de Besançon à un abbé de qualité*, ce qui ne l'empêcha pas de condamner à être brûlé, par la main du bourreau, les suppléments du *Mercure* de mars et de mai 1727, où l'autorité du pape était tournée en dérision, et d'ordonner, le 19 juin 1730, la suppression d'une *suite de nouvelles ecclésiastiques*, libelle janséniste, qui se colportait sous le manteau. Cette intégrité du Parlement ne saurait nous surprendre. Non seulement la magistrature se composait d'hommes d'une honnêteté incontestée, d'une haute expérience, mais la bonne harmonie

---

[1] Manuscrits Dunand, vol. 7, p. 467. Bibliothèque de Besançon.

existait entre les principaux membres du clergé et les magistrats. Le premier président Boisot était le neveu et le frère de ces deux abbés Boisot, prêtres éminents, qui occupent une si belle place dans l'histoire diocésaine. Puis il y avait, parmi la plupart des parlementaires, assez de respect pour l'autorité du souverain pontife, pour les déterminer à ne point trop s'immiscer dans les dissensions religieuses. En résumé, grâce au Parlement, la province fut contenue, et ne connut point les querelles de la magistrature et du clergé; on s'occupait peu de théologie, on parlait plutôt de Law, de son ascension et de sa chute, des aggravations d'impôts et de la misère. L'expulsion des jésuites, qui eut lieu en 1766, devait, d'ailleurs, mettre fin à toutes discussions; n'étant plus attaqué, le jansénisme fut bientôt oublié, ainsi que la bulle de Clément XI [1].

L'édit de 1734, ordonnant pour les dépenses de la guerre le rétablissement d'un dixième, donna lieu à de nouvelles plaintes. Dans ses remontrances, le Parlement fit remarquer que les peuples avaient été chargés de corvées extraordinaires et de fournitures de fourrages, qu'ils avaient dû conduire hors de la frontière; il ajouta « que la province n'avait d'autre ressource que la vente de ses productions; que le cultivateur ne pouvait transporter son blé à l'étranger, même dans les années abondantes; qu'il était privé des avantages de ce commerce avec les provinces voisines, par les différents octrois et

---

(1) Voir, pour plus amples détails, Archives du département des affaires étrangères, Franche-Comté, P. F. 1581, 158; 1582, 159 et suivants.

les droits de péage auxquels était assujettie la navigation de la Saône; que le commerce des vins était aussi
sans activité. Ces doléances furent en partie écoutées.
Le pouvoir royal consentit un abonnement de 556,250 livres et, lors de la conclusion de la paix, leva l'impôt.

En 1738, un conflit s'éleva entre le gouvernement et
les magistrats à l'occasion de la composition de la
grand'chambre; cette chambre était un sénat dans le
sénat même; elle se réservait l'appréciation des causes
importantes; on considérait comme un honneur d'en
faire partie; pour ménager les susceptibilités de la
compagnie, elle se composait au moyen de trois listes
tournantes dans chaque chambre, qui en renouvelaient,
avec une égalité parfaite, tous les membres. Le gouvernement voulut intervenir; les magistrats s'indignèrent; il y eut une transaction; les huit plus anciens
magistrats de la compagnie constituèrent le noyau fixe
de la grand'chambre, et on la compléta comme auparavant, grâce au mécanisme des anciennes listes
tournantes.

Mais un nouveau dixième allait être décrété pour la
guerre de 1741, impôt d'autant plus lourd que la misère était profonde et que la ville de Besançon fut forcée de faire aux pauvres, qui mouraient de faim, des
distributions de blé [1]. Les ministres, qui ne manquaient pas d'habileté, prirent soin de choisir, pour
présenter l'édit au Parlement, le temps des vacances,

---

[1] Reg. in-fol., Archives municipales, BB. 154, casier 1, rayon 10.

afin de trouver moins d'opposition dans le petit nombre de magistrats qui composaient la chambre des vacations ; c'était un des petits moyens auxquels on avait recours pour faire accepter plus facilement les édits bursaux. Le Parlement ne résista point, dans l'espoir que le dixième serait perçu sur le même abonnement qu'en 1734 ; mais lorsque l'édit eut été enregistré, le ministre des finances voulut augmenter la perception. Nouvelle discussion, fort longue ; on finit par s'entendre, sous condition que la somme fixée en 1734 à 556,250 livres, serait élevée à 750,000 livres.

Prudent et pacifique, économe et désintéressé, le cardinal de Fleury s'efforçait de rétablir l'ordre dans les finances, et pendant deux années, aucune charge nouvelle ne vint frapper la province ; mais le cardinal mourait, nos armées étaient expulsées de l'Allemagne, nos frontières mêmes étaient menacées ; nous étions battus vers le Mein, à Dellingen, par l'armée des alliés, sous les ordres de Cumberland, le chemin de la France leur était ouvert, et ils s'entendaient à Worms pour enlever l'Alsace, la Lorraine, la Franche-Comté et les Deux-Siciles aux Bourbons.

Louis XV, en présence de ces revers, se souvint qu'il était roi de France, se mit lui-même à la tête des troupes, et s'empara de plusieurs places fortes en Lorraine. Soudain le bruit se répandit que le roi était mourant. La plus vive inquiétude se manifesta partout. Paris était hors de lui-même. La Franche-Comté partagea ces alarmes et se montra animée d'un vrai patriotisme. « Plus de quarante mille Comtois, dit Du-

nand [1], se présentèrent aux subdélégués pour servir
le roi dans la guerre sur le Rhin. La noblesse du pays
et les anciens officiers s'offrirent aussi pour commander
les troupes. Lorsqu'on apprit la maladie du roi à Metz,
le passage du Rhin par les impériaux, leur entrée en
Alsace, on entreprit « de palissader la ville de Besançon. Chaque jour, les bourgeois enrégimentés faisaient
l'exercice à Chamars, sous les ordres de leurs officiers ;
tous ne respiraient que la présence de l'ennemi, annon-
çaient le désir de se bien défendre. » Jamais la passion
de la vieille France pour ses rois séculaires ne s'était
montrée plus ardente. Aussitôt après sa guérison,
Louis XV retournait vers la Flandre. Le 10 mai 1745,
le maréchal de Saxe gagnait la bataille de Fontenoy.

Pendant que la Franche-Comté, qui avait fourni à
l'armée du Rhin ses denrées, ses voitures, ses pion-
niers, et avait ainsi augmenté un peu ses ressources,
célébrait, par des transports de joie, les glorieuses conquêtes de son roi, les ministres se disposaient à porter
de nouvelles atteintes aux droits de la province ; ils ne
réussirent qu'à demi. On vit successivement paraître,
en 1745, les édits et déclarations sur la marque des
cuivres, les droits sur les cartes, et le règlement sur le
commerce du tabac. Le Parlement enregistra l'impôt, qui
ne frappait que « les plaisirs des riches [2], » mais il fit
des remontrances sur les cuivres et sur les tabacs [3],

---

(1) Manuscrits Dunand, vol. 7, p. 480. Bibliothèque de Besançon.
(2) *Recueil des édits*, vol. 3, p. 969.
(3) *Registre des délibérations*, fol. 166, 169, 188, 226. *Recueil des édits*,
vol. 3, p. 980.

et réussit à retarder pour quelque temps encore la chute presque totale du commerce de tabac de la province. Le droit des cartes ne fut lui-même enregistré que « sous réserve que d'autres papiers que le papier carton ne pourraient être assujettis à la marque. »

Le Parlement obtint gain de cause dans sa réclamation sur les droits d'échange. L'édit qui assimilait les droits d'échange aux droits de vente fut relevé sur la demande du Parlement, bien que la Chambre des comptes l'eût déjà enregistré. On retira de même la déclaration du 10 novembre 1748, sur les insinuations ecclésiastiques.

Mais l'édit sur le centième denier vint, cette même année, alarmer la magistrature. Le centième denier frappait les immeubles; le gouvernement voulut qu'il atteignît les valeurs mobilières. « Comment, s'écrient les parlementaires dans leurs remontrances du 4 mars 1748 [1], comment imposer des biens qui n'ont qu'une valeur fictive et imaginaire, des biens fragiles et incertains, dont le prix est sujet à toutes sortes de vicissitudes et de variations, qui dépérissent par l'usage, de simples billets et obligations, qui n'ont souvent aucune valeur, parce que les débiteurs deviennent insolvables? » Et le Parlement ajoute : « Le secret des successions, même parmi les commerçants, sera incessamment dévoilé; l'on sera obligé de mettre en évidence l'état des affaires de toutes les familles; on saura les véritables forces des négociants et de leur société, par

_____

[1] Manuscrits Chiflet, vol. 3, p. 346. Bibliothèque de Besançon.

des inventaires ou des déclarations qui ne découvriront pas seulement la fortune des morts, mais même celle des vivants. Par là, le crédit tombe, le crédit qui est l'âme et le fondement du commerce, qui ne porte que sur le secret. C'est assurer à jamais la ruine des négociants, que de faire connaître au public qu'ils sont en danger d'être ruinés. »

Enfin, l'édit portant établissement d'un vingtième effectif vint jeter la consternation dans la province.

La France espérait échapper à de plus lourdes charges. La paix avait été signée à Aix-la-Chapelle, après d'éclatantes victoires du maréchal de Saxe, après la prise par nos armées de Bruxelles, d'Anvers, de Namur, de Mons, de Charleroi, et le pays avait d'autant plus le droit de compter sur des dégrèvements d'impôts que le roi avait formellement affirmé ces dégrèvements. Malheureusement l'accroissement de la dette publique ne permettait pas au roi de tenir les promesses imprudentes du passé. Le Parlement se défendit énergiquement. Cette contribution du vingtième était en réalité un impôt sur le revenu qui frappait toutes les classes de la société, tous les biens et droits réels, même les charges de judicature, quelle que fût la personne privilégiée ou non qui les possédait. Rien n'y échappait, ni les propriétés immobilisées, ni les octrois, ni les revenus, ni les bénéfices présumés de la banque et du commerce. Comment le peuple aurait-il pu supporter un pareil fardeau sans se plaindre? Comment les magistrats auraient-ils gardé le silence? En présence de ce déchaînement de lamentations et de colères, les

ministres imaginèrent de présenter l'édit de 1749
comme un moyen de parvenir à la libération des dettes
nationales, comme une opération économique qui,
jointe au bon ordre des finances, « devait fournir des
ressources capables d'assurer dans tous les temps la
gloire de l'Etat, sans être forcé de recourir à des
moyens extraordinaires [1]. »

Ces affirmations ne pouvaient empêcher les protestations des magistrats ; on leur avait si souvent prodigué
de vaines promesses. « Votre Parlement, disaient-ils, ne
s'attendait pas à se voir obligé d'implorer encore la
clémence de Votre Majesté pour le soulagement de ses
peuples ; tout semblait lui répondre que le retour de la
paix serait promptement suivi de la suppression totale
d'une imposition qui n'avait été établie que pour les
nécessités de la guerre.... Quelle doit être, Sire, notre
surprise et notre douleur à la vue d'un édit qui assu-
jettit encore tous les biens au paiement du vingtième
denier ? » Après avoir manifesté ses impressions pénibles, le Parlement ajoutait avec finesse : « Le principal motif qui vous porte à établir cette imposition
onéreuse est exprimé dans l'édit même de Votre Majesté ; il nous apprend que vous avez formé le projet
d'éteindre peu à peu les dettes anciennes et nouvelles
de l'Etat, qui vous obligent à tirer de vos sujets des
sommes proportionnées pour les acquitter ; ce projet
est digne, sans doute, de la haute sagesse et de la
bonté royale de Votre Majesté ; il serait à souhaiter

---

(1) Préambule de l'édit. *Recueil des édits*, vol. 4, p. 84.

qu'il eût été commencé depuis longtemps par les rois vos prédécesseurs, et qu'ils vous eussent laissé la gloire de le conduire à sa perfection.... » Puis venait le tableau de la misère du peuple [1]. Le roi ne se laissa point toucher et se borna à répondre : « Les remontrances de mon Parlement ne m'ayant point fait changer de sentiment, je veux que mon édit soit enregistré demain matin. Je vous ordonne de m'en rendre compte avant deux heures [2]. » Le Parlement obéit, il enregistra, en suppliant Sa Majesté « d'avoir égard aux remontrances qu'il avait faites pour obtenir un abonnement du vingtième à la proportion du dixième. »

Les magistrats devaient être déçus dans leurs espérances. Les dépenses se reproduisirent. La déprédation s'augmenta. L'amortissement de la dette devint impossible, l'impôt intolérable, grâce aux vexations d'une régie rigoureuse, grâce aux entreprises des agents du fisc, excités selon toutes probabilités par les instructions secrètes des contrôleurs généraux des finances. Les Parlements prétendaient que les vingtièmes devaient être perçus sur le pied des déclarations faites par les propriétaires au temps de l'établissement de l'impôt; mais le déficit grandissant chaque jour, les propriétaires assujettis aux vingtièmes se voyaient, d'année en année, taxés à de plus fortes sommes; c'était en réalité une notable et progressive aggravation de l'impôt, c'était un impôt nouveau perçu sans édit, sans

---

(1) Remontrances. Archives départementales, B. 2847.
(2) Correspondance. Id.

enregistrement; c'était une vaste inquisition financière avec une armée de commis; c'était l'arbitraire; c'étaient partout des plaintes incessantes; cet arbitraire, tous les écrivains le constatent. Dunand écrit : « Le malheur des guerres avait augmenté partout les impôts; les gabeleurs les exigeaient avec dureté [1]. »

A cette même époque intervenait, le 4 mai 1749, une déclaration portant un droit de 30 sous par livre de tabac, déclaration qui n'était enregistrée qu'après lettres de jussion. Le Parlement invoquait les privilèges de la province. Le chancelier répondait, le 4 juillet de cette même année, « que la déclaration n'intéressait en aucune manière le privilège dont la Franche-Comté était en possession, que la culture du tabac y était permise, soit pour le consommer dans la province, soit pour en faire commerce avec l'étranger, sans être tenu d'aucun droit, et que le privilège subsistait en son entier. » La réponse paraissait concluante, mais, dans la pratique, on n'en tenait compte, et les populations, fatiguées, pressurées, obérées, se désespéraient avec raison. Les impôts s'étaient augmentés d'un quart depuis la conclusion de la paix, et les denrées avaient diminué de prix en raison de la réduction des troupes établies sur le haut Rhin et de la suppression des prérogatives réservées à la Comté.

Dans cette triste situation, le Parlement redoubla d'efforts pour procurer quelque soulagement aux classes pauvres. Il essaya de nouveau d'éclairer le mi-

---

[1] Manuscrits Dunand, vol. 7, p. 453. Bibliothèque de Besançon.

nistère sur les abus; il s'occupa de la police des grains
et de celle du bétail, en exécution des règlements de
1747 et 1749; il éclaira l'administration des forêts; il
s'opposa à l'augmentation de l'arrondissement des salines, ordonna l'exécution des lois sur le contrôle,
dévoila les entreprises des financiers, essaya de réduire
les frais de procédure, et voulut apporter des réformes
utiles dans l'administration de la justice et dans la législation criminelle et civile qui régnait alors en
France.

Ses doléances, relativement à l'impôt du vingtième,
ne furent pas tout d'abord accueillies.

« Le roi, lui écrivait d'Aguesseau le 5 juillet 1749, n'a
pas jugé à propos d'avoir égard aux représentations
que vous lui avez faites au sujet de l'édit par lequel il
a plu à Sa Majesté d'établir la levée du vingtième dans
votre province comme dans le reste du royaume, et il
était aisé de prévoir qu'une loi méditée avec tant de
soin, enregistrée déjà au Parlement de Paris et ailleurs,
dont le grand objet est de parvenir à la libération de
l'Etat, ne paraîtrait pas susceptible de remontrances
aux yeux de Sa Majesté. Elle connaît d'ailleurs tous les
besoins de ses peuples, et elle n'a pas besoin d'être
excitée à leur procurer les soulagements qu'ils peuvent
attendre de sa bonté; » et en finissant, d'Aguesseau demandait aux magistrats de se soumettre à la volonté
royale, « sans qu'il fût nécessaire de recourir aux voies
que l'autorité absolue du roi mettait entre ses mains. »

Cet impôt du vingtième, que le gouvernement promit de convertir en un abonnement, devait être une

source de vexations et d'illégalités de toute nature. On commença par exiger des déclarations pour toute espèce de biens; la peine du double et du quadruple fut établie en cas d'affirmations mensongères; une partie des contribuables fut imposée à la même somme qui avait été mise à leur charge pour l'impôt du dixième, lorsque la province jouissait de l'abonnement. Les mutations, par suite de décès ou d'aliénation, n'apportèrent pas de changement dans les rôles du vingtième, et le même immeuble paya parfois deux ou trois fois l'impôt. En présence de ces iniquités, le commissaire départi restait sans pouvoir, sans autorité, et le préposé à la régie exerçait sur les populations une autorité absolue.

En réalité, le règne de Louis XV, qui paraissait devoir apporter à la France, sinon la prospérité, du moins l'aisance, et qui s'annonçait comme devant supprimer la plupart des abus, avait plutôt aggravé la situation malheureuse de notre pays. La Franche-Comté n'était plus dévastée par les armées ennemies, envahie par des hordes sauvages comme pendant la guerre de Dix ans, mais elle avait, au point de vue matériel, peu gagné à l'annexion à la France, et elle avait le droit d'espérer, en présence des promesses formelles du grand roi et des stipulations de ses traités, qu'on ne la réduirait pas à un pareil état de misère.

Le Parlement essaie de la défendre avec plus de dévouement, plus de ténacité que d'énergie; il emprunte à la ruine publique des accents déchirants pour combattre la licence effrénée des demandes d'argent; à toutes charges nouvelles, à chaque abus d'autorité, il

essaie de s'interposer entre la couronne et ses fautes, et
sous des formes respectueuses, n'en laisse pas moins
percer son mécontentement. Les impôts toujours crois-
sants provoquent surtout ses plaintes; il n'ose reprocher au pouvoir royal le délabrement et le désordre
de la fortune publique, mais il lui expose la situation
lamentable du pays et s'efforce d'obtenir quelque adou-
cissement aux nouvelles exigences financières.

L'argument qui domine dans toutes les réclamations
des parlementaires, c'est que la Franche-Comté a été
réunie et non conquise, c'est que le peuple est dans
une pauvreté profonde, et qu'il est cruel d'aggraver ses
charges. Le plus souvent ils ne sont pas écoutés; néanmoins leur ténacité empêche les abus de grandir; elle
garantit les anciennes prérogatives de la province,
elle contribue à entraver les tentatives des traitants et
à maintenir à l'industrie et au commerce un peu de
liberté. Le pouvoir rappelle la magistrature à la soumission, à l'obéissance. mais elle persiste à protester,
sans se décourager jamais.

Jusqu'ici le Parlement n'a parlé qu'avec une chaleur
empreinte de timidité; il s'enhardit; son langage a toujours été plein de respect, mais ce langage va devenir
hautain. Deux sentiments le dominent : son dévouement à la monarchie, son dévouement non moins grand
aux populations qui l'entourent. Il aime le roi, mais,
selon l'expression de Dupin, c'est d'un amour de magistrat et non d'un amour de courtisan, et son attachement
au roi ne l'empêche pas de défendre les intérêts du
peuple. Puis il entend conserver ses prérogatives, son

autorité; il sait que le pouvoir royal veut briser, anéantir l'influence politique de la magistrature; humilié, il
relèvera la tête et résistera avec une fermeté sans
exemple, que les menaces, l'exil, les exhortations du
roi lui-même, ne parviendront pas à dompter.

CHAPITRE IV

RÉFORMES LÉGISLATIVES. PALAIS DE JUSTICE

L'unité dans la loi. — Législation de Franche-Comté. — Nombreux abus.
— Œuvre de d'Aguesseau. — Le Parlement seconde le chancelier dans
son travail de revision. — Modification de la législation civile, de l'instruction criminelle. — Revendication des domaines aliénés. — Culte protestant. — Création d'une faculté de droit à Dijon. — Privilège comtois. —
Palais de justice. — Installation du Parlement au palais Granvelle. —
Grands travaux entrepris à Besançon. — Agrandissement de la ville. —
Réveil intellectuel. — Ecrivains et savants de Franche-Comté. — Le Parlement enregistre les lettres patentes établissant l'Académie. — Influence
de la magistrature sur le mouvement littéraire de cette époque.

Jusqu'à ce jour, le Parlement a lutté contre le pouvoir royal, il a défendu les prérogatives de la province,
et protesté contre les abus, les dépenses excessives, les
aggravations d'impôts, en invoquant l'état de misère du
peuple, en retraçant aux yeux du roi le tableau trop
fidèle de la ruine du pays; mais cette résistance
cessera lorsqu'il s'agira de réformes judiciaires, nécessaires ou utiles. Dès les premières années de la conquête, sous la présidence de Jobelot, le Parlement a la
sagesse d'accueillir sans difficultés toutes les ordonnances destinées à modifier, sous la fin du règne de

Louis XIV, la législation civile et criminelle. Le même esprit de conciliation et de progrès l'anime pendant la première période du XVIIIe siècle.

Le grand travail de réforme s'accentue vers 1730. A cette époque paraît l'ordonnance sur les donations et les testaments ; elle soulève des oppositions assez vives dans les Parlements, parfois même des refus d'enregistrement. D'Aguesseau se préoccupe avec raison de cet état de choses ; depuis longtemps il aurait voulu l'unité de législation, il ne devient que plus résolu à réaliser ses projets.

Cette idée d'unité n'était pas nouvelle, et c'était la pensée de saint Louis, de Charles VII, de Louis XI, de François Ier, des jurisconsultes ses contemporains, notamment de Dumoulin, et enfin de Louis XIV. Le grand roi qui rêvait l'unité de religion, l'unité de pouvoir, l'unité de conscience, avait déjà tenté d'établir l'unité dans la loi ; il avait entrepris la réforme de la procédure civile par l'ordonnance de 1667, la réforme de la procédure criminelle par l'ordonnance de 1670, mais ces lois nouvelles n'avaient point répondu à l'espérance générale ; non seulement les procès, les frais de procédure s'étaient multipliés, mais la loi criminelle avait gardé l'empreinte de la barbarie. La nature rude et impérieuse de Pussort avait contrarié les efforts des cœurs généreux ; puis les Parlements, dont le pouvoir royal se défiait, n'avaient été consultés que tardivement, ils n'avaient pu délibérer avec maturité, émettre des appréciations suffisamment étudiées. Le travail était incomplet et défectueux ; il fallait plus de simplification, d'économie dans les procédures, plus d'humanité dans la loi pénale, plus d'égalité dans la loi civile.

Sous le ministère des chanceliers Voisin et d'Aguesseau devaient se produire les améliorations judiciaires les plus efficaces. Les magistrats allaient devenir les collaborateurs des ministres.

D'Aguesseau, en arrivant au pouvoir, s'était imposé un double but, réformer la législation et rendre cette législation applicable à tout le royaume; il avait le goût, la passion de l'universalité. Ainsi s'explique son bienveillant patronage pour le livre qui devait, d'après le programme de ses auteurs, renfermer tous les livres, l'*Encyclopédie*. Pour la solution convoitée, il eut cette rare fortune d'exercer les plus hautes fonctions de la magistrature à la fin du xvii siècle et pendant toute la première moitié du xviii. Il se trouva ainsi à la rencontre de ces deux siècles, les derniers de la monarchie, placé pour ainsi dire à leur sommet, et nous apparaît comme l'un des plus dignes représentants de cet esprit judiciaire, qu'il montrait aux magistrats de son temps pour encourager leur zèle et ranimer leurs vertus. Il avait le droit d'être écouté parce qu'il ne donnait que de nobles exemples et qu'il avait la pureté de l'âme et l'élévation de l'esprit; son rêve était d'arriver à un gouvernement tempéré, réalisant, comme il l'a dit dans une de ses *Mercuriales*, « cet accord si désirable mais si difficile de la liberté et de l'autorité; » c'était le libéralisme sage, pondéré, c'était la politique d'un homme de génie, son contemporain, de Montesquieu. Les Parlements lui paraissaient devoir servir de contrepoids à la toute-puissance de la monarchie ; il voulait pour eux le droit de remontrances, et n'hésitait pas, lorsque ce droit était contesté, à le revendiquer hautement. On comprend l'influence qu'il devait exercer sur les grandes compagnies judiciaires, il se mit à l'œuvre avec ardeur, et demanda à chaque Parlement un travail qui devait être confié aux magistrats les plus éclairés. De toutes les appréciations des compagnies judiciaires étudiées avec soin par un comité de jurisconsultes, devait sortir une série d'ordonnances, dont quelques-unes ont pris place dans nos codes, dont d'autres n'eurent qu'un tort, celui de laisser la torture dans l'instruction criminelle, la cruauté dans les supplices.

L'unification de législation dans notre province n'était point facile.

Primitivement, jusqu'au IVe siècle, la Franche-Comté avait été régie par la loi romaine, qui était la loi des Gallo-Romains et des clercs. Lorsque les Burgondes, qui faisaient partie de la grande invasion des Germains dans la Gaule, s'établirent, au Ve siècle, sur les rives du Doubs, de la Haute-Saône et du Rhône, cette même loi romaine étendit son influence sur les nouveaux habitants du pays ; elle resta loi territoriale sans être exclusive de la loi personnelle des Germains. Lors de la féodalité, le droit romain continua à exercer une haute influence, et l'on peut dire que les coutumes des deux Bourgognes sont le résultat de l'alliance du droit romain et du droit féodal.

Pendant longtemps la Franche-Comté n'eut pas de coutumier à elle propre ; ce n'est qu'en 1459, à la sollicitation des Etats, que les coutumes furent formulées en articles [1].

Le coutumier de 1459, qui devait être commenté par de nombreux jurisconsultes, par les Boguet, les Boyvin, les Jobelot, les Dunod, les Talbert, était, avec la loi romaine, le texte où puisaient les magistrats pour motiver leurs décisions. Le Parlement avait de plus collectionné tout un ensemble de délibérations et tout un recueil d'arrêts par lettres alphabétiques. « Ce livre, dit Lampinet, reposait dans l'armoire de la grand'chambre du Parlement de Besançon, il était appelé le livre rouge, à raison qu'il était couvert d'un cuir de cette couleur ; l'on y avait autrefois recours à tout moment, ce qu'il contient passait pour des décisions inviolables.... Sa première partie concerne les autorités de la cour, la seconde concerne le style judiciaire et des délibérations prises pour expliquer des endroits obscurs dans notre ancienne pratique ou dans nos ordonnances. Ce livre fut dressé par messire Jean-Ferdinand Jobelot, conseiller au Parlement de Dole, et depuis très digne président [2]. »

Le coutumier posait en principe que le franc-alleu était le droit du pays, c'est-à-dire que tout était libre, à moins de titre contraire. Besançon, ville impériale, et tout son territoire, étaient réputés de franc-alleu ; dans le comté comme dans le duché de Bourgogne, dans le pays lyonnais, la Bresse et le Bugey, la propriété ro-

---

(1) DUNOD, *Traité des prescriptions*, Ire part., ch. XIII, p. 104.
(2) Manuscrit Lampinet, p. 39.

maine avec son caractère libre était restée le droit commun de la propriété foncière [1].

Le droit romain continua aussi à régir le pays pour
toutes les propriétés qui n'étaient pas féodales ; il s'appliqua aux biens féodaux eux-mêmes dès qu'ils devenaient patrimoniaux et héréditaires ; il s'appliqua en
matière de partage, il fut suivi pour les testaments, les
institutions d'héritiers, les contrats ; il combla toutes
les lacunes qui existaient dans les coutumes.

Ces coutumes étaient des plus nombreuses et donnaient lieu à d'inextricables difficultés.

Il y avait malheureusement autant de lois différentes
que de villes ou de bailliages ; il y avait des pays de
liberté, il y avait des pays de servitude. La servitude
n'était même pas uniforme, et la condition des serfs
était plus dure dans certaines contrées que dans d'autres. Même incertitude dans le droit des fiefs. En Franche-Comté, la présomption était en faveur de la liberté
des terres, mais dans quelques parties de cette même
province, la coutume disait qu'il n'y avait point de terre
sans seigneur. La jurisprudence variait dans les bailliages et dans le Parlement lui-même ; enfin le plaideur
était parfois forcé de passer par trois ou quatre degrés
de juridiction avant d'arriver à celle du Parlement,
grâce aux sièges de prévôtés royales, complètement inutiles dans la ville où existaient des bailliages ou des
sénéchaussées.

---

(1) Dunod, *Prescript.*, III° part., ch. x, p. 346-349. Taisan, *Comté de Bourgogne,* tit. III.

La législation sur les donations et les testaments demandait aussi des réformes. La liberté indéfinie accordée à chaque citoyen d'appeler à sa succession une foule d'héritiers en les substituant l'un à l'autre, était une source inépuisable de contestations et de procès ruineux. La fortune et le repos des familles n'étaient jamais assurés, et les créanciers qui croyaient avoir une garantie immobilière et qui avaient prêté sous cette condition, voyaient leur créance perdue ou compromise, parce que l'immeuble qui constituait leur gage devenait inaliénable. De graves désordres, des abus de toute nature s'étaient glissés dans la rédaction et la conservation des actes authentiques destinés à constater les trois grandes époques de la vie et à devenir la source de tous les droits civils; une revision était sur ce point nécessaire; il en était de même des lois ou des coutumes sur la procédure qui favorisait la chicane; c'est ainsi que les évocations ou les règlements des juges réduisaient trop souvent le plaideur indigent à subir la loi que son adversaire voulait lui imposer, par l'impossibilité où il se trouvait d'acquitter les frais de justice.

La législation criminelle n'était pas moins compliquée.

L'ordonnance de 1670 sur les matières criminelles était peut-être plus parfaite que celle de 1667 sur les matières civiles, parce que le plan en était meilleur; mais la compétence des juges n'y avait pas été suffisamment déterminée, et des conflits surgissaient fréquemment entre les juges ordinaires et les prévôts des maréchaux, conflits qui entravaient la répression. L'ins-

truction criminelle était empreinte de barbarie. Enfin,
une réforme, une refonte de notre législation était d'autant plus nécessaire que beaucoup de dispositions législatives ne pouvaient plus s'appliquer. Tous les textes légaux concernant la juridiction de l'Officialité, les excom-
munications, censures ecclésiastiques, sorcellerie, la
manière de pourvoir aux charges de judicature avant
l'introduction de la vénalité des offices, etc., étaient devenus lettre morte. Le droit nouveau avait modifié l'ancien.
« Nos mœurs, dit un mémoire publié en 1726 [1], n'étaient
pas compatibles avec ce qui s'observait autrefois. La politique exigeait que dans une province conquise, on
laissât peu de traces de l'ancienne domination. »

Cette nécessité de codifier à nouveau n'était malheureusement comprise que par des esprits éclairés ; elle
était combattue par tous les hommes qui profitaient des
abus et pouvaient avoir intérêt au maintien de l'ancienne
législation, par tous ceux que les réformes effraient et
qui préfèrent marcher dans l'ornière battue. Elle avait
pour adversaires beaucoup de magistrats qui trouvaient
dans les vieilles coutumes le souvenir et comme les
consolations de leur ancienne indépendance : il fallait
triompher non seulement de la résistance des magistrats, mais de l'opposition de la noblesse qui, s'appuyant
sur le droit féodal ou sur d'anciens usages, se considérait comme au-dessus de la loi, entendait conserver
toutes ses prérogatives, et que ni d'Aguesseau ni les
parlementaires ne voulaient trop mécontenter. Le clergé

---

(1) Manuscrit Chiflet, vol. 61, p. 166. Biblioth. de Besançon.

élevait aussi des prétentions excessives ; les usages étaient encore plus difficiles à modifier que les textes légaux ; de nombreux abus se perpétuaient même en matière civile : c'est ainsi que le plus souvent un créancier se permettait de saisir les biens propres d'un héritier présomptif avant qu'il eût accepté la succession [1]. Les officiers des bailliages forçaient les tuteurs des pupilles à faire procéder par-devant eux à un inventaire. Au lieu de se servir du ministère d'un notaire, les mêmes officiers faisaient des inventaires à grands frais chez les curés décédés [2]. Un héritier qui ne répudiait pas l'hérédité dans un délai déterminé était considéré comme héritier à l'égard des créanciers, et ses cohéritiers étaient cependant contraints de le faire assigner pour qu'il s'expliquât expressément et qu'il prît qualité. Les seigneurs hauts justiciers s'arrogeaient le droit de faire publier des testaments, publication qui ne devait avoir lieu que dans les juridictions royales. Il y avait à régler les questions relatives aux dîmes, aux gradués, aux droits de patronage, à ce qui constituait alors le droit ecclésiastique. Il y avait à fixer les règles du droit public, qui comprenait les droits du roi et de la couronne, les impôts, les charges de judicature, la manière d'y procéder et d'y pourvoir. Le plus difficile était de bien établir les principes du droit privé, du droit civil et du droit coutumier.

Pour exécuter son projet, d'Aguesseau résolut de di-

---

(1) Lettre de d'Aguesseau du 27 mai 1736. *Œuvres complètes*, vol. 13, p. 141.

(2) Id. ibid.

viser son travail, d'examiner tout d'abord les questions de droit, puis la forme de l'instruction judiciaire, enfin la compétence, l'ordre des tribunaux. Malgré l'étendue de son érudition, il ne crut pas qu'il dût se contenter de ses propres lumières, il avait trop de génie pour ne pas avoir recours à l'expérience et à la science des autres ; il voulut appeler la France entière à dicter ses lois à elle-même, après examen de ses usages territoriaux et séculaires. Dans une lettre aussi éloquente que raisonnée, il annonça son plan de législation à toutes les cours souveraines, il leur envoya ensuite la matière de chaque loi réduite en questions. Les mémoires adressés aux cours devaient être résumés par les avocats les plus célèbres que le chancelier honorait de son choix. Le tout était ensuite discuté par les membres les plus savants du Parlement de Paris. Le travail ainsi préparé était de nouveau distribué aux maîtres des requêtes, et les termes de loi étaient arrêtés dans un bureau de législation que présidait le chancelier lui-même, et composé de Joly de Fleury, de Machault, d'Arnouville, des deux d'Aguesseau, fils du chancelier, de Fortia, de d'Ormesson et de Trudaine. C'est ainsi qu'un seul homme parvenait à répandre l'émulation et le zèle dans toute la magistrature. Chaque loi devenait l'œuvre des jurisconsultes les plus remarquables, les plus distingués.

Le travail de revision commença en Franche-Comté dès 1722. A cette époque, un arrêt du conseil d'Etat du 20 juin désigna deux commissaires, les conseillers Bouhélier de Sermange et Courchetet d'Esnans, pour procéder à l'examen du livre intitulé : *Commentaire sur*

les usages et coutumes de la ville de Besançon;
mais ce travail ne pouvait suffire. En 1725, on pensa
qu'il y avait lieu de revoir et de rédiger dans une nouvelle forme les textes des ordonnances, et un nouvel
arrêt du conseil d'Etat du 7 avril nomma d'autres commissaires pour procéder à cette revision. Le Parlement
demanda à être consulté; il adressa au chancelier un
mémoire où nous lisons ces lignes : « Le travail assidu
et l'expérience des suppôts du Parlement leur acquiert
une connaissance qui les rend fort instruits des constitutions et des usages propres et particuliers à la Franche-Comté et sur tout ce qui regarde cette province.
Les marques de confiance dont Monseigneur le chancelier honore cette compagnie font espérer qu'il aura la
bonté d'ordonner que les ouvrages qui lui seront présentés sur ce qui concerne la province seront communiqués au Parlement [1]. » Le roi accueillit la demande
et décida en outre que les magistrats nommés en 1722
s'associeraient dans leurs travaux aux commissaires
désignés en 1725, et ne formeraient plus qu'une seule
et même commission.

Comment devait procéder cette commission? C'est
Chiflet qui nous renseigne. Nous copions textuelle-
ment :

« M. d'Aguesseau, chancelier de France, avait depuis
longtemps formé le projet de fixer par des *décisions*
uniformes les doutes qui s'élevaient parmi les auteurs
sur différentes questions du droit romain; il les pro-

---

[1] Manuscrits Chiflet, vol. 61, p. 175. Biblioth. de Besançon.

posa à tous les Parlements du royaume, afin d'adopter dans leur jurisprudence ce qui paraîtrait le plus équitable, de réformer les abus qui pourraient s'y être introduits et de former un corps de lois dignes du grand monarque sous le nom duquel elles paraîtraient, et du ministre qui les lui aurait inspirées.

» Ces questions furent adressées à M. Boisot, premier président du Parlement de Besançon, en 1729, 1730, 1731. MM. les présidents Espiard, Michotey et moi, les conseillers Tinseau et de Courbouzon furent nommés commissaires pour les examiner et y répondre, et leur ouvrage, relu et approuvé dans différentes assemblées auxquelles M. le procureur général fut appelé, a été envoyé à M. le chancelier (1). »

Quelles étaient ces questions ?

Elles nous ont été conservées avec les solutions données par le Parlement. Le premier président Boisot prit soin de garder la minute des délibérations des commissaires, et à son décès, en 1750, ces minutes, signées de ces commissaires, furent remises par ses héritiers au président Chiflet, qui les fit relier et en composa un manuscrit « précieux et unique, » selon les expressions de Chiflet lui-même, manuscrit relié sous ce titre : *Recueil de jurisprudence.*

Les vingt-sept premières questions étaient relatives aux testaments, à la validité, à la preuve, aux formalités des dispositions testamentaires. Le surplus concer-

---

(1) Bibliothèque de Besançon. Recueil de jurisprudence résolue par le Parlement sur la demande du chancelier d'Aguesseau. Manuscrit in-fol., 1729-1731.

nait la matière des donations, des substitutions et aussi les hypothèques. Enfin le chancelier consultait le Parlement sur le faux incident et le faux principal.

Les commissaires se mirent à l'œuvre avec ardeur, et une volumineuse correspondance s'échangea entre le célèbre chancelier et le Parlement ; elle peint le caractère de ceux qui l'ont écrite ; elle prouve toute l'estime que lui inspiraient les magistrats nommés par la compagnie pour la représenter et pour être les interprètes de ses sages appréciations ; elle montre la sagacité, la prudence, la science et l'équité de ces mêmes magistrats. A l'instigation du chancelier, ils composent de savantes dissertations sur les donations, les testaments, les substitutions [1] ; ils s'efforcent de concilier la jurisprudence nouvelle avec l'ancienne législation du pays, avec les usages du comté de Bourgogne, ils interrogent la jurisprudence des autres cours souveraines de la monarchie, ils cherchent l'esprit de la loi dans les gloses et les commentaires, ils étudient d'une manière approfondie le droit des fiefs [2], et se montrent, selon l'expression de Droz, « aussi bons feudistes et coutumiers que jurisconsultes. » C'est grâce à eux que sous la première présidence de J.-J. Boisot l'on arriva à une application mesurée et toujours efficace de la jurisprudence française aux populations de la Comté. Leur travail fut considéré comme des plus utiles.

« Les déclarations du roi sur les donations, les testa-

---

(1) Voir *Questions sur les substitutions*, imp. in-4°. Lettres de d'Aguesseau.

(2) La copie de ce travail a appartenu à M. Chiflet. L'original était déposé chez le conseiller Droz ; il est aujourd'hui chez son arrière-petit-fils.

ments, les substitutions et les inscriptions ont été, dit
Chiflet, le fruit des réflexions du Parlement de Besançon,
et on a la satisfaction de remarquer en les lisant que ce
Parlement est un de ceux dont les usages ont été le plus
appréciés des législateurs. C'est l'éloge que M. le chancelier en fait lui-même en répondant aux remontrances
qui avaient été présentées au roi sur quelques articles
de la déclaration de 1731, concernant les donations [1]. »

Toutefois il faut reconnaître que le Parlement ne
comprit pas la nécessité d'uniformiser la législation,
d'établir un ensemble de lois applicables à tout le
royaume. Il était Comtois avant d'être citoyen; ce qu'il
voulait, c'était que l'action gouvernementale fût tempé-
rée de manière à marquer le respect de l'autorité par
les habitudes et les franchises du pays. Bien que soumis et facile à contenter, le peuple poussait jusqu'à
l'idolâtrie l'amour de ses anciens droits, il avait les
yeux fixés sur le trésor sacré dont la garde appartenait
principalement à la compagnie dépositaire des lois. Il
voulait conserver les institutions du sol natal. Comme
le peuple, les magistrats tenaient à leur vieille coutume,
ils jugeaient les conceptions législatives à leur point de
vue particulier et non pas au point de vue de l'administration générale du royaume, se préoccupant surtout
de savoir si elles étaient compatibles en tout ou en
partie avec les ordonnances, les usages de Franche-
Comté. L'égoïsme provincial les dominait et les empê-

---

[1] Bibliothèque de Besançon. Questions de jurisprudence. Manuscrit in-
folio, p. 1.

chait de marcher résolument dans la voie du progrès.
Ils ne comprenaient pas la pensée de Louis XV, procla-
mant, dans un préambule qui mérite d'être cité, le principe que « la justice doit être uniforme dans ses décisions et ne peut dépendre de la différence dès temps et
des lieux. » Nés et élevés dans le pays, ils gardaient à
l'état de culte domestique les instincts, les goûts, les
habitudes héréditaires, ils étaient imprégnés de l'esprit provincial. La France elle-même ne voulait pas de
l'unité de législation, pas plus que de la liberté du commerce, de l'égalité entre citoyens. Le temps n'était pas
encore venu pour un code unique. Montesquieu lui-
même, avec tout son génie, n'admettait point la nécessité de placer la France entière sous une seule et même
législation. « Lorsque les citoyens suivent les lois,
écrivait-il dans son livre immortel (l. XXIV, ch. XVIII),
qu'importe qu'ils suivent la même? Les même poids
dans la police, les mêmes mesures dans le commerce,
les mêmes lois dans l'Etat, la même religion dans toutes
ses parties, ces idées d'uniformité qui saisissent quelquefois les grands esprits, frappent infailliblement les
petits. Mais cela est-il toujours à propos, sans exception? » En présence de cette appréciation, comment
s'étonner de l'opposition des Parlements? Comment ne
pas comprendre qu'ils aient hésité à renoncer aux antiques lois du royaume qu'ils avaient étudiées, qu'ils
appliquaient chaque jour?

Sur toutes les questions, le Parlement soutenait avec
fermeté son opinion. Lorsqu'il s'agit de poser les principes relatifs aux substitutions, le pouvoir royal voulait

restreindre à deux degrés le droit de substituer. Le
Parlement répondit que la perpétuité était préférable.
« Les fidéicommis perpétuels, disaient les magistrats, donnent moyen aux grandes maisons de se soutenir dans l'état qui leur est convenable et d'estre en
estat de servir le roi dans ses armées ; l'expérience faisant connaître que sans ces précautions la plupart des
grandes maisons seraient réduites dans la pauvreté et
dans l'oubly ; et comme la noblesse de ce pays est pré-
venue que la substitution est un moyen assuré pour la
conservation de la noblesse, elle regarderait la défense
qu'on ferait de substituer à l'infini comme une nouveauté contraire à ses intérêts dans un temps où elle
n'oublie rien pour donner des preuves de son zèle et de
son affection au service du roi [1]; » et le Parlement ajoutait « que cette interdiction serait opposée à la liberté
que le droit romain donne à chacun, de disposer de son
bien par testament comme bon lui semble. »

Le plus souvent d'Aguesseau triomphait des hésita-
tions des magistrats. Il y avait des abus qu'il était impossible de ne pas avouer, de ne pas réformer. La juridiction des prévôts, des maréchaux et des présidiaux
s'était étendue à un point qui devenait dangereux pour
les citoyens. Le 3 février 1731, une déclaration du roi
les limita et fut acceptée sans contestation par le Parlement. Il en fut de même de l'ordonnance de ce même
mois de février, qui prescrivit des règles simples sur la

---

[1] Mémoire pour servir à l'administration de la justice. Manuscrit Chiflet,
vol. 63, p. 133.

manière de disposer de ses biens, et régla la nature, la forme, les charges et les conditions essentielles des donations.

En août 1735, l'ordonnance des testaments établit un juste milieu entre la liberté excessive de tester et une contrainte rigoureuse.

En juillet 1737, l'ordonnance du faux débrouilla le chaos de l'ancienne procédure sur cette matière, et y répandit une clarté jusqu'alors inconnue. En août de cette même année, l'ordonnance sur les évocations et règlements de juges remédia aux abus des procédures préliminaires. En 1738, parut le fameux règlement du conseil qui substitua dans ce tribunal suprême une forme de procéder courte et facile à des procédures longues et coûteuses. Le Parlement ne souleva contre cette législation nouvelle que des critiques peu nombreuses; se dépouillant des préjugés de l'habitude pour entrer dans les vues du chancelier, dans les larges voies de l'unité, il accueillit même avec empressement la plupart des réformes, notamment les ordonnances sur les faux, sur la liberté de tester. Comment résister? La plupart de ces nouveaux textes de lois devaient être, soixante-cinq ans plus tard, acceptés par les rédacteurs du Code civil, et parfois servilement reproduits par eux. La loi, dans sa brièveté, pouvait prêter parfois à des interprétations diverses; il fut admis que pour résoudre les difficultés, pour éclairer les points obscurs, le Parlement se servirait d'un règlement donné sur la requête du procureur général et envoyé au bailliage, ou bien qu'il prendrait des arrêts ou pragmatiques qui seraient transcrits dans

le livre des délibérations de la compagnie et envoyés
aux Chambres, de manière à établir l'uniformité dans la
jurisprudence. On eut recours aussi aux édits royaux
dans les questions d'une haute importance. La législation sortit ainsi de la confusion créée par le droit romain, le droit canon, le droit coutumier et le droit
français ; les juridictions furent mieux définies, l'expédition des affaires devint plus prompte, les frais moins
élevés ; l'application des lois anciennes devint plus nette
et plus sûre, et grâce à l'énergie, aux efforts de l'autorité souveraine et à la vigilance du Parlement, les réformes les plus utiles se réalisèrent ; la province comtoise s'unit à la France sans se confondre avec elle, et
tout en conservant ses traditions, ses usages et ses
mœurs.

L'attention patiente de d'Aguesseau porta sur les
questions secondaires comme sur les questions de
la plus haute importance. Depuis longtemps des
difficultés s'élevaient entre le Parlement et le procureur général sur les communications à faire au parquet. Le chancelier décide « que tous les procès concernant Sa Majesté, l'Eglise, le public et la police
seraient communiqués au procureur général, soit que
son substitut ait donné des conclusions en première instance, soit qu'il n'en ait pas donné ; que les mêmes
communications seront faites dans les affaires où les
mineurs auront intérêt ; que le procureur général pourra,
si bon lui semble, prendre communication des procès
« sans déplacer ; » que les greffes, archives, seront fermés à clef et que le greffier seul aura toutes les clefs ;

que le procureur général devra être appelé lorsqu'il s'agira de matières concernant la discipline intérieure de la compagnie. Le chancelier réglemente en même temps la police des prisons, il statue sur les prétentions du Parlement de juger des preuves de noblesse, et invite le premier président à travailler à la réduction des droits excessifs qu'on accuse les procureurs du Parlement d'exiger; il autorise les redditions de comptes de tutelle et curatelle, les enquêtes et rapports de deniers en l'hôtel du juge; il pose les principes à suivre pour établir quels sont les bourgs fermés de la province [1] : il établit, il précise les lois de récusation ; les récusations des juges motivèrent de sa part de nombreuses observations pendant les années 1740 et 1741. Chiflet nous a conservé la plupart de ses lettres [2]. Le Parlement était disposé à exclure de la fonction de juge les magistrats qui avaient des parents jusqu'à un certain degré dans les chapitres ou dans les communautés. D'Aguesseau ne partageait pas cette appréciation. « C'est, écrivait-il au premier président, le 31 octobre 1740, avoir trop mauvaise opinion des juges, de présumer que parce qu'ils ont des parents dans un chapitre ou dans une communauté régulière, ils auront la faiblesse de favoriser le corps par affection pour quelques-uns de ses membres; si les parties s'alarment mal à propos sur ce sujet, la loi ne doit point autoriser un soupçon injuste et une inquiétude mal fondée. » Enfin,

(1) Manuscrits Chiflet. Répertoire de jurisprudence, p. 90.
(2) Id., vol. 64, p. 163 et suivantes.

d'heureuses modifications furent apportées dans le tarif des frais de justice, dans la rédaction des écritures et même dans la durée des vacances. Les vacations du Parlement étaient fréquentes, le palais se fermait non seulement les jours de fête, mais la veille de ces fêtes dans l'après-midi. Il y avait, outre les grandes vacations et la quinzaine des fêtes de Pâques, les vacations de la Pentecôte, qui duraient vingt-cinq jours, pendant lesquels le palais était fermé et toutes procédures civiles et criminelles interrompues ; « ce qui retardait la punition des crimes, interrompait le cours des affaires au milieu de l'année, et ne profitait à personne, parce que ces vacations tombaient en une saison où il n'y avait nul ouvrage de campagne [1]. »

La solution de toutes ces questions préoccupait l'opinion publique, et pendant que le Parlement délibérait sur leur ensemble, plusieurs mémoires furent adressés au chancelier et retournés au premier président. L'un d'eux se plaignait du trop grand nombre des tribunaux, de l'esprit de chicane des gens d'affaires. « Le goût des procès s'est fortifié parmi nous par le nombre des tribunaux et des officiers de justice ; ces nouveaux établissements ont multiplié à l'infini les occasions de plaider. La raison en est simple. Plus il y a de facilité à se satisfaire sur une inclination décidée, plus on a de penchant à s'y livrer ; on trouve partout, même dans les villages, des secours efficaces pour favoriser les premiers mouvements d'une division ; il y a partout des avo-

(1) Manuscrits Chiflet. Répertoire de jurisprudence, vol. 63, p. 136.

cats, des procureurs et des praticiens qui ne demandent que de l'occupation, et qui s'en font à nos dépens [1]. »

Le droit criminel attire tout spécialement la vigilance du chancelier : il trace à la Tournelle la procédure à suivre lorsque l'accusé a demandé grâce au roi ; il oblige les procureurs du roi à envoyer toutes les semaines, au procureur général dont ils sont les substituts, des renseignements écrits sur ce qui se passe dans l'étendue de leur juridiction, et un état sommaire des informations criminelles ; il les dispense d'assister à l'exécution des arrêts de condamnation et estime « qu'il ne convient point d'imposer un nouveau joug aux magistrats du parquet, joug pénible pour eux et sans utilité pour la justice ; pour assurer l'exécution des arrêts, le Parlement commettra un officier de la maréchaussée avec un nombre suffisant d'archers, de manière à réprimer l'insolence d'un condamné et celle de la populace [2]. »

Le 17 août 1731, il indique les mesures à prendre pour compléter les informations judiciaires [3], il envoie des instructions savantes sur la procédure en inscription de faux [4] ; il écrit lui-même de sa main des explications détaillées, de nature à résoudre des questions délicates ; il décide que l'acquiescement du substitut, du procureur général à une sentence, ne peut exclure

---

(1) Manuscrits Chiflet, vol. 63, p. 79.

(2) Archives départ. Parlement. Correspond. B. 378.

(3) Extrait des délibérations de la chambre de la Tournelle. B. 2144. Archives départementales.

(4) Id., ibid.

le procureur général lui-même d'appeler *à minimâ* [1] ;
que les héritiers d'un accusé, décédé pendant le procès
après un jugement frappé d'appel et qui le condamnait
pour crimes à une amende, ne pouvaient être poursuivis par la partie publique [2]. Il nomme, en mars 1750,
des commissaires pour dresser un projet d'arrêté sur
la police des prisons ; il réglemente la procédure relative aux contumaces, il rappelle aux magistrats l'ordonnance de 1670, prescrivant les règles à suivre ; il
leur demande de ne pas oublier le principe de droit
criminel, qui veut que tout soit interprété en faveur de
l'accusé. Les idées d'humanité gagnent du terrain,
d'Aguesseau essaie de rendre plus douce l'application
de la loi. Le Parlement se justifie, et dans de longues
observations motivées, établit que de tout temps il s'est
conformé aux instructions du chancelier [3]. Souvent le
premier président et le procureur général recourent à
la science et aux lumières du chancelier, qui leur
envoie une consultation longue et détaillée. La plupart
des lettres de d'Aguesseau et des chanceliers ont malheureusement disparu. On en retrouve quelques-unes
aux Archives du Doubs ; l'extrait du registre des délibérations de la chambre de la Tournelle et de la chambre
des eaux et forêts en contient un assez grand nombre [4].
Il en existe aussi à la bibliothèque de Besançon, dans

(1) Manuscrits Chiflet, vol. 64, 1°, p. 38.
(2) Id., p. 46.
(3) Observations sur quelques usages du Parlement. Archives du Doubs,
B. 3804.
(4) Extrait du registre des délibérations, B. 2144. Archives du Doubs.

les manuscrits Chiflet, surtout dans le 64ᵉ volume. Le
conseiller Bourgon nous a conservé des extraits de
cette volumineuse correspondance, qui est en outre
résumée dans quatre cahiers précieux déposés aux
mêmes Archives départementales.

La confiscation des biens du condamné pour crimes
reste maintenue. Le plus souvent, ces biens devenaient
à perpétuité la propriété de l'Etat; parfois le roi en
faisait don à un de ses sujets, pour le récompenser de
ses services, de son dévouement, ou d'une action d'éclat.
Nous lisons, dans les actes importants du Parlement,
ces lignes : « Aujourd'hui 19 janvier 1681, estant à
Saint-Germain-en-Laye, désirant gratifier et traiter
favorablement le sieur d'Aoust, sergent-major de la
ville de Besançon, en considération de ses services, Sa
Majesté lui accorde et fait don de tous et un chacun
les biens meubles et immeubles qui ont appartenu
à Jacques-Simon Varot, sieur du Magny-lez-Jussey,
accusé d'avoir assassiné nuitamment, à coups de pis-
tolet, le fut sieur Jacques Monnet, vivant châtelain de
Montjustin, et la demoiselle Marie Rousselet, sa femme,
les dits biens acquis et confisqués à Sa Majesté à cause
des dits crimes, pour des dits biens jouir et user par
le dit sieur d'Aoust, conformément à la déclaration de
Sa Majesté du mois d'août 1669 [1]. » Le brevet était
lu et publié en la grand'chambre du Parlement, qui
envoyait le donataire en possession des biens; mais ces
donations ne se firent que sous Louis XIV ; la caisse de

---

[1] Archives du Doubs. Actes importants, 1680–1690. B. 2161.

l'Etat était, sous Louis XV, de moins en moins garnie, et l'Etat de moins en moins disposé à se dessaisir de ses ressources, même imprévues.

Chose étrange, d'Aguesseau n'essaya point de supprimer la torture, n'eut même pas la pensée de s'élever contre ce sauvage moyen d'information judiciaire; il subissait en cela l'influence de son temps; nous vivons à une époque où les accusés ont toute liberté de se taire ou de parler, où, quand ils n'ont pas d'avocat, on leur en fournit un gratuitement; s'ils doivent mourir, on cherche à abréger leur terrible agonie en leur annonçant à la dernière minute le rejet du pourvoi, en faisant l'exécution le plus rapidement possible, et, pour en épargner le spectacle à la population, en y procédant dès l'aube. Nos ancêtres avaient des raffinements de cruauté; on infligeait aux inculpés d'horribles souffrances pour leur arracher un aveu, on les torturait souvent même par habitude, quand ils avaient tout avoué, comme la Voisin. Les exécutions, lentes et atroces, se faisaient au milieu du jour, devant une nombreuse et brillante assistance. D'Aguesseau ne modifia rien à cet état de choses, il aurait échoué, il le comprit et ne dit mot. Les jurisconsultes, ses contemporains, n'avaient pas sur la procédure criminelle des vues plus étendues que Lamoignon et Pussort; les vrais principes ne furent ni posés ni même entrevus; on se contenta d'améliorations de détail; les criminalistes semblaient se proposer le but exclusif de trouver des coupables, ils acceptaient l'instruction secrète, estimant qu'on ne peut donner trop de garanties à la poursuite, à la punition du crime. Il est vrai que la torture commençait à être moins en usage, et que le juge n'y avait guère recours.

Le chancelier laissa aussi subsister la mainmorte, contre laquelle devait si vivement protester l'Assemblée constituante. Ici encore, il s'inclina devant un usage immémorial que tenait à maintenir le Parlement; il se borna à publier, en août 1748, un édit assurant aux propriétaires de biens de mainmorte les biens qu'ils avaient déjà, leur défendant d'en acquérir de nouveaux, édit que ratifia le Parlement, et qui fut approuvé par l'opinion.

Dans toute cette œuvre difficile de collaboration, ministre et magistrats firent preuve d'intentions conciliantes; chacun désirait ne soulever aucun conflit sérieux. Comme le dit d'Aguesseau, dans une lettre du 17 novembre 1739, « la compagnie sut montrer que si elle avait un attachement louable dans son principe pour ses anciens usages, elle savait le faire céder au désir d'une plus grande perfection. » C'est la même pensée qu'exprimait le cardinal de Fleury, écrivant au Parlement ces lignes le 22 novembre 1739 : « Je puis vous assurer que l'intention du roi n'a jamais été que de procurer une administration de la justice plus commode et plus propre à former ceux qui sont reçus dans votre corps. Sa Majesté connaît votre attention à remplir les fonctions de vos charges et la capacité aussi bien que l'intégrité de la plupart de ceux qui composent votre compagnie [1]. » La magistrature accueillit avec

(1) Archives départ., B. 378. Correspond. Parlement.

respect les observations de la chancellerie ; d'Aguesseau
maintint, de son côté, bon nombre de prérogatives du
Parlement.

Le chancelier et les parlementaires s'entendirent, à
cette même époque, pour compulser et classer les papiers, registres, arrêts et documents concernant le Parlement. Beaucoup d'actes importants, de remontrances,
étaient ou disséminés au hasard dans la poussière des
greffes, ou collectionnés sans méthode. Ils avaient,
après la conquête, été transportés de Dole à Besançon,
alors que la guerre était à peine terminée, alors que le
palais de justice, trop restreint, était insuffisant pour
les salles d'audience publique. Il en était résulté un
horrible désordre, qui rendait toute recherche impossible et vaine. Dès 1732, on résolut de remédier à ce
lamentable état de choses. Les chambres se réunirent,
et sur le rapport du président de Filain, nommèrent, le
5 décembre 1732, six commissaires « pour examiner les
minutes, registres, titres et papiers, et coordonner tout
ce qui pouvait présenter quelque intérêt [1]. Plus tard,
le conseiller Chiflet fit l'inventaire de la volumineuse
collection de papiers concernant l'ordre public et déposés chez le premier président Boisot, lors de son décès [2]. Des règlements d'administration, de discipline
intérieure, furent aussi examinés et arrêtés, de concert
avec les ministres et le Parlement. Aux termes d'une
ordonnance de Philippe II, du 26 mars 1586, « le la-

---

(1) Le travail des six commissaires forme un volume manuscrit déposé
aux Archives du Doubs. B. 2155.

(2) Manuscrits Chiflet, vol. 64, 1°, p. 223.

beur devait être égal et commun entre tous les conseillers, afin, dit l'ordonnance, que l'autorité, partagée entre
un plus grand nombre d'officiers, se rendît moins for-
midable et s'exerçât avec plus de circonspection. » Le
pouvoir royal voulut, en 1739, modifier cet état de
choses, et « pour assurer aux anciens magistrats les
honneurs et les distinctions qu'ils avaient mérités par
la persévérance et l'assiduité de leurs services, estima
que huit des plus anciens conseillers devraient, à l'avenir, faire partie de la grand'chambre avec le doyen du
Parlement et l'ancien des conseillers clercs. » Les magistrats combattirent cette mesure ; ils prétendirent
que l'égalité devait régner entre officiers associés aux
mêmes fonctions, que le prix des charges se trouverait
diminué, que les anciens magistrats n'étaient ni moins
honorés ni moins respectés, et qu'ils n'ambitionnaient
point les nouveaux honneurs qui leur étaient prépa-
rés [1]. » Ils ajoutèrent qu'il ne resterait plus dans les
chambres de la Tournelle et des enquêtes un seul conseiller qui eût vingt ans de service : ces considérations
n'étaient point sans valeur, elles ne prévalurent pas, et
le Parlement finit par céder.

En 1727, le Parlement eut à traiter la grande affaire
des domaines aliénés. Avant la conquête, la plupart des
souverains de Franche-Comté avaient vendu une certaine
partie du patrimoine qu'ils possédaient en propre et qui
leur appartenait avant même d'avoir acquis la souveraineté de la province ; quelques-uns d'entre eux avaient

---

[1] Minutes des délibérations. Archives départ. B. 3804.

donné ces propriétés aux cadets de leur maison ou en avaient disposé non seulement à titre d'aliénation, mais à titre d'échange ou autrement, sans que les successeurs eussent jamais pensé à contester la légitimité de ces dispositions.

Louis XIV avait promis de ne porter aucune atteinte aux usages et privilèges de la province, de respecter l'état de choses établi ; il avait même autorisé la vente de biens royaux ; en 1686, on avait mis en adjudication, pour faire face aux dépenses de la guerre et aux prodigalités de la cour, de grands et de petits domaines de la couronne, les ventes s'étaient continuées les années suivantes : elles s'étaient faites tout d'abord à vil prix, parce que les acheteurs étaient peu nombreux et ne se recrutaient qu'en Franche-Comté ; plus tard, les prix s'élevèrent : c'est à cette époque que des seigneuries considérables, les seigneuries de Gray, de Montigny, d'Apremont, etc., devinrent propriétés privées [1]. Tous ces acheteurs ou tiers détenteurs étaient persuadés qu'ils ne seraient jamais inquiétés, mais en 1727, un arrêt du conseil d'Etat, se fondant sur ce que le domaine avait été déclaré imprescriptible et inaliénable par l'ordonnance de François Ier de 1539, ordonna la révocation de toutes les aliénations et échanges. « Cet arrêt, dit le procureur général Doroz, vint jeter la consternation et les inquiétudes dans une infinité de familles de la province. Qu'allaient devenir non seulement leurs immeubles, mais tous leurs droits seigneuriaux ? Qu'arri-

(1) Archives du Doubs, B. 2008. Chambre des comptes.

verait-il des substitutions qui soutiennent la haute
noblesse, des traités de mariage, des partages de succession ? Comment régler dans les familles les indemnités auxquelles les évictions donneraient lieu [1] ? » Le
Parlement fut unanime à s'élever contre la décision
royale. Le procureur général se déclara « obligé par les
devoirs les plus indispensables de sa place de venir en
aide aux particuliers poursuivis; » il fit remarquer
qu'il « n'était pas juste d'anéantir et d'accabler un
corps considérable, dont les membres sacrifiaient conti-
nuellement leur vie et leurs biens pour le soutien de
l'Etat, » et conclut avec la plus grande énergie pour que
l'arrêt du conseil ne reçût aucune exécution. Sa requête
fut accueillie. Le Parlement fut unanime à désapprou-
ver l'arrêt royal, à s'associer à son procureur général;
il multiplia les remontrances; de savantes recherches
furent faites pour procurer la tranquillité de la plupart des propriétaires de la province, et toutes les aliénations de possessions antérieures à 1674 furent con-
firmées par lettres patentes de 1728. Ceux qui avaient
acheté après l'édit de 1695 furent poursuivis sans pitié,
avec une extrême rigueur, par la Combe, ce qui montra
mieux encore l'importance du service rendu aux autres
détenteurs.

Une active correspondance s'échangea entre le chancelier et le Parlement, à l'occasion de l'exercice du
culte protestant. Le gouvernement, qui s'était montré
dur et cruel pour les protestants, qui en 1728 frappait

(1) Archives du Doubs. Intend. C. 634, carton 126.

encore d'une amende de cinq cents livres « la paroisse
où une assemblée avait eu lieu, » comprenait la nécessité de se départir de ces rigueurs excessives ; le 10 juillet 1749, il décida « qu'il voulait bien tolérer, et cela
sans tirer à conséquence, que les habitants luthé-
riens des quatre seigneuries situées en Franche-Comté,
restituées au duc de Wurtemberg en 1748, exercent
leur culte dans les églises de ces seigneuries, à condition qu'ils ne dérangeraient en rien l'exercice du culte
catholique. » Grand émoi dans le Parlement ; ses protestations sont des plus vives : « La chaire, dit-il, uniquement destinée aux vérités de l'Evangile, deviendrait
tout ensemble le siège du mensonge, les lieux saints
serviraient successivement à tous, ici à la célébration des
mystères augustes de la religion catholique, là à la pro-
fanation de ces mêmes mystères par le fait de l'hérésie.... Qu'il nous soit permis, ajoute le Parlement, de
faire l'aveu sincère de la douleur que cette clause
alarmante a excitée dans nos cœurs, et de celle qu'elle
va porter infailliblement dans ceux de tous les catholiques de cette province. »

On voit qu'il n'était pas facile pour la monarchie
d'établir la liberté de conscience. Pour longtemps
encore les protestants devaient être traités en parias,
non seulement exclus des fonctions publiques, déclarés
incapables d'administrer, de juger, d'enseigner, mais
condamnés à vivre et à mourir sans état civil ; ce ne
fut qu'en 1787 qu'un édit royal en faisait des citoyens,
et encore cet édit n'était-il pas enregistré par le Parlement.

La création de la faculté de droit de Dijon motiva aussi les légitimes réclamations des magistrats. En 1750 et depuis plusieurs années déjà, Dijon se voyait à regret tributaire de Besançon, et voulait avoir son université. La prospérité, les succès de l'Université comtoise blessaient les Bourguignons, qui se demandaient pourquoi ils envoyaient leurs fils dans une province voisine, pourquoi la capitale de la Bourgogne, centre d'intelligence et de lumières, ne devenait pas, comme Besançon, un foyer d'études agrandies et plus complètes. En présence des actives démarches de la cité dijonnaise, soutenue par de puissants protecteurs, le Parlement s'empressa d'écrire au duc d'Orléans : « Ce que nous devons d'attention au bien des sujets du roi nous engage à représenter à Votre Altesse Royale que le projet d'établir une université à Dijon donne de justes alarmes à nos concitoyens. L'avantage qu'ils ont eu de prévenir cet événement en d'autres occasions ne peut les rassurer contre les efforts puissants qu'on leur oppose aujourd'hui ; leur unique ressource est dans la justice et la sagesse de vos jugements. » Puis le Parlement rappela que l'Université avait été établie pour les deux Bourgognes, que « sa translation à Besançon avait coûté des sommes immenses au corps de cette ville, que cette translation n'avait eu lieu que pour rendre plus florissante l'étude des lois. » Le duc de Tallart intervint et, dans une lettre au garde des sceaux, joignit ses instances à celles du Parlement. Il fit remarquer que la Franche-Comté supportait des charges infiniment plus grandes que le duché par rapport à l'étendue des deux provinces.

On sait l'issue de cette lutte. Besançon eut la naïveté d'envoyer à Paris, pour soutenir ses intérêts, un traître, le professeur Joseph Bret, qui eut la félonie de négocier pour lui-même une bonne place bien lucrative de recteur de cette nouvelle faculté de droit qu'il était chargé de combattre. Dunand raconte ainsi sa honteuse histoire : « Loin de remplir sa commission de servir son corps et d'être fidèle à sa patrie, le sieur Bret se livra aux partisans du duché de Bourgogne et traita avec eux des moyens pour réussir dans leur dessein. L'avantage qu'il en reçut fut d'être nommé premier professeur [1]. »

Enfin, en 1755, le Parlement donna une nouvelle preuve de sa sollicitude, de son dévouement aux intérêts du pays.

Le gouvernement n'avait renoncé qu'à regret à concéder aux habitants du comté dc Bourgogne le droit de ne pouvoir être jugés en dehors du ressort de la cour, et ne laissait échapper aucune occasion de contester cette précieuse prérogative [2] ; maintes fois le Parlement ou son premier président avaient dû intervenir pour la faire respecter. Les manuscrits de Chiflet donnent tout un recueil d'édits, de déclarations et d'arrêts confirmant nettement ce privilège au profit des Comtois [3]. En 1724, M. de Courbouzon avait été délégué à Paris par le Parlement pour défendre les inté-

---

(1) Manuscrits Dunand, vol. 7, p. 465. Biblioth. de Besançon.

(2) Bibliothéque Richelieu, fonds Moreau, 903, fol. 199.

(3) Manuscrits Chiflet, vol. 63, p. 16. Biblioth. de Besançon, manuscrit de Courbouzon, vol. 1, p. 465.

rêts de la province, il avait réussi dans sa mission. En 1755, de nouvelles tentatives furent faites à l'instigation du grand conseil; M. de Quinsonas écrivit, le 15 novembre, au chancelier : « Le privilège des habitants du comté de Bourgogne de ne pouvoir être distraits du ressort de cette cour est fondé sur des titres si anciens et si respectables, il a été tant de fois maintenu contre les entreprises du grand conseil, que l'on ne peut se mettre dans l'esprit qu'il veuille renouveler des prétentions toujours rebutées. » Et le premier président rappelait que « l'origine de ce privilège se perdait dans les siècles les plus reculés; l'on sait seulement que les peuples en étaient si jaloux, qu'il fut expressément réservé pour les habitants de la ville de Gray dans la charte qu'ils obtinrent pour leurs franchises de la reine Jeanne en 1823 ; de là cet avantage devint commun à tous les habitants du comté de Bourgogne. Ce fut un de ceux que le feu roi voulut expressément conserver après la conquête [1]. » Tous ces arguments étaient sans réplique. Le privilège fut conservé.

C'est à cette époque que le palais de justice fut modifié et agrandi.

Comprenant la nécessité de récompenser le Parlement de son obéissance, et de faire oublier à la province qu'elle perdait chaque jour quelques-unes de ses prérogatives, que l'autorité passait entre les mains des gouverneurs, que la ville était privée de ses privilèges séculaires, de son organisation municipale et judiciaire,

_____

[1] Archives du Doubs. Minutes des délibérations.

Louis XIV voulut, dès les premières années de la conquête, favoriser toutes les œuvres utiles, augmenter l'importance de la Franche-Comté et de la cité, procurer à celle-ci une prospérité relative et amener dans ses murs un plus grand nombre d'habitants.

Des ordres furent donnés aux intendants, gens habiles, élevés pour la plupart à l'école de Colbert et dont l'expérience ne pouvait être contestée. Grâce à eux, grâce au pouvoir royal qui avait l'influence que donne le succès, de grands travaux furent entrepris et poussés avec une activité relative.

Dès 1680, Vauban, qui arrivait pour la première fois à Besançon, marqua divers lieux pour l'emplacement des casernes, et fit construire immédiatement celles de Saint-Paul [1]. Cette même année, on commença à bâtir l'église des jésuites; ce fut le maire de la ville qui inaugura ces travaux en plaçant dans les fondations huit demi-louis d'or [2]. En 1682, sur un projet conçu par l'archevêque, d'accord avec le premier président et approuvé par le ministre Louvois, d'établir à Besançon un hôpital général, on construisit un premier bâtiment pour l'apothicairerie et le logement de l'aumônier [3]. En 1688, s'élevait l'hôpital général, destiné aux pauvres valides et invalides.

Les dépenses de construction de l'hôpital furent considérables. Le 2 novembre 1686, Jobelot écrivait à un ami : « L'édifice est commencé depuis six mois seule-

(1) Archives municipales, reg. in-folio, casier 1, rayon 7.
(2) Id., ibid.
(3) Id., ibid.

ment, il est déjà au-dessus des fenêtres du premier
étage. Les fondations nous ont coûté beaucoup pour
nous tirer des eaux ; elles sont présentement taries, et
notre bourse aussi [1]. A cette même époque, les jésuites
inaugurèrent leur nouvelle église en y faisant pronon-
cer le panégyrique de Gauthiot d'Ancier, leur bienfai-
teur. En 1689, six cents paysans furent employés à
travailler aux fortifications [2].

Dès 1693, on construisit les tours bastionnées des
Cordeliers, de l'Attaque et du Marais dans Chamars, ainsi
que les bastions de Rivotte, de Bregille, de Saint-Pierre
et du Saint-Esprit ; on créa des quais sur la rivière du
Doubs du côté de la rue Poitune, on refit la façade des
maisons qui avoisinent la place Labourée ; en 1699, on
transforma en place publique la partie du cimetière qui
était devant l'église de Saint-Maurice sur la Grande-
Rue [3]. En 1702, on bâtit l'hospice des Enfants de la Charité ; à cette même époque, l'archevêque Pierre de Grammont inaugura la construction du séminaire, rapidement
exécutée et terminée ; en 1707 s'acheva l'hôpital, sous l'active et habile direction d'un architecte comtois, Chapuis ;
le 20 septembre 1714, on célébra la première messe dans
la nouvelle église de Saint-Maurice, élevée par les oratoriens grâce à la générosité d'un prêtre, Etienne Dunod, et de l'ancien gouverneur de Besançon Chandiot [4].
Le 6 novembre de cette même année, on bénit les fon-

---

(1) Archives départementales. Correspondance du Parlement.
(2) Archives municipales, BB. 112, casier 1, rayon 7.
(3) Id., rayon 8.
(4) Manuscrits Dunand, vol. 7, p. 459.

dations de l'église des Dames de Battant; en 1720, on édifia l'église de Saint-Antoine; en 1736, on établit à Besançon l'école d'artillerie, et un régiment de cette arme y arriva pour la première fois le 4 août [1].

La ville voulut, de son côté, faire au palais Granvelle des réparations urgentes, elle y logeait le gouverneur de la province, mais elle n'était que locataire; c'est en 1713 qu'elle l'acheta du comte de Saint-Amour, au prix de 3,000 livres payées comptant, 57,000 livres en rente sur l'hôtel de ville au denier vingt, et 60 livres de gratification aux domestiques du vendeur.

Il restait à reconstruire le palais de justice. Les magistrats n'avaient quitté qu'à regret le palais de justice de Dole, qu'ils dépeignent ainsi dans des remontrances de 1711 : « Le palais où résidait la justice à Dole était commode non seulement pour l'emplacement des chambres, mais encore pour la sûreté des archives et des prisons. Quoique bâti dans l'ancien goût, il avait une sorte de dignité qui imprimait le respect. » A leur arrivée à Besançon, ces mêmes magistrats avaient été déçus. La maison de ville, où le roi avait trouvé bon de transporter le Parlement, ne manquait pas d'élégance, mais elle était insuffisante, le roi le reconnut, et il fut décidé qu'elle serait agrandie; mais le roi était mort sans tenir sa promesse. Le trésor de l'Etat suffisait à peine pour acquitter les frais de guerre; la France était trop épuisée pour qu'il pût être question de faire les dépenses nécessaires, et les années s'étaient écoulées sans qu'il

---

(1) Manuscrit Louvot.

eût été possible de commencer les travaux. Louis XV renouvela les promesses de son aïeul. Mais tout resta à l'état de projet.

Le palais était dans un état déplorable. « Etayé de toutes parts, disent les magistrats, en danger d'écraser ceux qui l'habitent, il demande depuis longtemps des secours. Cette nécessité est clairement démontrée par les procès-verbaux que nous supplions Votre Majesté de faire vérifier. Qui peut douter que la représentation de l'autorité royale ne souffre par le peu de dignité du lieu où elle doit paraître ? Quelques sommes ménagées avec économie lèveront cet inconvénient. »

Le Parlement comparait Louis XV à Salomon. « Alors la justice se montrera avec le décorum et l'appareil qui doivent l'accompagner. Les nouveaux ouvrages qui seront élevés deviendront un monument éternel de l'attention la plus marquée à la rendre recommandable ; permettez-moi d'ajouter, Sire, que Salomon, le plus sage des rois, et dont vous imitez les vertus, s'est distingué pendant sa vie par une infinité d'édifices dont il fut l'artisan. Cet exemple a été suivi par tous les princes qui ont cherché à immortaliser leur gloire et leur nom. »

Puis venait la description du palais.

« Cette maison déjà ruineuse fut préparée avec si peu de soin et tant de précipitation, que les officiers de la compagnie et le public en furent également blessés; il fallut cependant s'y ranger. La caducité des murs, la mauvaise distribution des appartements, l'incertitude où l'on était des événements, toutes ces considérations

ont fait couler les dernières années dans une espèce de
léthargie qui, s'étant continuée jusqu'à présent, nous
a laissés sans secours.

» Mais le nombre des officiers s'est augmenté par les
quatre créations différentes que nous avons vues arriver parmi nous; on s'est trouvé dans une si grande
confusion qu'il a fallu pratiquer de nouvelles avenues
incommodes et peu sûres, pour pouvoir multiplier les
chambres autant qu'il a été nécessaire pour la discipline
et la distinction des différents bureaux.

» Les archives de la cour, ce dépôt si précieux pour
les droits de Votre Majesté, ceux du public et des particuliers, ont été placés sous les tuiles, les papiers exposés ainsi aux injures de l'air, aux risques du feu et au
danger d'être enlevés toutes les fois qu'on voudra. Les
prisons, dont la pratique a été si utile pour la sûreté de
l'Etat, la tranquillité des peuples, sont renfermées dans
un si petit terrain que l'infection se mêle aisément, que
les prisonniers communiquent les uns aux autres, sans
qu'on puisse les en empêcher; elles sont d'ailleurs
disposées de façon que tout y favorise l'évasion des détenus.

» L'isle du palais forme un carré long; les deux
cours et les deux jardins font un vide de plus des deux
tiers du terrain; cependant sous le peu de couvert qui
existe, on y loge le Parlement composé de quatre chambres, outre celles nécessaires pour les audiences publiques, le parquet, les chambres des huissiers, du
chauffeur et autres de cette espèce, la chancellerie, les
trois greffes, le contrôle des bois, les prisons, le bail-

liage, la maîtrise des eaux et forêts, la monnaie, le conseil de ville, la police, l'arsenal des greniers d'abondance, même les corps de garde. Tous ces établissements ne peuvent qu'être d'une manière incommode dans une si petite place [1]. »

Le tableau était vrai. Le pouvoir royal reconnut le bien fondé des remontrances, et en 1724 on se mit d'accord ; il fut convenu que l'on construirait une grand'chambre précédée d'une salle des pas perdus, que l'on prendrait les bâtiments de la monnaie pour les greffes et la chancellerie, et que la grand'chambre serait placée dans les jardins, derrière le palais; on demanderait à la ville le terrain nécessaire, elle entrerait pour un tiers dans les dépenses de construction [2].

Mais de nouveaux retards devaient se produire, et pendant neuf années, on resta dans l'inaction, faute d'argent.

Comment trouver dans une province ruinée les sommes nécessaires ? Le 18 juillet 1730, le duc de Tallart écrit au Parlement : « M. le contrôleur général m'a paru effrayé d'abord de la somme considérable qu'il faudrait imposer sur la province pour exécuter le nouveau plan ; il voudrait que l'on trouvât les moyens de diminuer les dépenses. Je l'ai assuré qu'il serait fort difficile de faire des retranchements parce que j'avais vu moi-même le délabrement dans lequel était le palais, et que j'étais persuadé qu'au premier coup de marteau

(1) Minute des remontrances. Archives départ. Intend. de Franche-Comté, carton 125, C. 633.

(2) Registres in-folio. Archives de la ville, BB. 138, casier 1, rayon 9.

toute la maison croulerait et tomberait en poussière, que ce serait dépense perdue si l'on ne faisait un édifice solide et convenable aux fonctions qui s'y remplissent [1]. »

D'Aguesseau intervint et promit son concours : « Vous ne doutez pas, écrit-il au Parlement le 19 juillet 1730, que je ne me fasse un plaisir de contribuer au succès des représentations que vous avez faites au roi pour le rétablissement du palais. Il est bien juste que ceux qui remplissent leur devoir avec autant d'assiduité et d'application que vous le faites dans le premier tribunal de votre province, puissent y estre non seulement en seureté, mais avec toute la décence et toute la dignité convenables à l'importance de leur ministère [2]. »

Enfin, le 19 septembre 1730, « le ministre perdit toutes les idées d'une réparation superficielle, et le roi consentit à l'imposition proposée sur la province en quatre années. » C'est encore le duc de Tallart qui informe de cette détermination le Parlement.

Mais cette décision ne fit pas commencer plus vite les travaux, et c'est seulement en 1734 que fut mis à exécution le projet du grand roi.

Une difficulté surgit. Comment loger le Parlement pendant la reconstruction du palais? Le duc de Tallart eut l'heureuse pensée d'offrir à la magistrature le palais Granvelle [3]. Le 5 janvier 1734, il fut procédé

(1) Archives départ. Parlement. Corresp. B. 398.
(2) Id., ibid.
(3) Archives municipales, reg. in-folio, BB. 146, casier 1, rayon 9

par les conseillers Tinseau et Reud, par M. de Prantigny, commis du magistrat, et par le sieur Gallezot, maître architecte, à la visite des chambres qui seraient laissées en la possession de la magistrature [1].

L'installation paraissait devoir être provisoire, mais les travaux marchant avec lenteur, le Parlement ne devait reprendre ses audiences au palais de justice que douze années plus tard, en 1746.

On commença par bâtir la grand'chambre, on la voulait magnifique; il fut décidé qu'elle serait des plus spacieuses, ornée de corniches, de frises, de pilastres et de panneaux sculptés en bois de chêne; au-dessus de la porte principale, dans le milieu de l'attique, devait être un écusson supporté par deux branches de palmier entrelacées de lauriers. Les magistrats devaient siéger sur des banquettes, placées autour des murs de la salle et recouvertes d'un drap bleu, sur lequel étaient brodées des fleurs de lis [2]. A l'angle du fond de cette salle, à gauche, était le trône angulaire des lits de justice, élevé de sept ou huit marches, se composant d'un fauteuil de velours bleu, garni de crépines d'or, fleurdelisé en broderies d'or, avec bois sculpté et doré; il était surmonté d'une couronne royale et d'un baldaquin de velours brodé [3]. A côté et au-dessous, était le siège du gouverneur de la province, puis le grand banc où venaient prendre place, suivant l'ancienneté, soixante

(1) Archives départ. Procès-verbal.

(2) Des échantillons de draps bleus sont encore déposés aux Archives du Doubs.

(3) Archives du Doubs. Ville de Besançon, E. 1650.

opinants. « C'était, dit un contemporain, un des spectacles les plus imposants qu'eût jamais offerts la justice humaine. » Nous ne contesterons pas ce témoignage ; seulement il était difficile de trouver, même dans toute la province, soixante jurisconsultes éminents, et il devait y avoir dans ce cénacle des hommes d'une intelligence ordinaire. A l'entrée était une fort belle balustrade sculptée en bois, rappelant la sculpture des boiseries.

C'est au maître maçon Nodier, d'Ornans, grand-père du célèbre écrivain, que fut confiée l'entreprise générale. Il avait fait déjà des travaux importants, et il devait construire, quelques années plus tard, en 1754, le pavillon des casernes [1]. Garnier, artiste connu, fut chargé des sculptures. Les plans avaient été faits par un autre sculpteur, Gallezot ; mais M. de Vannolles, intendant, succédant à M. de la Neuville, fit venir du port de Lorient un ingénieur de la marine, M. Querret, qui prit la direction de l'ensemble des travaux [2]. Enfin M. de Courbouzon eut pour mission de veiller à la construction.

Dans la grand'chambre devaient se tenir les audiences solennelles, les assemblées générales du Parlement ; dans cette chambre prêtait serment le gouverneur du pays et comté de Bourgogne ; ce gouverneur devait être reçu, à son arrivée, avec toute espèce d'égards et de prévenances. Les magistrats devaient se

---

(1) Archives municipales, reg. in-folio, BB. 167, casier 1, rayon 11.
(2) Fonds de l'intendance. Lettre C. 8. Archives du Doubs.

rendre en corps à son hôtel; à son entrée au palais, il devait être accompagné d'un président et de deux conseillers; il entrait à la grand'chambre précédé des huissiers; il prenait place dans un fauteuil fleurdelisé. Le premier président prononçait l'arrêt de réception en ces termes : « Monsieur, la cour vous a reçu en la charge de gouverneur et lieutenant général en cette province, pour en jouir conformément à vos provisions ainsi qu'en ont joui vos prédécesseurs, en prêtant le serment en tel cas requis et accoutumé. » La formule de ce serment était ainsi conçue : « Vous jurez et promettez de bien et fidèlement exercer la charge dont vous êtes pourvu, garder les ordonnances, entretenir l'ordre et la discipline parmi les troupes, prêter main-forte à l'exécution des arrêts et règlements de la cour, prendre ses ordres ès affaires importantes pour le service du roi, de ne rien entreprendre sur la juridiction contentieuse, de rendre bonne et brève justice aux pauvres comme aux riches, tenir secrètes les délibérations de la cour et vous comporter en tout et partout comme un sage et vertueux gouverneur et fidèle conseiller de cour souveraine doit faire. » Après le serment, le gouverneur recevait son épée des mains du premier huissier, saluait la cour, remerciait, exprimait sa reconnaissance pour les témoignages de sympathie que lui avait donnés la province, affirmait son désir de mériter l'estime, l'amitié de la cour, se déclarait tout dévoué au service du roi et au bien du pays. Le premier président lui répondait.

Après ce discours, la cour ordonnait au premier

huissier de conduire le récipiendaire dans la grande salle de l'audience publique ; il y arrivait, précédé des huissiers, et se tenait à côté du trône du roi. Quand le Parlement avait pris séance, on procédait à l'appel d'une cause. Le premier président faisait avertir le gouverneur de s'asseoir et de se couvrir ; on plaidait un procès, les avocats adressaient leurs compliments au gouverneur en le traitant de « Monseigneur. » Puis il était reconduit jusqu'au-dessus du grand escalier par le président et les deux conseillers qui l'avaient reçu [1]. Son escorte, composée de gardes, l'attendait à la porte du palais de justice.

Divers projets de construction furent étudiés ; de nombreux devis furent soumis au Parlement, qui avait nommé une commission pour arrêter un plan d'ensemble. On se mit à l'œuvre et on finit par édifier le palais que nous voyons aujourd'hui. La salle des audiences solennelles, qui s'appelait alors la grande audience, la salle des pas perdus, le vestibule, la grand'chambre, le cabinet du premier président, les chambres du parquet, la chambre des avocats, celle du procureur, des huissiers, n'ont pas changé de destination. La chambre de la tournelle était installée dans la salle actuelle de la cour d'assises. La chambre des enquêtes occupait la salle où siège aujourd'hui la chambre des mises en accusation ; au rez-de-chaussée, on plaça les greffes dans la salle actuelle de la justice de paix. La chambre de la chancellerie occupait le

---

(1) Manuscrits de P. F. Barberot.

local réservé de nos jours au tribunal de commerce. Dans la seconde cour du palais est un couloir qui relie la rue de l'Arsenal à la rue de l'Arbalète; c'est dans ce couloir, fermé du côté de cette dernière rue, qu'ouvraient les anciens cachots et la chambre de la question. On les y maintint [1].

Les Archives du Doubs nous renseignent sur l'époque précise où le Parlement vint reprendre ses audiences dans son palais. Le 5 décembre 1746, le Parlement écrivait au contrôleur général : « Nous avons repris nos fonctions à la rentrée de la Saint-Martin, dans le nouveau palais que nous tenons de la grâce du roi, et dont la magnificence répond à la grandeur du maître; mais permettez-nous de vous faire remarquer qu'il est nécessaire de carreler les plafonds, qui ne sont couverts que de terre, de doubler les tapisseries que le roi a eu la bonté de nous accorder, etc., etc. [2]. » En même temps, le Parlement constatait « qu'il n'y avait eu ni rendue ni reconnaissance des ouvrages exécutés dans la construction nouvelle, et que les entrepreneurs ne s'étaient pas conformés avec fidélité à leurs marchés. » Le contrôleur général ne paraissait pas s'émouvoir des plaintes fort légitimes des magistrats. L'intendant de Sérilly leur faisait espérer que l'Etat leur remettrait deux mille écus pour compléter et la maçonnerie, et la charpente, et les vitraux, et l'ameublement; mais c'était encore une promesse vaine, et le

_____

(1) Archives du Doubs. Ville de Besançon, E. 1650.
(2) Id. Parlement.

Parlement se résignait à fournir lui-même deux mille cinq cents livres pour les travaux les plus urgents [1].

A cette même époque devaient s'augmenter l'importance de la ville, le nombre de ses habitants. Non seulement Vauban y avait construit une ligne de fortifications et une citadelle qui firent longtemps considérer Besançon comme une place de guerre exceptionnelle, mais l'antique cité espagnole était destinée à perdre peu à peu ses souvenirs, son caractère, son aspect de ville indépendante, elle devenait surtout une ville de guerre. « En 1736, dit Dunand [2], on y établissait un polygone sur la gauche du grand chemin de Dole, à un quart d'heure de la ville. Des casernes se créaient auprès des remparts de la porte d'Arènes. » En 1739, on posait les fondations de la caserne de l'artillerie, à la porte de Duras; la première pierre portait cette inscription : « Regnante Ludovico XV, Sequanorum provinciali, gubernatore Maria-Josepho duce de Tallart, pari Franciæ, regiorum ordinum equite; Joannes dux de Duras, regiorum ordinum eques, exercituum princeps, legatus generalis Aquarum Mortuarum et arcis Burdigalensis, præfectus in eadem Sequanorum provincia, vices regis gerens, hunc primum lapidem militarium casarum posuit pridie kal. maii, anno a Christo nato M. D. CC. XXXIX. » Mettant à exécution une pensée de Vauban, l'intendant Barthélemy de Vanolles faisait étu-

---

(1) Archives départ. Ville de Besançon, E. 1650.
(2) Manuscrits Dunand, vol. 7, p. 474.

dier par Querret, architecte et sous-inspecteur des ponts
et chaussées de la province, un projet de percement
d'une rue nouvelle allant de la porte Notre-Dame à
l'hôpital général [1]. Des rues entières s'ouvraient spacieuses et bien alignées; la rue Neuve, qui porte aujour-
d'hui le nom d'un écrivain cher à notre province, s'é-
tendait dans les jardins de Chamars, de la place de l'Hôpital à la porte des Minimes; de beaux et grands hôtels
se construisaient, ornés de boiseries avec des sculptures
Louis XV, ciselées avec autant de goût que d'habileté.
L'ornementation était à la mode et Besançon possédait
un assez grand nombre de sculpteurs, notamment Bou-
try, l'auteur des vases qui ont orné l'ancien pont de
Chamars, et qui sont encore sur deux piliers de pierre
dans cette promenade, artiste fécond, qui embellit lui-
même son habitation de la rue Neuve de ciselures
répandues avec profusion. On bâtissait non seulement
des maisons que des ouvriers de luxe décoraient avec
talent; comme dans les premières années du xviiie siècle,
on y construisait de riches églises, on achevait le
clocher, le portail et la chapelle du Saint-Suaire de la
cathédrale. La même année, en 1735, Nicole faisait élever, sous la forme d'une rotonde gracieuse, l'église du
Refuge, qui fait aujourd'hui partie de l'hospice Saint-
Jacques. L'église de la Madeleine se bâtissait dix années
plus tard, dans des proportions grandioses qui n'en faisaient que mieux ressortir l'élégance, et sous la direction

---

[1] Registre in-folio. Archives municipales, B. B. 152, casier 1,
rayon 10.

du même architecte éminent [1]. L'argent manquait, mais les paroissiens s'imposaient, en 1754, un impôt annuel de 12,000 livres pendant seize années [2]. Enfin, en 1771, le 14 juin, l'intendant de Lacorée, « accompagné des officiers municipaux, des personnes constituées en dignité et d'une foule nombreuse, » posait la première pierre du superbe bâtiment de la nouvelle Intendance [3].

Il y avait, depuis le commencement du xviiie siècle, un réveil intellectuel qui s'accentuait chaque jour, signe certain que des changements se préparaient dans un avenir plus ou moins rapproché. Le régent avait contribué à cette émancipation de la pensée, en approuvant la *Henriade*, qui flétrit et maudit la Saint-Barthélemy, en autorisant, en 1721, la publication des *Lettres persanes*, en rendant aux Parlements le droit de remontrances, en se montrant favorable aux écrivains philosophes ; il y avait de plus, dans les mœurs, dans les habitudes, un changement profond ; on s'enquérait de la fortune publique, de la guerre, de la paix, des puis-

---

(1) Pendant la construction de l'église, Jacquemard fut logé au palais Granvelle ; le clocher terminé, il fut replacé sur sa cloche, escorté par une cavalcade nombreuse, à la tête de laquelle était le conseiller au bailliage Bizot, poète et orateur des citoyens de Battant. Jacquemard rencontra le duc de Randan, le salua, le duc s'empressa de lui rendre son salut. Sur la place Saint-Pierre, Jacquemard offrit ses civilités à Charles-Quint, et saisit cette occasion pour se plaindre amèrement des magistrats et de leur architecte Longin, qui l'avait fait frotter de mercure pour lui donner une couleur de bronze. La journée se termina par des courses, des danses et des festins. (Manuscrit de M. Quirot, avocat, appartenant à Mme Henri de Chevroz.)

(2) Archives municipales, BB. 167, casier 1, rayon 11.

(3) Archives municipales, BB. 186, casier 1, rayon 12, reg. in-folio.

sances qui entouraient la France, de l'Amérique, de ces terres inconnues dont avait parlé Law, et qu'on appelait les Iles et les deux Indes. La circulation de province en province, l'échange des idées, se faisaient plus rapides, des routes se créaient, on organisait l'instruction pour le peuple, une comptabilité plus régulière; des arts charmants, qui font l'agrément, l'aisance, l'embellissement de l'intérieur, prenaient leur essor. Le siècle marchait dans un chemin nouveau.

La Franche-Comté n'était point restée étrangère à ce mouvement artistique, à cette activité plus grande de l'esprit. Dès le xviie siècle, sous la domination de la maison d'Autriche, des hommes distingués avaient réuni la culture des sciences au maniement des affaires. La Franche-Comté comptait des poètes, des historiens, des philosophes, des écrivains de talent : Girardot de Beauchemin, qui a le style noble et grave d'un homme d'Etat; le baron de Lisola, tout dévoué à la maison d'Autriche, défendant ses intérêts avec un zèle que Louis XIV ne lui pardonna jamais, combattant les droits de la France sur l'Espagne, et empêchant l'élection d'un prince français au trône de Pologne, auteur d'un livre qui fut traduit en plusieurs langues, le *Bouclier d'Etat et de justice;* Thomas Varin, bien connu des savants, qui écrivit un livre sur la confrérie de Saint-Georges, un nobiliaire de la province et un autre petit volume rare : *Besançon tout en joie;* le père André, religieux carme, à qui la ville allouait deux cents livres pour l'impression d'un volume sur les antiquités de la province de Franche-Comté [1]; Augustin Nicolas, un réformateur dont nous apprécierons les travaux; Jean Mairet, qui, en approfondissant les règles du théâtre, aurait pu conquérir une réputation plus grande, qui terminait doucement sa vie au milieu des sympathies et de l'estime de ses compatriotes; Joseph Beauquier, mort en 1719, laissant nombre de pièces de vers français et latins, et qui s'était fait une réputation dans la poésie légère, connu sous le nom de Clitandre dans la société de Mlle Scudéri; Pierre Clément, prédicateur et théologien subtil, à qui l'on avait offert l'évêché de Saintes et celui de Périgueux, et qui fit choix de ce dernier par cette mauvaise plaisanterie : « Je suis négueux, j'ai vécu gueux, je veux Périgueux; » Casimir Fraichot, savant bénédictin, né à Morteau, qui s'était retiré en Italie pendant les guerres de la conquête, et qui mourut à Luxeuil, en 1720, laissant des œuvres considérables; Jacques Baulieu, que l'on appelait habituellement frère Jacques, l'inventeur de la taille latérale, fort apprécié en Hollande et en Belgique, et à qui les villes d'Amsterdam et de Bruxelles décernèrent une médaille d'honneur; Denis-François Camusat, fils d'un avocat distingué de Besançon, bibliothécaire du cardinal d'Estrées, et fameux par ses démêlés avec l'abbé Desfontaines, écrivain aussi fécond que savant, et dont toutes les œuvres décèlent un homme d'esprit; Jeanne Bordey, de Vuillafans, qui avait épousé l'un des gouverneurs de Besançon avant la conquête, était en correspondance

---

(1) Archives municipales, reg. in-folio, BB. 114, casier 1, rayon 8.

avec la plupart des beaux esprits de son temps, et que les habitués de Mlle de Scudéri désignaient sous le nom de la *Belle Iris* : elle écrivait des pièces de vers remplies de sentiment et de délicatesse [1]. Le célèbre abbé de Saint-Vincent, l'abbé Boisot, l'avait fait connaître à Mlle de Scudéri en lui communiquant une de ses lettres, et voici la réponse qu'il en avait reçue : « En vérité, Monsieur, après avoir lu ce que votre aimable amie vous écrit, je vous soupçonnerais volontiers de me tromper, et je croirais que cette jolie lettre est de quelque personne de la cour, si j'en connaissais quelqu'une qui écrivît avec autant d'esprit et de politesse. »

Des savants se conquéraient une haute notoriété. L'abbé d'Olivet, admirateur des grands écrivains de l'antiquité, philologue éminent, estimé pour ses ouvrages de grammaire et de prosodie, à qui Voltaire rendait hommage en disant que sa *prosodie* subsisterait aussi longtemps que la langue française, publiait en 1710 une traduction des *Philippiques* de Démosthène et des *Catilinaires* de Cicéron, et livrait à l'impression, en 1721, sa traduction des *Entretiens sur la nature des dieux ;* continuant l'œuvre de Pellisson, il apportait dans l'histoire de l'Académie française la précision, la rectitude d'esprit, l'impartialité, qui caractérisent tous ses écrits. Son esprit et son talent lui créaient des relations avec les écrivains les plus en

---

(1) L'éloge de Mme Chandiol se trouve dans le *Journal des savants* et dans celui de Bayle. Elle mourut en 1737, dans une maison de l'hôpital. Ses manuscrits appartenaient à M. Roussel de Breville, qui possédait des volumes de ses lettres adressées à Mlle de Scudéri, à Pellisson, etc.

renom, avec Rousseau, le président Bouhier, Huet,
évêque d'Avranches. L'ex-jésuite Arnoul publiait en
1733, sous le nom d'Antoine Dumont, un *Traité de la
prudence*, recueil d'instructions, de sentences et de
proverbes choisis, et en 1738, plusieurs traités sur la
langue française, la géographie, l'arithmétique, la
chronologie ; un avocat distingué, F.-J. Dunod, entreprenait l'*Histoire de la comté de Bourgogne*, et faisait
paraître dès 1735 l'œuvre la plus complète, la plus im-
portante, qui ait encore été écrite sur la Franche-Comté.
Bien que le style soit souvent incorrect, négligé, bien
que la méthode adoptée par l'auteur manque souvent
de clarté, son livre est précieux en ce qu'il contient les
éléments nécessaires pour reconstituer l'histoire de
notre pays, en ce qu'il nous donne des détails, des
documents d'une haute valeur. D'Orival, seigneur de
Vorges, membre du magistrat de Besançon, recueillait,
sur la demande de sa compagnie, les usages et les coutumes de Besançon, en formait un volume in-4° de
deux cents pages, ouvrage estimé et longtemps cité
comme une autorité devant les tribunaux. Joseph Tri-
calet, de Dole, se distinguait dans l'étude des sciences
sacrées et dans la pratique de toutes les vertus chré-
tiennes, publiait un *Traité de l'amour de Dieu* et la
Bibliothèque portative des Pères de l'Eglise, et devenait grand vicaire de l'archevêque de Paris ; l'abbé
Coyer se conquérait une notoriété par la légèreté de son
style, par les plaisanteries dont il couvrait les ridicules
de son temps, par une foule de petits écrits que les
circonstances faisaient naître et qu'on s'arrachait, qu

sont oubliés aujourd'hui ; il devait écrire plus tard un
livre sur la prédication et l'histoire de Sobieski;
Auguste Jault, d'Orgelet, montrait dès sa jeunesse un
goût décidé pour les langues orientales: successivement
interprète du duc d'Orléans, professeur de grec, de
syriaque, censeur royal, il se rendait célèbre par ses
livres sur la théologie et sur la médecine, autant que
par ses traductions et ses études sur la langue française ; l'abbé Fleury, l'un des hommes les plus savants
qu'ait produits notre province dans les antiquités ecclésiastiques, était en correspondance avec le célèbre abbé
le Beuf, qui vint à Besançon passer quelque temps
auprès de lui en 1749. L'abbé Fleury publiait de remarquables dissertations dans le *Mercure.*

Vers le milieu du xviiie siècle, le mouvement intellectuel que nous avons constaté déjà, qui apparaît au
début de la Régence, s'accentuait ; une ardeur secrète
travaillait les esprits ; de nouvelles générations gran-
dissaient ; se préoccupant de l'avenir, des réformes à
opérer, des abus du pouvoir royal, s'inquiétant d'affaires sociales et d'intérêts publics.

L'activité et l'intelligence luttaient pour surmonter
les obstacles que l'esprit réglementaire et fiscal apportait au développement des arts utiles ; l'industrie et le
commerce créaient dans notre province, notamment à
Besançon, quelques grandes fortunes et donnaient l'aisance à certaines familles. Les lumières se répandaient
dans les classes moyennes, l'inégalité des richesses
diminuait et laissait entre la noblesse et la bourgeoisie
moins d'intervalle. La noblesse et le peuple marchaient

côte à côte en portant leurs yeux sur des points différents, la noblesse vers la cour de France, le peuple vers les champs, qui lui assuraient sinon la prospérité, du moins une aisance relative. La distance qui les séparait n'était plus immense comme à l'époque du servage. Le cultivateur conquérait la terre sur les seigneurs, les portions de fiefs passaient sans difficultés entre les mains des non-nobles. La bourgeoisie probe et économe jouissait de presque tous les droits de la noblesse, destinait ses enfants à la théologie, au droit, à la médecine, ce qui les dispensait du service militaire. Les trois ordres vivaient en paix et dans des rapports excellents. Le souffle de 1789 commençait à se lever, mais si faible, qu'il n'altérait pas encore la tranquillité des campagnes, ce n'étaient que rides légères à la surface de l'eau, le respect se maintenait à l'égard des représentants de l'ancien régime ; on discutait cependant les livres nouveaux, on signalait les abus, on commentait l'*Esprit des lois*, l'*Ami des hommes,* qui paraissait dès 1755, et autres ouvrages philosophiques. Jamais époque ne fut plus féconde en œuvres destinées à remuer le monde ; c'est d'abord en 1748 le livre immortel de Montesquieu, plein de vues ingénieuses, de faits curieux ; puis en 1749, la grande histoire naturelle de Buffon ; puis l'*Essai sur les mœurs des nations* et l'*Encyclopédie* due à l'effort titanique de Diderot, de d'Alembert et de Voltaire. Toutes ces œuvres étaient accueillies avec avidité, non seulement en France, mais dans toute l'Europe.

Cette activité intellectuelle se manifestait dans notre

pays d'une manière palpable par l'institution de l'Académie de Besançon. Plusieurs savants vivaient alors
dans une fraternité bien naturelle entre citoyens d'une
même ville, faisant des recherches sur l'histoire de leur
pays, animés des mêmes goûts, occupés des mêmes
études ; à côté d'eux se consacraient à la science du
droit des magistrats aussi distingués que laborieux.
Pour satisfaire à de nobles désirs et favoriser le goût
des lettres, le premier président de Quinsonas et M. de
Beaumont, intendant de la province, eurent l'heureuse
pensée d'établir entre tous ces érudits un lien étroit et
durable, de créer une société littéraire qui aurait des
statuts et deviendrait le centre de toute activité scien-
tifique et littéraire. Ils communiquèrent leur projet au
duc de Tallart ; personne ne pouvait mieux que lui
mener à bien cette noble entreprise. Son père, déjà
gouverneur de la province, y avait laissé les meilleurs
souvenirs ; lui-même y avait été accueilli avec empressement ; la ville avait voulu, par une réception brillante,
montrer au fils sa reconnaissance pour les services
rendus ; elle avait fait meubler le grand appartement
du palais Granvelle, elle avait pour son gouverneur fait
venir « de la ville de Nuits cent bouteilles du vin le plus
exquis [1]. » Le duc s'était efforcé dès son arrivée de réduire, d'atténuer les charges imposées à la Franche-
Comté ; il y était entouré de sympathies et de respect.
S'inspirant de l'exemple d'un Bourguignon, du doyen
du Parlement de Bourgogne, M. Pouffier, qui avait

---

[1] Archives municip., BB. Casier 1, rayon 9, reg. in-folio.

créé, en 1740, l'Académie de Dijon, il s'adressa au roi,
qui se montrait pour lui d'une bienveillance justifiée
par son mérite, sa carrière militaire, son dévouement à
la Franche-Comté, et lui demanda de faire pour Besançon ce qui avait été fait pour la capitale de la Bourgogne. « Les circonstances, dit de Courbouzon, étaient
difficiles ; on venait de refuser à d'autres villes une
pareille grâce ; le courage de M. le duc de Tallart n'en
fut point ralenti, il présenta son projet à M. de Paulmy,
il fut écouté, il parlait à un ami des Muses, à un
protecteur des lettres, à un vrai citoyen [1]. »

L'Académie fut fondée, le duc poussa la générosité au
point de doter de vingt mille livres l'institution nouvelle et lui accorda une installation au palais Granvelle.
La ville suivait son exemple, elle allouait à l'Académie
une rente de trois cents livres pour l'aider dans ses
dépenses, plus une somme annuelle de deux cents livres
à donner en prix sur des questions intéressant les
arts [2]. Cette somme devait être élevée, en 1753, à six
cents livres, dont deux cents seraient affectées à la fon-
dation d'un prix des arts qui s'appellerait le prix de la
ville, et consisterait en une médaille d'or portant d'un
côté les armoiries de Besançon et de l'autre côté ces
mots : « *Præmium artium in Academia Vesontina.* »

Le 29 juillet 1752, le Parlement enregistrait les
lettres patentes établissant cette société littéraire. Le
roi disait qu'il regardait comme un objet digne de lui

(1) Ouvrages de M. de Courbouzon, manuscrits, vol. 2, p. 2.
(2) Archives municip., reg. in-folio. BB. Casier 1, rayon 10.

d'accorder aux lettres et aux sciences une protection signalée ; qu'il avait vu avec satisfaction la création d'associations permettant aux gens de lettres et aux savants de se communiquer leurs connaissances ; que la ville de Besançon avait donné naissance à plusieurs associations de cette espèce ; qu'il était nécessaire de les affermir, de leur procurer une forme stable et permanente ; il rendait hommage aux dispositions des Comtois pour les sciences et pour les arts ; il ajoutait que la ville de Besançon avait produit des hommes illustres aussi bien dans les lettres que dans les différents ordres de l'Etat. Enfin il rappelait que l'Académie avait été établie surtout par le duc de Tallart, qui avait assuré une somme suffisante pour deux prix annuels ; il le nommait protecteur et le conseiller de Courbouzon secrétaire ; à côté d'eux devaient prendre place les personnages les plus dignes de considération appartenant à tous les ordres de la société d'alors, notamment de nombreux magistrats, de Mouret de Châtillon, président à mortier ; Belin, conseiller honoraire ; l'abbé d'Audeux, premier conseiller clerc ; les conseillers Lebas de Clevans, marquis de Bouclans, Chiflet, Biétrix de Pelousey ; l'abbé d'Espiard, les avocats généraux Rochet de Frasne et d'Agay. Ainsi composée des hommes les plus distingués par leurs talents, l'Académie devait répandre l'émulation dans toute la province, et son rôle au point de vue littéraire ne devait pas être sans importance ; foyer d'instruction et de lumières, elle était destinée à honorer, à propager de plus en plus les sciences et les lettres, comme à faire

l'apologie de bien des gens aujourd'hui inconnus,
même de ce bon M. du Chatelet, qui abritait avec bonheur le galant Voltaire sous son toit trop hospitalier.
Elle devait en outre créer des relations meilleures et
plus suivies entre les diverses classes de la population ; grâce à elle, les différences de caste tendirent à
s'effacer ; à côté des Bauffremont, des Grammont et
des du Chatelet, on vit siéger des professeurs, des
avocats, des prêtres modestes, des médecins, des érudits d'extraction non patricienne. Les magistrats
prirent dès le début la part la plus active aux travaux
de la compagnie, et si Besançon devint l'un des centres
intellectuels les plus importants du royaume, l'influence de la magistrature contribua puissamment à
cet heureux résultat.

CHAPITRE V

LE GRAND EXIL

Jusqu'à la moitié du xviii⁰ siècle, la bonne harmonie s'est maintenue, en apparence du moins, entre le Parlement de Franche-Comté et la royauté. Le pouvoir royal s'est montré relativement tolérant et n'a pas usé de mesures rigoureuses contre les magistrats. Le Parlement proteste, mais après avoir fait entendre de légitimes réclamations au nom des populations, il se résigne à l'obéissance, à la soumission. Il n'en sera plus ainsi durant les années qui vont suivre.

Le règne de Louis XV sera, comme on l'a dit, le règne des lits de justice et celui des lettres de cachet. Tantôt les fautes de la cour, tantôt les exigences des magistrats seront une source d'incidents et de péripé-

ties. La résistance ne sera pas poussée jusqu'à la révolte, l'opposition, jusqu'à l'appel aux armes, comme
sous la minorité de Louis XIII; mais une longue et aigre
polémique s'engagera entre la magistrature et la couronne. L'indépendance deviendra de la rébellion; chaque jour se succéderont d'un côté des édits fiscaux, de
l'autre des remontrances trop hardies. Les magistrats
seront mandés en cour, gourmandés par les ministres,
par le roi lui-même. L'exil frappera la compagnie entière. Il semble que l'institution des Parlements soit arrivée au moment où, après avoir accompli tout le bien
qu'elle pouvait produire, son existence devient un embarras dans le milieu transformé où elle doit se mouvoir, sa puissance fait sa faiblesse, elle n'est plus un
appui, mais un obstacle; méconnaissant leurs origines
et leur passé, ces grandes compagnies judiciaires pré-
parent de leurs propres mains une révolution dont elles
ne pressentent ni la marche ni la portée, dont elles
doivent être les premières victimes. Turbulentes et
hautaines en face d'un pouvoir faible, elles creusent
l'abîme où la monarchie s'engloutit avec elle.

A cette époque, Louis XV vieillissait, sans énergie,
perdu dans les désordres de son palais, entouré le plus
souvent de conseillers malhabiles. La dilapidation des
deniers publics se continuait, la monarchie perdait de
son prestige, le pouvoir des Parlements semblait au
contraire grandir. Le moment paraissait venu pour eux
de s'emparer de la direction des affaires, ils crurent
que l'autorité devait leur appartenir sans partage, et
leur audace ne fit que s'accroître.

Mais la couronne ne pouvait s'avouer vaincue, et les plaintes des Parlements, leurs protestations livrées au public, ne devaient avoir d'autre résultat que d'exaspérer Louis XV et ses ministres ; il fallait de l'argent ; comme l'a dit Voltaire, on ne paie pas des armées avec des remontrances. Puis le roi était entouré d'une atmosphère antiparlementaire, et détestait chaque jour davantage une opposition qui le troublait dans ses plaisirs et fatiguait son indolence. Les compagnies judiciaires n'apparaissaient plus dans son esprit que comme menaçantes et dangereuses ; il redoutait leur autorité morale, l'opinion qui les soutenait, il leur prêtait le dessein de le mettre en tutelle [1] ; il les soupçonnait des projets les plus noirs, et sous l'impression de telles idées, la lutte ne pouvait devenir que plus active, la résistance plus ardente, les moyens employés par la monarchie pour triompher, plus violents.

L'hostilité, la mésintelligence éclata surtout en 1749. Un droit de trente sols avait été établi par livre de tabac. Le Parlement soutint que lors de la conquête, la Franche-Comté avait toute liberté de cultiver le tabac, soit pour le consommer dans la province, soit pour en faire commerce avec l'étranger, et que ce privilège lui avait été conservé. Le chancelier dut reconnaître le bien fondé de ces réclamations. Mais en réalité on continua à prélever la taxe, les abus se multipliaient et « les peuples, fatigués de tant de vexations, selon l'expression de Droz, étaient au désespoir [2]. » Le Parle-

---

[1] Mémoires de Mme du Hausset.
[2] DROZ, *Mémoires*, p. 85.

ment intervint de nouveau; il voulut réglementer la
police des grains, celle du bétail, éclairer l'administration des forêts, retrancher les frais des décrets, et
veiller sur la culture du tabac. Les remontrances sur
ce dernier point furent appuyées par de solides arguments. « Les motifs, disait le Parlement, qui ont porté
votre aïeul à favoriser la Franche-Comté subsistent toujours; et nous avons lieu d'espérer qu'ils auront le
même succès auprès de Votre Majesté, digne successeur
du plus grand des rois; vous avez toujours maintenu
cette province dans ses anciens privilèges; vous n'avez
pas voulu permettre que les Franc-Comtois pussent
être tirés hors de leur ressort, et par un même effet
de votre justice ordinaire, la juridiction du grand conseil, quelques tentatives que cette compagnie ait faites,
ne sera point étendue parmi nous. Les aides, les gabelles et autres fermes n'y ont point eu lieu, et le tabac
comme le café y ont toujours été marchands. » Puis
venaient ces considérations fort justes : « Les habitants
de ce pays sont nés dans ce commerce; c'est une de
leurs principales ressources, s'ils en étaient privés, ce
serait leur ôter les moyens de payer les tailles et autres
impositions. Cette espèce de denrée leur est demeurée
presque aussi indispensable que les vivres mêmes, et
les troupes de Votre Majesté, qui sont toujours assez
nombreuses dans cette province, en souffriraient consi-
dérablement par le haut prix auquel elle serait portée [1]. »

_____

(1) Archives du Doubs. Parlement.

Mais plus le Parlement se préoccupait du bien public, plus il rencontrait d'obstacles à ses vœux. Ses justes revendications ne firent qu'irriter le pouvoir royal. La correspondance du premier président de Quinsonas avec le conseiller Chiflet nous montre comment elles étaient accueillies. « Les ministres, écrivait M. de Quinsonas, le 23 décembre 1754, se sont révoltés contre l'arrêté du Parlement; il faut un peu baisser la lance sur ce point. J'ai fait valoir le fond, j'ai soutenu le privilège de la province, qui a été successivement mutilé, qui serait anéanti par l'ordre de l'intendant [1]. » Rendons justice au premier président; il faisait les plus grands efforts pour tout pacifier. Il écrivait encore, le 4 janvier de cette même année : « J'arrive de Versailles, j'y ai passé trois jours, faisant ma cour, bien reçu des ministres et surtout de la reine, écouté des ministres à qui j'ai parlé suivant les principes répandus dans vos lettres; ma tendance et mon zèle, dont les mouvements sont tempérés par les égards et le respect, ne m'ont pas nui; on commence par dire que le Parlement a tort, sans m'écouter; je tâche de persuader que le Parlement, s'il a quelques torts, n'a que les seconds; il me paraît que l'on n'en peut guère disconvenir....Je ne crains point les affaires, et quand on a jeté le fourreau, je combats à visage découvert, comme un homme de bien qui fait la guerre sérieusement, comme un franc chevalier qui désire la paix, comme un bon citoyen. Me

_____

(1) Recueil de lettres manuscrites adressées au conseiller Chiflet. Biblioth. de Besançon.

voilà à la brèche avec vos conseils. Plût à Dieu que vous fûtes mon second ; ce second deviendrait le premier par sa faconde et l'impression de ses sentiments vertueux. » Et le premier président raconte qu'il s'est entretenu avec le ministre de la question des haras, de la question des corvées. Le Parlement espère que justice lui sera rendue, il a confiance dans le dévouement, la haute intelligence de son chef, mais survient une lettre qui annonce un nouvel échec. Le premier président, tout en déplorant l'insuccès de ses démarches, conseille la prudence. « Quelle sera, écrit-il, la conduite du Parlement? Je la voudrais modérée et ferme, je crains qu'elle ne soit tumultueuse et inconséquente [1]. »

Le même esprit d'opposition animait toutes les compagnies judiciaires.

Pour détruire leur influence, le pouvoir royal crut devoir opposer aux cours souveraines une autre juridiction, celle du grand conseil. Créé sous Charles VIII, le grand conseil n'avait que des attributions circonscrites, sans suprématie légale sur les tribunaux ordinaires; né du despotisme, sans droit de ressort, sans juridiction, il n'était propre qu'à venir en aide au pouvoir royal. Le gouvernement résolut d'augmenter son importance, de le mettre en concours avec les Parlements, d'en faire un rival des grandes compagnies judiciaires.

Le 10 octobre 1755, parut un édit qui étendait la compétence du grand conseil sur tout le royaume, et ordonnait que ses arrêts seraient désormais exécutés dans toute

---

(1) Recueil de lettres adressées au conseiller Chiflet, p. 53.

l'étendue du territoire, sans qu'il fût besoin de l'agrément des cours souveraines, comme les arrêts du Parlement étaient exécutés dans le ressort de chacun d'eux.
Le grand conseil avait le droit de se mettre en communication directe avec les bailliages, les sénéchaussées et tous les tribunaux inférieurs. Cet édit devait
être adressé aux Parlements et enregistré par eux ; le
gouvernement, prévoyant non sans raison leur refus,
s'abstint de leur donner communication de cette im-
portante décision, mais en revanche la transmit à tous
les bailliages et sénéchaussées du royaume, avec ordre
de l'enregistrer en diligence. Blessés à juste titre, les
Parlements s'indignèrent. Ce ne fut qu'un cri, une
explosion de colère dans toutes les cours de justice.

Les Parlements comprirent la nécessité de s'unir
étroitement contre l'arbitraire, leur ennemi commun ;
le Parlement de Paris posa en principe dans des remontrances : que « toutes les compagnies de magistrats
connues sous le nom de Parlement, et qui composaient
la cour du roi, étaient les diverses classes d'un seul et
unique corps, animé du même esprit, nourri des mêmes
principes, occupé du même objet. » La confédération
fut bien vite constituée, tous les Parlements s'empressèrent de former une vaste association, une confédération parfois soumise au pouvoir, le plus souvent mena-
çante et impérieuse.

Le Parlement de Franche-Comté n'hésita pas à suivre
l'exemple qui lui était donné par le Parlement de
Paris.

Parmi les compagnies judiciaires les plus résolues,

les plus indépendantes, se distinguait celle de Franche-Comté. Le peu de succès de ses remontrances, de ses démarches pour faire parvenir jusqu'au trône les réclamations, les pleurs des malheureux, dont elle était auprès du roi l'interprète-née et l'unique organe, ne la décourageait point; elle gémissait des accablantes réponses de la couronne, mais elle n'en persistait pas moins à adresser au souverain les délibérations les plus pressantes, protestant contre les dilapidations, les exactions abusives, onéreuses aux pauvres comme aux riches, les actes de pression, de prévarication, revendiquant les franchises de la province, rappelant les promesses prodiguées au moment de la conquête; elle se composait de gens inspirés par le patriotisme le plus désintéressé, tout dévoués à leur pays, habitués à manifester hautement leurs aspirations à la liberté, et que révoltait toute mesure inique.

Dès que l'édit de 1755 fut connu, la compagnie se réunit, et dans une longue délibération rappela l'origine des Parlements, les services rendus à la monarchie, l'impossibilité de leur enlever leurs attributions; elle s'éleva avec énergie contre l'institution du grand conseil. Sans se soucier de cette opposition, le roi écrivit à son Parlement : « Je veux maintenir ma déclaration, je l'ai assez dit pour que mon Parlement n'en puisse douter; je connais tous les droits de l'autorité que je tiens de Dieu; il n'appartient à aucun de mes sujets d'en limiter ou décider l'étendue. Que mon Parlement se conduise suivant les assurances que vous me donnez de sa part, et qu'il se conduise conformément à mes véritables intentions de modération et de clémence [1]. »

Le 7 juillet 1756, nouveau grief, nouveau motif de plaintes des plus légitimes. A cette date, le roi, dans deux déclarations, établissait un nouveau vingtième, fixait la durée de l'ancien à dix ans, à partir du jour de la publication de la paix, et ordonnait la continuation, pendant dix années, des deux sols pour livre du dixième.

La province ne pouvait s'accoutumer à l'idée de la prorogation du premier vingtième pendant dix ans, elle se rappelait les promesses si précises de dégrèvement d'impôt ; l'addition d'un second vingtième pendant la guerre était une nouvelle calamité. Le Parlement arrêtait « que de très humbles et très respectueuses remontrances seraient faites à l'effet de supplier le seigneur Roy. » Il était le premier à protester avec la plus courageuse fermeté contre l'aggravation de ce vingtième que la dureté de la perception avait rendu encore plus lourd ; il s'exprimait ainsi : « Les déclarations du 7 juillet 1756, par lesquelles vous avez ordonné, Sire, la levée d'un second vingtième et la continuation, pendant dix ans, de l'impôt des deux sols pour livre du dixième, causent dans notre ressort des alarmes dont nous sommes émus ; il est triste pour nous de ne pouvoir concourir au succès d'une guerre nécessaire par un enregistrement conforme à vos désirs, mais nous ne pouvons vous dissimuler que votre province de Franche-

---

(1) Archives du Doubs. Parlement. Correspond.

Comté, privée de ses droits et de son commerce, épuisée par la multiplicité des impôts, par la dureté de la perception, par des subsides extraordinaires, ne peut fournir aucuns nouveaux secours. »

Puis le Parlement argumentait de la misère qui accablait le pays. « Nos habitants épuisés sont réduits à l'impossibilité de payer les nouvelles charges établies par vos déclarations ; la rareté de l'argent, la diminution du prix des fermes, les saisies réelles, les banqueroutes fréquentes, annoncent un principe de destruction ; les terres sont négligées, les hommes ne suffisent plus à la culture, le Franc-Comtois quitte à regret une patrie qu'il aime. Depuis sept ans, votre province paie deux vingtièmes ; grâce aux subsides extraordinaires, le nouveau vingtième y a été perçu par avance, elle est livrée au brigandage des employés, elle est privée de ses immunités et de son commerce, elle a fait d'inutiles efforts pour être écoutée [1]. »

Les plaintes des parlementaires n'étaient que trop fondées. La Franche-Comté était écrasée, ruinée par la guerre, les exactions, les concussions des commis et du contrôle ; les habitants ne suffisaient plus à la culture ; des familles entières, dans les villages du Russey, la Chenalotte, Noël-Cerneux, Epenoy, avaient quitté le pays, ne pouvant y vivre [2] ; non seulement le manque de ressources, mais le recrutement de l'armée dépeuplait la province : les gens de la campagne craignaient

(1) Minutes des remontrances. Archives départ., année 1756.
(2) Remontrances de la Chambre des comptes. Biblioth. de Besançon, 4150, p. 42.

la milice, c'était pour eux un engagement forcé, ils la fuyaient et s'engageaient pour la cavalerie et les caissons. Les terres étaient ainsi sans culture, malheur le plus grand qui puisse arriver dans l'Etat. Le commerce des grains avait été pour la Franche-Comté la principale ressource ; la Saône pouvait porter les blés de cette province aux pays qui en manquaient ; le voisinage de la Suisse contribuait à augmenter les prix; mais peu à peu les péages avaient multiplié les obstacles; les traités et d'autres droits connus sous le nom d'octrois de la Saône avaient empêché le transport des céréales. L'introduction des blés étrangers dans les ports de la Méditerranée aggravait la misère; quant au commerce avec la Suisse, il était entravé par des formalités longues et coûteuses qu'un cultivateur ne pouvait facilement remplir; des monopoleurs munis de permissions achetaient à vil prix des laboureurs forcés de vendre, et faisaient seuls un profit qui aurait pu enrichir plusieurs familles. Enfin, l'hiver de 1757 s'ouvrait par un grand froid qui allait croissant; les denrées étaient des plus coûteuses. Ajoutons que la levée du vingtième donnait lieu aux plus graves abus. L'Etat ou son préposé commençait par exiger des déclarations de toutes les espèces de biens, la peine du double ou du quadruple était établie contre ceux qui refusaient d'obéir ou donnaient des déclarations inexactes. Le préposé finit par établir à son gré un arbitraire; des contribuables se virent imposés au double parce que leurs déclarations avaient été maladroitement égarées par la régie, ou parce qu'elles n'étaient pas conformes à certains règlements inconnus au Parlement; il arrivait même parfois que vendeur, acheteur et tiers possesseur étaient taxés pour la même parcelle de terre [1]. Les réclamations étaient des plus nombreuses, les plaignants abandonnaient leurs travaux pour implorer la justice du commissaire départi, ils étaient renvoyés au directeur du vingtième; et lorsque admis à son audience ils parvenaient à se faire entendre, c'était pour voir leur requête rejetée. Et sans se préoccuper de la misère, sans se soucier des remontrances trop justifiées du Parlement, le gouvernement levait des troupes qu'il destinait à Marie-Thérèse.

L'absurde attentat de Damiens sur la personne de Louis XV vint, en janvier 1757, calmer un peu les mauvaises dispositions, l'hostilité des magistrats. La France n'était pas accoutumée à la fréquence du régicide, puis elle a toujours eu horreur de ce qui ressemble à l'assassinat. Le crime de Damiens souleva une réprobation soudaine, électrique, universelle.

La nouvelle du crime arriva à Besançon le 9 janvier. On lit dans les notes du conseiller Claude-Joseph Bourgon, déposées aux Archives départementales : « Le dimanche au soir, 9 janvier, on apprit l'attentat affreux commis sur la personne sacrée du roi, qui à cinq heures et trois quarts du soir du mercredi cinq, étant au bas de l'escalier de Versailles et montant en carrosse pour aller souper à Trianon, reçut un coup de couteau du côté de droit. » Et le conseiller Bourgon ajoute : « La Compagnie assista le 10 à une messe solennelle pour

---

(1) Archives départ. Minutes des remontrances, année 1756.

demander à Dieu la guérison du roi; les chambres furent assemblées, et, par le courrier du 12, la Compagnie exprima au roi sa douleur, son amour, son respect et sa fidélité. » Mais la trêve ne devait être que de courte durée. L'opinion se préoccupait de questions d'impôts. Les populations inquiètes et mécontentes n'acceptaient plus d'aggravations de charges, et le moment approchait où devait se produire un des plus curieux épisodes de l'histoire des Parlements.

C'était l'année de la bataille de Rosbach, il fallait de l'argent pour soutenir une guerre impolitique et désastreuse; la France fut frappée d'un impôt de deux vingtièmes, sorte de contribution qui s'étendait aux terres des privilégiés et que le contrôleur général Machault avait conçue dans la pensée trop tard réalisée de l'égalité des charges publiques. Le Parlement de Franche-Comté réclama contre le chiffre mis à la charge de la province. Non seulement ses observations ne furent pas accueillies, mais M. de Paulmy y répondit par une lettre de menaces, où nous lisons ces lignes : « Sa Majesté, toujours semblable à elle-même, désire n'avoir à vous donner que des marques de sa bonté, et, dans l'objet de vous rappeler à vous-mêmes, elle veut bien vous adresser aujourd'hui de dernières lettres de jussion. La conduite que vous allez tenir est de la plus sérieuse conséquence, et je ne saurais trop vous exhorter à y réfléchir. Il s'agit pour vous, ou de prouver la fidélité que vous devez à Sa Majesté et à l'Etat, ou d'encourir une indignation d'autant plus méritée que les avertissements n'auront servi qu'à constater l'opiniâ-

treté de la résistance. Songez-y bien, Messieurs ; le roi
veut être absolument obéi. Tout délai vous rendrait
coupables [1]. »

Cette lettre ne fit qu'exaspérer le Parlement. Les magistrats étaient divisés en deux partis, comme le cons-
tate avec raison une lettre du duc de Randan [2]. La
majorité était animée d'un esprit d'indépendance qui
la poussait à exprimer hautement ses sentiments d'hostilité contre le pouvoir royal et tous ses représentants.
Les instigateurs, les chefs, les meneurs, étaient les
conseillers Petitcuenot et Bourgon ; depuis longtemps,
Petitcuenot faisait aux ordres du roi une opposition
ouverte. « Ce génie dangereux, dit un rapport secret,
aspirait à devenir le chef d'une association contre l'autorité du roi ; il en avait préparé les voies par tout ce
qui peut y conduire ; il avait formé des liaisons avec
plusieurs Parlements du royaume ; il réunit à lui, dans
celui de Besançon, les têtes les plus faciles à échauffer
et les plus bornées. » Et l'auteur du mémoire cite des
faits. « Une des plus remarquables occasions fut le passage de M. le marquis de Paulmy à Besançon. Le Parlement s'assembla pour délibérer sur la députation qui
lui serait faite. Les anciens magistrats ne balancèrent
pas à dire qu'il fallait suivre l'exemple de ce qui s'était
pratiqué lors du passage de M. le marquis de Caux.
M. Petitcuenot emporta, avec sa jeunesse plus nombreuse, la décision qu'on ne rendrait nul honneur à ce

---

(1) Archives départ. Correspondances.
(2) Manuscrits Chiflet, vol. 64, p. 227.

ministre ; il accompagna son opinion des termes les
plus caractérisant son mépris pour tout homme revêtu
de quelque portion de l'autorité du roi [1]. »

Le conseiller d'Olivet n'était pas des moins ardents,
si l'on en juge par une scène de violence qui se produisit dans le cabinet du procureur général Doroz, et que
raconte en ces termes un procès-verbal rédigé par le
procureur général lui-même : « Le 29 janvier 1757,
M. d'Olivet se présenta au parquet, ému de colère, et
nous déclara que nous étions le plus cruel ennemi
du Parlement, que M. de Boynes l'était beaucoup, mais
que nous l'étions cent mille fois davantage ; que la
Compagnie était déterminée à s'en venger, que les fers
en étaient au feu, que nous n'avions qu'à nous bien
tenir le lundi 31 janvier, à l'assemblée des chambres ;
qu'il était honteux à nous, après plus de trente ans de
service, de vouloir toujours consulter les ministres, etc.,
le tout avec fureur, vivacité, et avec des gestes inexpri-
mables [2]. »

Belin était signalé aussi comme dangereux. « Il ne
cesse, écrivait en février 1757 le duc de Randan,
d'ameuter jusqu'au peuple contre l'autorité royale ; il
tient publiquement, ainsi que toute sa famille, les propos les plus séditieux ; il est de tout temps connu pour
tel dans cette province, et cependant il a obtenu des
grâces du roi [3]. »

Enfin, les magistrats n'étaient pas seuls à faire la

(1) Manuscrits Chiflet, vol. 64, p. 226.
(2) Id., p. 235.
(3) Id., p. 238.

guerre au gouvernement. Le foyer de l'opposition était chez un étranger, un Anglais en résidence à Besançon. Nous lisons dans les papiers secrets trouvés chez le maréchal de Lorges, à la date de février 1757 : « Il est intéressant d'observer qu'il y a dans cette ville une maison fort suspecte, c'est celle d'un Anglais, dont le frère est au service de cette nation ; les factieux de tous états s'y rassemblent journellement, et M. Petitcuenot n'en sort pas. La profession de cet Anglais était la chirurgie, quand il est arrivé ici, il y a environ vingt-cinq ans; il s'est ensuite adonné à la médecine, et ayant fait plusieurs cures, il s'est attiré une si grande confiance, que les meilleurs médecins et chirurgiens sont à peine consultés. Pour s'établir sur le ton de compagnie ainsi que sa femme, qui, comme lui, a beaucoup d'esprit et est aussi dangereuse, il a fait venir de son pays une généalogie, où il se donne pour être de très bonne maison, et il n'est presque personne qui ne les recherche. En un mot, cet Anglais occasionnerait une rumeur générale si on s'assurait de lui. Il est cependant grande apparence qu'il n'est pas intact, ceux qui fréquentent sa maison étant les séditieux; son nom est Acton [1]. »

Exaspéré, désireux de briser à tout prix cet esprit d'opposition, le duc de Randan ne voulait que mesures violentes contre ce qu'il appelait les frondeurs, contre les magistrats, que le peuple qualifiait de pères de la patrie. Le 19 janvier 1757, dans une lettre au contrô-

---

[1] Manuscrits Chiflet, vol. 64, p. 240.

leur général, dont il envoyait copie à Mme de Pompadour, au chancelier, au garde des sceaux, à M. d'Argenson, à M. de Fresne et au comte de Lorges, il signalait les manœuvres, les fausses nouvelles, les diffamations dont se rendaient coupables les chefs de l'opposition et agents en sous-ordre, et il ajoutait : « Plus on tardera à l'envoi de la lettre de jussion et aux partis fermes, plus la fermentation augmentera; je pense, après mûres réflexions, qu'il est absolument nécessaire de joindre à l'envoi de la lettre de jussion deux lettres de cachet pour MM. Petitcuenot et Bourgon, principaux chefs et de la plus basse extraction ; ceux qui cabalent autant, mais ne sont pas si dangereux, sont MM. Quirot, Marquis, Chevroz, Preigney, Vuilleret, d'Orival, Petitbenoît, Langrognet, de Nancray, Alviset, d'Olivet, Boudret ; le reste suit le torrent ; comme sûrement quelques-uns feront des excès lors de la lettre de jussion, on pourrait aussi envoyer deux ou trois lettres de cachet en blanc, dont il ne serait fait usage que suivant qu'ils se comporteraient ; ce sont les lettres venant de Paris qui empoisonnent les provinces, et il serait à souhaiter qu'on pût n'en point laisser partir sans les avoir lues, quand elles ne sont point adressées à gens en place, ou dont les sentiments sont connus (1). »

Le gouvernement hésitait; il lui répugnait de recourir à l'emploi de la force, de frapper de l'exil les magis-

(1) Papiers secrets du maréchal de Lorges. Manuscrits Chiflet, vol. 64, p. 233.

trats. Le duc n'en était que plus furieux; le 11 février,
il écrivait encore : « Un coup d'Etat bien frappant pour
tout le royaume et qu'on pourrait faire ici sans nul
risque, serait de rembourser les offices des séditieux.
La finance de ces offices n'est que de dix mille livres ;
ils s'achètent communément trente-cinq, et on trouverait vingt postulants pour chacun, sur lesquels on pourrait choisir et former une Compagnie fort différemment
composée. Les privilèges sont considérables et la
noblesse y entrerait [1]. » Enfin, il estimait que si on
ne pendait pas Bourgon et Petitcuenot, il était bon de
les séquestrer complètement : « Il faut, pour de tels
chefs de sédition, des forts et non pas des villes frontières, où ils entretiendraient des correspondances dangereuses. »

Toutes ces instances ne faisaient pas sortir le pouvoir
royal de son inaction. Le 15 février, M. de Paulmy
écrivait à M. de Quinsonas : « Il est fâcheux que votre
exemple et vos efforts n'aient pas ramené les magistrats à des devoirs dont l'observation exacte fait l'honneur de la magistrature. Le parti que le roi prend de
réitérer au Parlement la déclaration de ses volontés par
des lettres de jussion finale est une réponse que sa
bonté présente encore à ceux qui sont capables de faire
un retour sur eux-mêmes. » M. de Moras lui demandait
« de redoubler de soins et de peines pour éviter de
nouvelles lettres de jussion [2]. »

---

(1) Manuscrits Chiflet, vol. 64, p. 240.
(2) Id., p. 260.

Le 19 février, le duc de Randan demandait l'envoi de deux bataillons à Besançon : « La ligue est sortie en triomphe du palais.... elle ose, non seulement refuser l'enregistrement d'un impôt pour le besoin de l'Etat, mais même soulever le peuple contre le roi et lui dire hautement qu'il ne doit pas payer; c'est l'esprit de révolte publiquement affiché. » Quelques jours plus tard, il écrivait encore au chancelier : « M. le président Michotey croit être certain de l'enregistrement, moyennant l'enlèvement des huit conseillers les plus séditieux. » Il indiquait les noms de ces magistrats, il prenait soin de dire quels devaient être les lieux d'exil, il voulait que l'enlèvement fût fait avant la convocation des chambres.

Les ministres finirent par se laisser convaincre, et, de concert avec le duc de Randan et le président Michotey, ils résolurent « l'enlèvement des huit conseillers les plus séditieux [1]. » On s'empara d'eux à huit heures et demie du matin; on se saisit de leur personne dans leur domicile et à main armée; quatre d'entre eux devaient être enfermés dans des forteresses; les quatre autres étaient destinés à être conduits en exil. Ils furent traités comme des coupables de haute trahison, en prisonniers d'Etat. MM. Petitbenoît, de Nancray, Petitcuenot et Bourgon, assiégés dans leur hôtel, furent arrachés de leur foyer, de leur famille désolée; on essaya de terroriser tout leur entourage, on s'empara de leurs papiers. MM. Alviset, Boudret, Qui-

---

(1) Manuscrits Chiflet, vol. 64, p. 267.

rot et d'Olivet eurent à subir à peu près les mêmes
épreuves. Un régiment de dragons fut employé, sous la
conduite du duc de Randan, à cette triste exécution.

C'était l'arbitraire, c'était la violence portée à son
comble, c'était l'abus de la force pratiqué de la manière
la plus indigne par le pouvoir royal, sur les dénonciations de deux hommes, du duc de Randan et de M. de
Boynes.

Un aussi grave attentat jeta la consternation, non
seulement dans la ville de Besançon, mais dans toute
la province. Le duc de Randan, ses amis et plusieurs
magistrats furent violemment attaqués, insultés, conspués dans de nombreux écrits. Un des libelles les plus
curieux qui parurent à cette époque a pour titre : *Révélation de frère Pacôme,* diatribe très vive contre le
duc et quelques parlementaires. Pacôme aperçoit plusieurs oiseaux dans un vallon, un duc qui paraissait
tremblant, et tenait sa patte en l'air, de crainte de se
brûler sur des foudres qui étaient à terre. Un homme
tout resplendissant de lumière dit à Pacôme : « L'odeur
de la poudre cause des vapeurs à la bête, des frissons,
de la fièvre, et elle ne peut en approcher que de quatre
stades; c'est pourquoi il est écrit qu'elle ne périra
jamais par le feu. » Voici quelques lignes concernant le
président Michotey : « A côté du duc, j'aperçus un
rouget qui était couvert d'une peau d'agneau toute
noire en dedans, il avait sur le cœur une plaque de
bronze où l'on lisait : C'est l'enfer qui m'a créé; il
avançait la tête contre l'oreille du duc et lui criait :
Abomination de la désolation ! Autour de lui, je remar-

quai la Calomnie, le Mensonge, l'Imposture, la Vanité,
l'Orgueil, l'Ambition et plusieurs autres monstres qu'il
couvrait de ses ailes. Comme j'examinais tout cela avec
attention et que j'en frémissais, la voix me dit : « Dé-
tourne les yeux de cet objet, c'est le péché contre le
Saint-Esprit ; la puissance de nuire lui a été donnée
pendant un temps pendant lequel il fera bien du
mal, etc. » La *Révélation* fut fort appréciée ; on lui
attribua une vertu prophétique, on y annonçait que
dans cent cinquante-six semaines la main du Tout-Puissant s'appesantirait sur les coupables. En peu d'années,
MM. d'Argenson et de Paulmy furent disgraciés [1].

Persécuté, outragé, le Parlement résolut de continuer
la lutte.

L'édit du second vingtième avait été enregistré ; le
Parlement demanda que l'impôt fût transformé en abonnement. Le 15 mars, le gouvernement, espérant rétablir le calme dans la province, accueillit la requête.
L'abonnement fut concédé à 550,000 livres par chaque
vingtième : « Cette grâce, disait M. de Moras à M. de
Boynes, encore intendant, est une preuve que l'obéissance et la soumission sont toujours les seuls moyens
d'attirer sur les peuples des effets de la tendre affection
du roi ; » mais cette faveur ne suffit pas au Parlement,
il sollicita un dégrèvement sur l'abonnement et le rappel
des exilés.

Le duc de Randan crut habile d'appuyer le Parle-

_____

[1] On trouve dans le 8ᵉ volume des manuscrits Hugon, p. 571, un commentaire détaillé de la *Révélation de frère Pacôme*. Biblioth. du chapitre de
Besançon.

ment, il s'empressa d'écrire au marquis de Paulmy, sous-secrétaire d'Etat de la guerre. La réponse fut négative : « Sa Majesté, disait M. de Paulmy, ne s'est déterminée aux actes de sévérité qu'après renseignements. La conduite des exilés est trop coupable à ses yeux pour que l'intercession trop prompte que vous employez en leur faveur ne lui paraisse pas déplacée [1]. » Cette réponse était prévue, tout n'était que comédie organisée par le duc de Randan pour rattacher au roi les magistrats, pour les déterminer à la soumission. Le 2 avril, il se présenta devant le Parlement et dit : « J'ai rendu compte au roi de votre soumission à ses volontés, et j'ai prévenu Sa Majesté que vous la supplieriez, ainsi que moi, de vous rendre les membres de la compagnie qu'elle a jugé à propos de punir. La première marque d'obéissance a adouci sur-le-champ le meilleur des souverains, il commence par soulager son peuple; il vous promet le retour de vos confrères dès que vous l'aurez convaincu de la suite de votre obéissance [2]. »

Le Parlement ne voulut pas être dupe.

Le 1er avril 1757, il jugea nécessaire d'exprimer de nouveau « le sentiment de la douleur la plus vive et la plus amère, et de protester contre les voies de fait destructives de la liberté légitime des sujets du roi [3]. » Jusqu'ici on l'avait renvoyé à ses procès, à la poussière

---

(1) Manuscrits Chiflet, vol. 64, p. 270.

(2) Id., p. 273.

(3) Recueil analytique et manuscrit des délibérations, 2ᵉ partie, p. 95. Archives du Doubs.

du greffe, sans porter atteinte d'une brutale façon à la
liberté des magistrats. Il argumenta des règles tuté-
laires qui protègent tout citoyen. « Un criminel d'Etat
pris en flagrant délit, réduit dans les prisons, doit
cependant encore être décrété par le juge pour qu'une
détention aussi juste n'ait pas même l'extérieur de la
violence.

» Si le commun des citoyens peut ainsi jouir de son
innocence à l'abri de la protection des lois, si aucun
des sujets de Votre Majesté ne pouvait être traité cri-
minellement que selon les formes prescrites par les lois
et ordonnances, ces ordonnances ont veillé de plus près
encore au repos et à la sûreté des magistrats. Votre
auguste bisaïeul a voulu qu'aucun de vos officiers des
cours souveraines ne pût être troublé ni inquiété en
l'exercice et fonction de sa charge, par lettres de cachet
ou autrement, en quelque· sorte ou manière que ce
fût [1]. »

Rien de plus juste, un simple citoyen ne peut être
frappé sans condamnation, sans accusation connue; le
magistrat doit à plus forte raison être respecté, il ne
peut être interdit dans ses fonctions que dans des cas
exceptionnels, il a le droit d'être jugé par ses pairs.
L'arrestation arbitraire pratiquée contre les huit conseillers de Besançon était un scandaleux abus de la toute-
puissance royale.

Une protestation ne pouvait suffire: comprenant
qu'il était de son devoir de persister dans ses réclama-

---

[1] Archives du Doubs, B. 2847.

tions contre le nouvel impôt, le Parlement traça, de la
misère qui régnait dans la Comté, ce triste tableau :
— « Les campagnes n'offrent à nos regards que des terres
incultes ou ravagées par des orages qui n'ont laissé
aux cultivateurs que la nécessité de travailler sans espérance de recueillir, des habitations désertes par le
nombre de soldats qu'elles fournissent aux armées, des
chaumières où l'indigence est réduite à des extrémités
qu'elle n'avait pas encore connues ; nous ne voyons
rien dans les villes de moins affligeant ; les unes se
dépeuplent, les autres ne renferment que des artisans
sans ouvrage, des marchands sans commerce. Les
temples de la justice retentissent de saisies, de ventes
d'immeubles ou de banqueroutes. »

— Le premier président de Quinsonas, s'associant à ses
collègues, voulut, lui aussi, intervenir en faveur des
exilés ; il essaya de fléchir le chancelier, lui adressa les
lettres les plus pressantes. Parlementaire modéré, natu-
rellement prévenu en faveur de la robe, mais fort bien
en cour, il aurait pu arriver à la conciliation, mais il
était déjà atteint de la maladie qui devait l'emporter, et
il mourut peu après. La cour songea à lui donner pour
successeur un magistrat de talent et de caractère, le
président de Brosses, qui s'était fait à Dijon une haute
réputation d'intégrité et de savoir, que M. Villemain,
dans son cours de littérature française, a proclamé « un
de ces hommes rares qui doivent être placés les premiers après les hommes de génie. » Mais il y avait à la
tête de l'administration de la province un intendant
d'un caractère énergique, absolu dans ses idées, qui

n'admettait point que les magistrats pussent prétendre
à une part quelconque des pouvoirs publics, tout disposé à ne point tolérer une telle hardiesse et à la réprimer comme une rébellion. Bourgeois de Boynes était un
homme nouveau; fils d'un caissier de Law, enrichi
par le système, il avait eu l'adresse d'épouser la fille
d'un financier, parent de Mme de Pompadour; il passait pour un excellent légiste, rompu aux affaires, surtout au contentieux, et d'un travail infatigable; par
contre, on le tenait pour un homme mal élevé, d'habitudes vulgaires et de mœurs fort libres, capable de tout
sacrifier à son ambition. Il avait fait ses preuves de
servilité en acceptant l'emploi de procureur général à
Paris, à la chambre royale, lorsqu'on avait essayé de
remplacer le Parlement de Paris, en 1753 et 1754; il
était en excellentes relations avec le chancelier et le
maréchal de Belle-Isle, qui était l'âme du ministère.
C'est à lui que sur ses instances, après de nombreuses
démarches, conformément aux conseils du duc de Ran-
dau [1], fut confiée la dignité de premier président.

La correspondance de de Boynes nous a été en partie
conservée; nous y trouvons la preuve des nombreuses
manœuvres pratiquées par lui pour arriver à ces hautes
fonctions et pour empêcher la nomination de tous ses
concurrents. Il se fait leur confident, il paraît vouloir
les appuyer, puis il les dénonce à Paris. Deux d'entre
eux sont redoutables, le président Michotey et M. de
Courbouzon. Voici ce qu'il écrit sur leur compte, le

(1) Manuscrits Chiflet, vol. 64, p. 281. Biblioth. de Besançon.

15 avril 1757, au duc de Belle-Isle : « A l'égard du P. M.,
il se croit très assuré que la place ne peut lui être
refusée et a eu avec moi une conversation fort longue ;
il m'a dit qu'il serait obligé de dépenser au moins
30 mille livres, soit pour se mettre en équipage, soit
pour augmenter sa vaisselle d'argent, acheter du linge
et d'autres meubles, soit enfin pour ses provisions et
son serment ; qu'ayant fait toutes ses combinaisons, il
ne pouvait accepter cette place ; qu'il persistait à penser qu'elle me conviendrait beaucoup mieux qu'à
lui..... Je lui ai fait entendre que la place pourrait bien
être donnée à son beau-frère, M. de Villeneuve. Le
président ne s'attendait pas à cette ouverture, il n'y
était en aucune façon préparé.... A l'égard du président de Courbouzon, il lui est venu une autre idée dans
la tête ; après avoir mis les Dagay dans l'affaire, il a
employé les mêmes voies pour se concilier la famille du
défunt ; ainsi, l'un sacrifie son beau-frère à son ambition, l'autre amuse tous ceux qu'il croit pouvoir être
utiles à ses vues ; c'est bien le caractère de la nation,
fausseté et jalousie, deux vices dont il ne sera pas
facile de ia corriger, et vous devez être plus déterminé
que jamais à donner l'exclusion à tous les nationaux [1]. »

L'appréciation de M. de Boynes sur le caractère de
nos compatriotes est-elle fondée ? à nos lecteurs d'en
juger, ils seront unanimes à blâmer l'attitude et l'esprit d'intrigue de cet intendant, qui veut à tout prix
écarter les « nationaux » à son profit.

---

[1] CHIFLET, *Manuscrits*, vol. 64 *bis*, p. 278.

Rien n'était plus habile que sa nomination, et les parlementaires en furent souverainement blessés : ils voulaient pour chef un homme tout dévoué à leurs intérêts, sans attache avec le pouvoir royal, et on leur donnait un intendant qui, à Besançon comme à Paris, était le très humble serviteur de la volonté royale. M. de Boynes était en outre détesté, méprisé par la magistrature; il avait eu tout d'abord assez d'intelligence pour se concilier les sympathies des parlementaires, il avait même su se faire estimer. Le 25 novembre 1754, M. de Quinsonas écrivait au conseiller Chiflet : « Je suis charmé de ce que vous me dites de M. de Boynes ; ses débuts annoncent ses succès futurs ; il a beaucoup d'esprit et donnera des preuves de sa droiture et de son discernement en cultivant votre amitié [1]. » Mais cette appréciation favorable n'avait pas été de longue durée ; un mois après, le 31 décembre de cette même année, M. de Quinsonas, s'adressant encore à son confident Chiflet, s'exprimait en ces termes : « Que dirons-nous de M. de Boynes, de ses mauvais arrangements, des mauvais avis qu'il donne et qu'il donnera ? Il est aussi imaginaire que Don Quichotte, et moins juste que Sancho Pança. Quel parti prend le Parlement à son égard ? J'ai vu à G. des magistrats en pareil cas ; aucun membre ne mettait les pieds chez eux ; dans la place où je suis, je ne le conseillerais pas ; je dois écarter toute querelle personnelle ; mais je sais que cette conduite noble a réussi, en mortifiant beaucoup les

(1) Recueil de lettres manuscrites. Biblioth. de Besançon.

gens en place qui en étaient l'objet; je n'ai reçu aucune
lettre de lui depuis cet événement; il m'avait prévenu
au début de beaucoup de démonstrations de confiance
et d'amitié qu'il est honteux d'avoir si tôt démenties. »
De 1754 jusqu'en 1757, l'hostilité du Parlement contre
M. de Boynes n'avait fait que s'accroître, puis il répugnait aux magistrats d'autant plus d'avoir pour chef un
intendant de la province, que l'opinion publique dou-
tait parfois de leur indépendance, que les intendants,
hommes de cour et de bel air, paraissaient avoir en
médiocre estime les parlementaires et se flattaient de
les mener haut la main.

En 1754 avait été distribué dans le pays un libelle
des plus outrageants pour la magistrature, sous ce titre
trompeur : *Instructions politiques de M. de Serilly
sur l'état de la Franche-Comté.* Intendant de la province et voulant éclairer son successeur, M. de Beaumont, M. de Serilly examinait la situation commerciale,
industrielle, militaire, agricole, représentait la noblesse comme pauvre et humiliée, insistait sur la nécessité de la maintenir dans cet état, afin de la forcer à
servir et à recourir au gouvernement; il émettait sur
le Parlement les appréciations les plus blessantes. « Le
Parlement, écrivait-il, a beaucoup perdu de son influence et de son autorité;.... à l'égard de l'intérêt public, les magistrats paraissent assez indifférents; ils font
quelquefois pour la forme des remontrances qu'ils
n'osent pas soutenir; nous obtenons quand nous voulons des arrêts d'attribution.... ils sont très exacts à me
faire leur cour tous les matins, sous prétexte que j'ai

obtenu des pensions pour quelques-uns qui étaient plus
disposés à suivre mes volontés et à m'informer de ce
qui se passait dans leurs assemblées. Au moyen de ces
espérances de pensions et de bénéfices, je suis très
exactement servi ; je les invite à dîner avec leurs femmes ; de temps à autre j'invite les femmes sans les
maris ; ils ont de grands ménagements pour nous et croi-
raient avoir quelque chose à se reprocher s'ils y manquaient ; au moyen de quoi tout en est dit et tout se
passe tranquillement. » Le satirique, déguisé en intendant, ne traitait pas mieux la Cour des comptes :
« Quand nous allons à Dole pour la première fois, la
ville nous envoie le vin d'honneur et nous prépare une
grande fête. Je fais inviter Messieurs de la Chambre
des comptes ; j'y mêle par-ci par-là de la noblesse avec
les principaux de la bourgeoisie et de l'hôtel de ville ; je
fais inviter leurs femmes, qui sont plus galantes que
celles de Besançon, et à leur honneur on leur donne
une fête, autrement le bal.... Nous entretenons la compagnie de la Chambre des comptes dans l'idée de rétablir leurs palais. » Puis vient une attaque contre la
noblesse, contre la confrérie de Saint-Georges. Ce document avait stimulé vivement la curiosité et avait fait
grand bruit dans tout le pays. Le Parlement s'en était
montré tellement irrité qu'il avait rendu, le 9 juillet
1757, un arrêt condamnant cet écrit à être brûlé par le
bourreau au bas du grand escalier du palais, arrêt exécuté le 12 du même mois ; mais cette décision n'avait fait
qu'augmenter le scandale. Des libelles, des complaintes
avaient circulé dans le public, on y tournait en dérision

les parlementaires et l'intendant. L'une d'elles contenait les passages suivants :

> Sanglotez, peuples de ces lieux,
> Pleurez sur mon sort malheureux ;
> Un bourreau, de sa main infâme,
> Vient de me jeter dans la flamme
> Pour avoir levé le rideau
> Qui voilait un trop vrai tableau.
>
> Ce trop véritable portrait
> Expose à vos yeux trait pour trait
> Toute l'injuste manigance
> Qui se pratique à l'intendance,
> Et par le maître et par ses gens,
> Pour nous attraper notre argent.
>
> La singularité du fait,
> C'est qu'un intendant avait fait
> Cette trop fidèle peinture ;
> Si bien qu'en cette conjoncture
> Si l'un de nous avait failli,
> C'est Monseigneur de Serilly.
>
> Vous avez assez sangloté,
> Riez de l'imbécillité
> Du Parlement qui me fait frire
> Pour vous avoir fait un peu rire
> En dévoilant le déshonneur
> De l'intendant son curateur (1).

Le Parlement avait raison de s'émouvoir ; la nomination de M. de Boynes avait ce grave inconvénient de
réunir dans les mêmes mains l'autorité administrative
et l'autorité judiciaire, en sorte que le même homme
établissait l'impôt et faisait procéder à sa perception.

(1) Archives du Doubs. Papiers provenant du conseiller Bourgon.

La confusion si grande déjà entre les pouvoirs se trouvait ainsi aggravée. Soumis au souverain en qualité d'intendant, le premier président perdait toute indépendance et toute autorité sur ses collègues. Représentant du pouvoir royal, il devait soutenir des mesures que, chef de la magistrature et partageant les sentiments des parlementaires, il eût dû repousser.

Les intendants étaient les ennemis-nés des parlementaires, c'étaient eux qui venaient requérir les enregistrements forcés, qui soutenaient en toute circonstance l'autorité du souverain contre la magistrature. Ils ne pouvaient qu'être odieux aux magistrats.

Toutefois le Parlement ne manifesta pas tout d'abord son hostilité, il adressa même, le 28 mai, à M. de Boynes ses souhaits de bienvenue : « Les sentiments qu'a produits dans nos cœurs la grâce que le roi vous a faite en vous accordant la place que M. de Quinsonas occupait si dignement répondent à la réputation que vous vous êtes acquise par vos talents; et l'empressement que vous nous témoignez d'imiter cet illustre magistrat dans son attachement à cette compagnie et dans son zèle pour en soutenir la dignité, augmentent encore notre satisfaction. Nous en avons déjà un gage précieux dans les démarches que vous voulez bien faire pour assurer le succès des différentes remontrances que nous avons adressées au roi, et dans le témoignage que vous avez rendu à ses ministres de nos véritables sentiments. »

De son côté, M. de Boynes comprit les difficultés de la situation. Une de ses premières pensées fut de solliciter le rappel des exilés. Dans les premiers jours de mai, le

Parlement avait demandé au roi de lui permettre de lui envoyer des députés. La requête avait été rejetée. En juin, il avait de nouveau imploré la clémence royale en ces termes : « Nous espérons que Votre Majesté verra avec bonté nos instances respectueuses. Si le malheur d'avoir encouru la disgrâce de Votre Majesté n'était pas le plus grand de tous les malheurs, nous serions inexcusables de recourir sans cesse à elle. » M. de Boynes s'empressa de s'associer aux sollicitations de ses nouveaux collègues. Ayant été admis, dans ce même mois de juin, dans le cabinet du roi à à Versailles, il prononça un discours que nous trouvons consigné dans le recueil des délibérations de la cour :

« Sire, dit le premier président, je viens apporter à Votre Majesté des nouveaux témoignages du désir qu'a votre Parlement de Franche-Comté de mériter vos bontés et de rentrer dans ses anciens droits sur le cœur de Votre Majesté; j'ose espérer qu'elle voudra bien être satisfaite de ses dispositions, de son attachement à sa personne sacrée, de son zèle pour remplir toutes ses fonctions, mais je serais au comble de mes désirs si ces mêmes sentiments, si dignes du souverain à qui ils sont offerts, pouvaient toucher son cœur et ouvrir un libre cours à cette bonté paternelle et à cette clémence qui lui est si naturelle. Oui, Sire, laissez parler ce cœur et réunissez tous les membres de cette compagnie, qui ne cherchera jamais qu'à vous plaire ; il n'y en a aucun qui ne s'efforce d'effacer ce qui peut vous avoir déplu dans sa conduite ; ils concourront tous au bien de vos peuples; ils imploreront votre bonté pour eux, ils espéreront que Votre Majesté daignera agréer les représentations qu'ils ont pris la liberté de lui faire sur l'état actuel d'une province si zélée pour ses intérêts. »

Le roi finit par faire une concession : il leva l'exil de quatre conseillers.

Le 28 juillet 1757, M. de Lamoignon écrit : « Vous trouverez toujours en moi le même désir de vous rendre mes services auprès du roi. Le rappel de quatre de Messieurs vos confrères doit vous faire connaître les dispositions favorables de Sa Majesté et vous faire espérer que dans quelque temps vous pourrez obtenir le retour de ceux qui vous sont chers. » Ils ne devaient être rappelés qu'en décembre 1757.

Une sourde irritation n'en existait pas moins dans le Parlement. Le premier président était fort attaqué ; on l'injuriait dans des écrits que l'on rendait publics, qui lui étaient directement adressés. On lit dans les manuscrits de Chiflet : « Le 20 février 1758, M. le premier président dit qu'il a reçu différentes lettres anonymes qui paraissent d'une écriture contrefaite et qui contiennent des billets séditieux, que pour en connaître l'auteur, il les a adressés à M. le lieutenant de police à Paris, pour les communiquer, avec des pièces de comparaison, aux plus habiles experts, qui ont cru en reconnaître l'auteur [1]. »

L'hostilité contre le pouvoir royal, contre ses re-

(1) Chiflet, *Manuscrits*, vol. 64, 1°, p. 128.

présentants, grandit lorsque l'on apprit la défaite de
Crevelt, qui réveillait le souvenir de Rosbach; cette
irritation dégénéra bientôt en opposition ouverte.
M. de Grammont, chevalier d'honneur, s'étant mis à
la tête du parti hostile, fut exilé dans la ville de
Clermont, et cette rigueur décupla sa popularité. Il
n'était coupable que de tenir maison dans la capitale
de la province et de rallier les adversaires du premier président et du commandant. La magistrature
se plaignit et demanda le retour de l'exilé s'il était
innocent, le droit de le juger s'il était coupable. Le
26 juin, elle formula les remontrances les plus énergiques, protestant contre « la main de fer, joug jusqu'alors
» inconnu, qui semblait s'être appesantie sur un peuple
» fidèle, » invoquant le passé glorieux de M. de Grammont, rappelant qu'il n'était arrivé que par des actions
d'éclat au grade de lieutenant général, qu'il avait été
blessé sous les murs de Prague, qu'il avait vu un de
ses frères mourir à ses côtés, qu'il avait été exposé aux
plus grands dangers. Le Parlement ajoutait : « Le marquis est estimé, aimé de toute la population, d'une conduite irréprochable, de mœurs douces, bienveillant et descendant avec bonté jusqu'au dernier des citoyens [1]. »

Le Parlement, dans son activité et son désir de réparer une injustice, s'adressait en même temps au duc de
Duras, qui répondait cette lettre curieuse : « Dès ma
tendre enfance, j'ai sucé le lait comtois ; j'ai, depuis, eu
l'honneur de commander 'ans le pays ; je me loue et

---

[1] Archives départ. Parlement. Minutes des délibérations.

fais gloire de me louer de tous les Comtois.... Permet-tez-moi de vous parler comme votre amy et comme bon serviteur du roy.

» Je suis l'amy et l'allié de M. le marquis de Gram-mont ; je ne puis pas parler de ce dont on l'accuse, car je l'ignore, ainsi que du bureau dont est party la lettre de cachet ; je vous assure que je suis prest à l'excuser s'il a tort et à le servir de mon mieux.

» Permettez-moi aussi, Messieurs, de parler des remon-trances.

» Je conviens que M. de Grammont est chevalier d'honneur, mais il est primo sujet du roi, lieutenant général de ses armées, ne peut-il avoir manqué en ces deux qualités ? Je suppose que le roy a eu raison de s'en plaindre ; il l'a puny.

» Tout homme peut faire faute ; nous ne pouvons et ne devons avec raison prendre party pour notre pareil, sans estre instruit.

» M. de Grammont a des amis dans le Parlement, et est digne d'en avoir ; il ne s'ensuit pas de là que tout un corps respectable comme le Parlement doive deman-der raison au maître commun pourquoi il a puny un de ses sujets ; faites-y réflexion, Messieurs ; un Parlement est fait pour que le corps entier soit infaillible et consi-déré comme tel. Il faut bien mesurer les paroles d'un pareil corps qui doit aller lentement et sûrement.

» Si vous m'aviez fait l'honneur de me consulter, mon vieil âge et habitude de la cour m'ont enseigné un che-min que je vous aurais montré, par lequel nous au-rions trouvé le moyen de mieux servir M. de Grammont qui est votre objet, et d'empêcher le Parlement de faire ce que j'ai peur que l'on appelle un pas de clerc. Paris, 7 juillet 1758 [1]. »

Ce persiflage de grand seigneur et le silence du pouvoir royal, en réponse aux remontrances, n'étaient pas de nature à calmer les magistrats; un incident d'audience mit le comble à l'irritation des esprits et détermina la crise.

Le 7 décembre 1758, les chambres s'étant assemblées présentèrent des remontrances au sujet de l'entretien des chemins, de la capitation et de la diminution des plantations de tabac, et invitèrent en même temps le procureur général à donner son réquisitoire sur ces divers points.

Mais, le 15 de ce même mois, ce magistrat, invoquant un ordre royal, se refusa à toute explication. Le premier président déclara, de son côté, que les mêmes instructions lui avaient été transmises, et qu'une lettre de M. le chancelier interdisait toute délibération; puis i mit aux voix la question de savoir s'il ne convenait pas de répondre immédiatement au ministre. La majorité repoussa cette proposition, et plusieurs magistrats estimèrent que l'on devait se conformer aux arrêtés du 7 décembre et délibérer sans tenir compte des ordres du roi.

Huit de Messieurs venaient d'émettre leurs opinions, et il restait à recueillir 45 suffrages, lorsque le premier président, ne conservant pas tout le sang-froid de sa

---

(1) Archives départ. Parlement. Correspondances.

dignité, dit qu'il y avait des magistrats qui trahissaient
les intérêts de la province. L'indignation fut générale. Un
de Messieurs demanda acte de ces paroles. M. de Boynes
essaya de les rectifier par un doute insultant pour la
magistrature; il prétendit que « c'était peut-être par
trop de bonne volonté; » puis cédant à un mouvement
d'irritation, et craignant un échec, il leva la séance et
se retira suivi d'un petit nombre de conseillers. Mais
trente de Messieurs, formant la pluralité de la compagnie, restèrent à leur place, soutenant que les chambres demeuraient assemblées et que le délibéré devait
se continuer. Voilà donc le Parlement divisé en deux
camps, et la guerre déclarée entre une portion de la
compagnie et son chef. Celui-ci voulut faire tête à
l'orage et continuer à siéger comme si aucune dissi-
dence ne s'était produite; le 16 décembre, il se rendit
à la grand'chambre avec les président et conseillers de
service; mais le doyen ayant commencé le rapport
d'une enquête, trois de Messieurs déclarèrent que les
chambres avaient été antérieurement réunies, qu'ils ne
pouvaient juger aucune autre affaire. Tous trois sor-
tirent malgré les observations du premier président.
En même temps, plusieurs conseillers entrèrent successivement dans cette même grand'chambre, à l'effet
de continuer la délibération du 7 décembre. Ils vinrent
s'asseoir en silence et attendirent. Le premier président manifesta son étonnement; ils répondirent que
les chambres étaient restées assemblées, que la délibération avait été ouverte et devait se continuer; une vive
discussion s'engagea; M. de Boynes, accompagné de

onze conseillers, dut se retirer dans la salle de l'audience publique. Du 16 au 23 décembre, quelques arrêts furent prononcés. Mais, le 23, les mêmes conseillers qui persistaient à demander la continuation de la délibération des 7 et 15 décembre, se rendirent de nouveau à la grand'chambre, et là ils décidèrent que « les chambres ayant toujours été assemblées, il n'y avait eu dans l'intérieur de la compagnie aucun autre tribunal que celui desdites chambres ; qu'on n'avait dû prendre aucun arrêté ni faire aucune procédure sans blesser l'autorité du Parlement ; qu'en conséquence tous les arrêts, arrêtés ou procédures étaient frappés de nullité. »

M. de Boynes voulut recourir à l'intimidation, il s'adressa à un conseiller, M. Varin, et le menaça de l'exil comme punition de sa fermeté ; il reçut cette fière réponse : « Un magistrat est comme la sentinelle placée sur un terrain miné, elle doit y rester jusqu'à ce qu'elle saute. »

La situation s'aggravait ; non seulement les intérêts des justiciables s'accommodaient peu de ces divisions, mais cette lutte entre parlementaires préoccupait l'opinion. Les ministres voulurent essayer des moyens d'intimidation. Le 28 décembre 1758, les aides-majors de la place signifièrent à MM. de Rans, Alviset, Petitcuenot, Boudret, de Bouligney, Renard, d'Olivet et Bourgon, l'ordre de se rendre sans délai auprès du roi. Le 6 janvier, le chancelier de Lamoignon écrivit au président Chiflet la lettre suivante : « Désirant terminer les divisions qui règnent dans le Parlement de Besançon,

le roi a résolu de vous consulter sur les moyens de
parvenir à une conciliation qui sera infiniment avanta-
geuse pour le bien de la justice et l'honneur de la magistrature ; à cet effet, Sa Majesté souhaite que vous
vous rendiez incessamment auprès de sa personne pour
profiter de vos lumières ; Sa Majesté ne pouvait faire
un meilleur choix, et je serai fort aise d'en profiter pour
connaître par moi-même un magistrat dont la réputation m'invite depuis longtemps à faire avec lui une
connaissance particulière. »

La conciliation n'était point facile ; ce que voulaient
en réalité les magistrats, c'était le renvoi de M. de
Boynes. Puis, l'esprit de résistance s'était emparé du
Parlement. Du 8 au 19 janvier, les vingt-deux conseillers se réunirent chaque jour à la grand'chambre pour
demander la continuation de la délibération des 7 et
15 décembre, inébranlables dans leur volonté. Les huit
autres conseillers mandés à Versailles ne paraissaient
point se soucier de céder devant les exigences du premier président. Le roi s'irrita à son tour, et résolut de
procéder sans ménagement. Le 21 janvier 1759, les
vingt-deux conseillers qui avaient refusé de s'incliner
devant M. de Boynes furent envoyés en exil ; ils durent
partir sans délai le lendemain, à huit heures. Trois
jours après, le 24, les huit magistrats qui étaient à
Versailles eurent le même sort. On leur enjoignit de
se rendre au pied des Alpes et des Pyrénées. L'ordre
leur fut notifié à l'entrée de la nuit, avec défense de
coucher à Versailles et de rentrer à Paris, où ils auraient eu des mesures à prendre pour un voyage si im-

prévu. C'était peut-être la première fois que des magistrats étaient retenus et frappés du coup de l'autorité
absolue, sans avoir été entendus dans le lieu même où
ils pouvaient espérer servir utilement leur prince et
leur patrie, et où ils avaient le droit de croire que leurs
réclamations seraient écoutées. Aucun reproche ne pouvait être formulé contre eux. Aucun d'eux n'avait
assisté à l'audience du 8 janvier; ils n'avaient vu personne à Paris, ils n'avaient pas été reçus à Versailles
par les ministres. L'injustice dont ils étaient victimes
ne pouvait être attribuée qu'à M. de Boynes, qui n'était
pas sans inquiétude et les considérait comme capables,
s'ils parvenaient à se faire écouter, d'instruire le ministère, de prouver la fausseté des accusations portées
contre le Parlement. On se montra pour tous d'une rigueur extrême, on prit à tâche de les appauvrir, de les
ruiner; ce fut plus que de l'exil, ce fut une barbare
dispersion, de la cruauté; on les expédia en plein
hiver dans je ne sais combien de villes situées le long
de la frontière orientale de la France, depuis Maubeuge
jusqu'à Barcelonnette. L'Alsace et la Lorraine, ces provinces alors françaises, qui, nous ne pouvons le rappeler sans émotion, n'appartiennent plus à la France que
par le cœur, recueillirent la plupart d'entre eux. Le
despotisme était au comble, le roi foulait aux pieds le
Parlement [1]. Les lettres de cachet des 21 et 24 janvier

_____

[1] Le 24 janvier 1759, le jour même où se signaient les lettres de cachet,
Lamoignon écrivait au premier président : « C'est avec peine que Sa Majesté
s'est déterminée à éloigner ceux qui, loin d'imiter la conduite sage et régulière de leurs confrères, se sont écartés de leur devoir et ont enfin mis le

déterminaient les lieux d'exil de la manière suivante :

Talbert de Nancray, à Rodemarker.

Frère de Villefrancon, à Lauterbourg.

Hugon, à Bouchain.

Arnoux, à Sarrelouis.

Petitbenoit de Chaffois, à Sirck.

Marrelier de Verchamps, à Philippeville.

Demongenet de Jasney, à Montmédy.]

Domet, à Landau.

Caboud de Saint-Marc, à Phalsbourg.

Pusel de Servigney, à Maubeuge.

Richard de Prantigny, à Bitche.

Maudinet de Chevroz, à Avesnes.

Matherot de Preigney, à Marsal.

Quégain de Falletans, à Huningue.

Vuilleret, à Neuf-Brisach.

Coquelin de Morey, à Wissembourg.

Mareschal de Longeville, à Schlestadt.

Faure, à Marienbourg.

Varin, à Givet.

Oiselet de Legnia, à Barcelonnette.

comble à leur désobéissance, en refusant d'entendre même la lecture des ordres que Sa Majesté leur avait adressés.

» Sa Majesté a aussi jugé à propos d'éloigner ceux qu'elle avait mandés auprès d'elle, et elle m'a chargé de vous faire savoir en même temps qu'elle est bien résolue de prendre les mesures les plus efficaces pour empêcher qu'un pareil désordre ne puisse se renouveler et donner lieu à des divisions contraires à l'honneur de la magistrature, au maintien du bon ordre et à l'obéissance qu'ils doivent à Sa Majesté, et qu'elle persévérera dans la résolution prise à cette occasion. »

Maire, à Haguenau.

Riboux, à Longwy.

Les huit autres magistrats qui étaient à Versailles durent se transporter dans d'autres contrées.

Petitcuenot, à Saint-Jean-Pied-de-Port.

Boudret, à Collioures.

Alviset, à Mont-Louis.

Maire de Bouligney, à Entrevaux.

Renard, à Antibes.

Bourgon, à Villefranche.

D'Olivet de Chamole, à Colmar.

De Rans de Franchet, à Navarin en Provence.

C'est un des côtés du caractère des parlementaires, qu'ils savaient subir avec dignité les mesures rigoureuses dont ils étaient frappés. Lorsqu'ils se mettaient en opposition avec l'autorité royale, ils ne pouvaient se tromper sur les conséquences qu'aurait pour eux la résistance, mais rien ne les arrêtait dans l'exécution de ce qu'ils considéraient comme un devoir. L'exil était dur ; non seulement ils étaient arrachés à leur pays, à leurs amis, à toutes leurs habitudes sociales, et condamnés à l'ennui, ce qui n'est pas le moindre des supplices, mais le plus souvent on les consignait dans d'horribles petites villes, quelquefois dans un village, où ils pouvaient à peine se loger sans leur famille. C'était un assez pénible contraste pour des magistrats qui, pour la plupart, avaient une existence large et facile, et habitaient de grands hôtels, remplis des souvenirs de leurs ancêtres. Il est vrai que dans un avenir plus ou moins rapproché, ils étaient sûrs du succès et du triomphe; ils savaient que la France parlerait pour eux et les redemanderait à grands cris.

Constatons aussi les sentiments de respect et de fidélité qu'ils manifestaient pour le roi, sentiments que l'exil ne pouvait affaiblir. Tout en combattant avec la plus grande énergie le pouvoir royal, ils professaient en toute occasion, dans toutes leurs remontrances, le plus profond dévouement, le plus grand amour pour Louis XV lui-même, qui n'était guère digne d'inspirer autant d'attachement. Persécutés de la plus odieuse façon, ils affirmaient leur fidélité indestructible pour sa personne sacrée. L'injustice dont ils étaient victimes ne suscitait en eux ni colère ni reproches. Cette passion des exilés pour l'auteur de leur exil n'était pas une passion feinte, le masque d'un courtisan qui veut qu'on le rappelle; les magistrats avaient le culte ardent de la royauté; ils s'obstinaient à aimer le roi, à espérer en lui; ils étaient sincères dans l'expression de leur soumission la plus absolue; ils ne dissimulaient point leur mépris pour les ministres, ils vénéraient le roi à l'égal de Dieu.

Ce culte de la monarchie vivait encore dans tous les cœurs, aussi bien dans le peuple que dans la noblesse et la magistrature; c'était la foi de tous. S'il souffrait de la guerre, s'il voyait ses récoltes anéanties, sa demeure incendiée par l'ennemi, s'il avait faim, le peuple se résignait, ou du moins ne rendait point le roi responsable de sa ruine ou de ses souffrances; il a pour son souverain, à certaines époques de notre histoire, plus qu'un attachement respectueux, c'est de l'idolà-

trie ; ces sentiments se manifestent, ils éclatent au
grand jour, au commencement du règne de Louis XIV,
lorsque Colbert essaie d'établir une justice égale pour
tous, de diminuer l'inégalité de l'impôt, de mettre à
la taille quarante mille prétendus nobles ; ils éclatent
dans tout le royaume, en Franche-Comté comme ailleurs, lorsqu'on apprend la maladie de Louis XV à
Metz, lorsque le roi est nommé le Bien-Aimé. Ils subsistent jusqu'aux derniers jours de la royauté. Le
peuple espère dans son roi, jamais de révolte contre
son maitre qu'il chérit, quelque profonde que soit sa
misère.

Le coup d'autorité dont venait d'être victime le Parlement eut un retentissement immense non seulement
en Franche-Comté, mais dans tout le royaume : tous les
Parlements de France prirent spontanément parti pour
les exilés. On pouvait, en effet, trouver étrange que
l'usage du droit reconnu de remontrances eût été frappé
d'une peine, et que la défense des privilèges de la province, la proclamation de ses besoins ou de ses vœux
fût transformée en crime et réprimée. Enfin les agisse-
ments du premier président, qui avait levé la séance
pour empêcher un vote, quand la majorité prétendait
continuer à siéger, souleva partout de vives réclamations.

On peut placer à cette date la première explosion
violente de l'opinion contre un acte du pouvoir souverain à l'égard du Parlement. L'opposition prit sa revanche par des satires et des chansons, on vit paraître des
odes à la louange des exilés, notamment « *La pipée des*

oiseaux parlementaires. » La passion saisit toutes les
classes, et, chose singulière, le clergé régulier lui-même
s'y laissa entraîner. Des carmes, des jésuites, de nombreux bénédictins, furent frappés pour avoir pris part à
la guerre engagée contre ceux qu'on nommait par dérision les filleuls de M. de Boynes. Un chanoine du chapitre de Saint-Jean, qui l'avait emporté sur J.-J. Rousseau, dans un concours célèbre, et dont le père, conseiller au Parlement, avait été exilé, Talbert, prit sa
plume de pamphlétaire et, dans des vers qui rappellent
l'*Enéide travestie* et la manière de Scarron, déversa le
ridicule sur le président de Boynes et ceux qui le soutenaient, et, dans cette guerre fort active, eut le principal rôle.

Ce petit livre, qui fut imprimé clandestinement dans
la cave de la maison de la Grande-Rue portant le n° 70,
maison de l'avocat général Bergeret, est fort rare [1].
L'édition, ornée de gravures, est presque introuvable.
L'œuvre est curieuse, l'auteur commence par annoncer,
ce que tout le monde savait, que le conseiller Langrognet était l'espion de M. de Boynes, et avait contribué
à le faire recevoir au Parlement : puis vient le récit de
la mort de ce magistrat, héros du poème, et de son
arrivée aux enfers :

---

[1] La bibliothèque de Besançon et la bibliothèque du chapitre possèdent
le *Langrognet* à gravures; il est inséré dans le volume huitième des manuscrits Hugon. On y voit Langrognet, une lettre de cachet à la main, emporté
aux enfers; le duc de Randan, en habit de berger, recevant du diable le
bâton de maréchal de France; le portrait du conseiller de Boulot, etc., etc.
Les estampes sont de M. de Saisenay.

« Inspire-moi, muse féconde ;
Je veux chanter ce Langrognet
Qui fut surpris, faisant sa ronde,
Par une lettre de cachet
Qui l'exila de ce bas monde ;
L'ordre fatal était conçu
En forme claire et laconique
Signé : la mort ; plus bas, colique.

Le magistrat au nez crochu
Ayant vomi son âme impure,
Mamone sur son chef cornu
Vint enfourcher la créature,
Et dans la région obscure,
D'où personne n'est revenu,
La transporta joyeux et dru.

Satan reconnut Langrognet à son odeur, le reçut à *griffe ouverte*, puis lui permit de visiter la demeure des morts :

A la tête d'un long bureau,
Un grand Flandrin d'un air nigaud,
Vêtu d'une simarre blanche,
Paraissait assis sur la hanche.
Langrognet ne s'y méprend pas,
Il reconnaît le Quinsonas,
Qui plein d'une docte furie,
Le cou penché comme un oison, .
Se figurait être Apollon !
Puis attendant l'Académie,
Hurlait une ode à vingt couplets,
Que pour lui Talbert avait faits.

Langrognet raconte à M. de Quinsonas l'histoire de M. de Boynes et sa manière de tenir les audiences :

Le Bourgeois fit sa présidence
Comme il faisait son intendance,

Excitant, bravant à la fois
Le cri des peuples et des lois.

Langrognet aperçoit la demeure des bienheureux,
puis

Il descend dans l'affreux manoir
Et de son cœur l'effroi s'empare.
Ami, lui dit son guide noir,
Remarques-tu ces trois chaudières,
Où cuisent d'huileuses matières?

Ces trois chaudières portent ces mots : Chambre
royale, intendance, présidence :

Au Boyne elles sont toutes trois,
Ce n'est pas trop pour le Bourgeois,

On lui dit que les partisans du président viendront
chaque jour à son audience « recevoir l'eau bénite de
la cour du diable, on lui décrit les supplices qu'auront
à subir les mêmes magistrats et plusieurs femmes que
l'on soupçonnait avoir des relations avec eux ou avec le
duc de Randan. Le livre contient quelques portraits
plus vrais que satiriques, celui d'un vieux parlementaire dont la manie est de se mêler de tout, qui donne
des conseils au diable et lui annonce « qu'on sera mal
damné, s'il ne s'en mêle pas; » enfin on conduit Langrognet

Au fond du palais infernal,
Dans la grand'salle d'audience
Où n'entra jamais le soleil.
Lucifer en grand appareil,
Dans un redoutable silence,
Tenait son horrible conseil.

Langrognet va être jugé. L'auteur dépeint l'assemblee des juges, Satan sous la cheminée siégeant, autour de lui ses pairs :

> De marmites ils se coiffaient,
> Et cent brasiers les éclairaient.

Puis vient l'avocat général, puis le procureur général Doroz :

> Ce chef de la noire milice,
> Tranquillement traînant le ton,
> D'un air dandin et sans malice,
> Comme l'on tire à la milice,
> Et suant sans émotion
> Prononça sa conclusion.

Et les juges décident

> Que le vorace oiseau de proie
> Très proprement rôti serait
> Par devant un beau feu de joie.
>   ....L'arrêt passa
> De la corne tout opina.

Le greffier nommé Guillon, mort depuis six mois, un ami de M. Michotey, tailla sa griffe et enregistra l'arrêt.

L'œuvre n'était qu'une pasquinade, peu digne d'un prédicateur du roi, d'un poète, d'un écrivain habile à composer des discours académiques, de l'historien des négociations relatives à la succession de la couronne d'Espagne, elle n'en provoqua pas moins les colères du premier président et de ses amis, n'en fut pas moins signalée à la cour comme un crime d'Etat, et finit par motiver, sur la demande de M. de Boynes, une lettre de cachet reléguant l'abbé Talbert au séminaire de Viviers.

D'autres libelles non moins violents furent répandus dans le public. La satire n'épargna ni la dignité, ni l'âge, ni le sexe. L'un des plus curieux écrits, reproduisant assez exactement les torts imputés à M. de Boynes, portait ce titre : *Lettre de M. de Boynes à un ami, 15 mars 1759.* Le *Précis des faits concernant le Parlement de Franche-Comté* accusait M. de Boynes, signalant son impéritie, ses mensonges, la situation lamentable de la province, le trouble apporté dans l'administration de la justice. Le Parlement s'émut de cette publication, et ordonna qu'elle serait lacérée et brûlée par l'exécuteur de la haute justice, « comme séditieuse, contraire au respect dû à la cour, et contenant des faits faux et calomnieux; » il prescrivit en outre la suppression d'un autre écrit, moins agressif, empreint d'une modération apparente : « *Lettre d'un Franc-Comtois à un de ses amis de Paris.* » Mais toutes ces mesures de rigueur ne calmèrent pas l'opinion. De part et d'autre les attaques furent très vives et les partisans de M. de Boynes se défendirent dans de nombreux pamphlets. L'un d'eux parut sous ce titre : *Relation des troubles actuels du Parlement de Franche-Comté;* il reprochait aux exilés d'avoir cherché à s'assurer une existence par le désordre, et les qualifiait de mauvais citoyens. En mai, nouvelle attaque, œuvre du président Michotey [1], et qui portait ce titre : *Lettre d'un conseiller du Parlement de Besan-*

---

(1) Voir annotation en tête d'un exemplaire de cette lettre, insérée dans les manuscrits Hugon, vol. 8ᵉ, p. 390. Biblioth. du chapitre de Besançon.

çon à un de ses confrères exilé à.... Puis vint le
*Discours de Jacquemard, doyen de la cité royale de
Besançon, à ses concitoyens, les vignerons de la ban-
nière de Battant,* production grossière vantant les
bienfaits de la domination française, et dont nous citerons ces lignes : « J'entends qu'on murmure de payer
plus d'impôts que nos pères, c'est se plaindre de
graisse, oui de graisse. Notre province cultivée comme
un jardin donne plus en un an que jadis en douze.

» Ne sommes-nous pas l'héritage de nos maîtres ?
Plus ils les font valoir, plus ils doivent en retirer.

» Ils ne demandent où il y a que pour répandre.
Comme on met de l'eau dans un pré, amassée, elle crou-
pit ; distribuée, elle vivifie.

» L'Espagne tirait toujours et ne rendait jamais rien.
Toujours prendre sans remplacer, le beau train ! Où
pouvait-il aboutir qu'à la misère ?

» La France tire parti de ses peuples comme un habile fermier fait valoir ses champs ; il en résulte son
profit et le leur.

» N'avons-nous pas, en dépit des clameurs (qui me
rompent la tête), plus d'écus que nous n'avions de sols ?
Nos meilleures terres étaient en friche, le sommet de
nos montagnes est couvert de fruits.

» Le dernier de nous a plus d'aisance chez lui que
n'en avait autrefois le premier. D'où vient donc, mes
enfants, le trouble qui vous agite ? Il n'est excité que
par de faux frères.... »

Tous ces écrits se vendaient publiquement à Besançon, à la porte du palais ; ils étaient répandus dans la

province et dans le royaume par les soins de l'intendant et du premier président, qui emporta lui-même à
Paris de nombreux exemplaires du *Discours de Jacquemard*.

Le duc de Randan ne fut pas épargné; il avait été en
Westphalie en 1756; on le chansonna en ces termes·:

Reviens, foudre de guerre,
    Avant l'hiver,
Ton embonpoint s'altère
    Sur le Weser.
Quel séjour qu'un chemin couvert!
    C'est pire qu'un enfer,
    Il fait trop chaud là,
Oh gué lanla lanlaire, oh gué lanla.

Viens calmer les alarmes
    A Balançon,
Et mettre bas les armes
    Sur le gazon.
Rival du fade Céladon,
    Au bord de l'Ognon
    Tu soupireras :
    Oh gué.

Les lauriers de Bellone
    Sont trop amers;
Les myrtes qu'Amour donne
    Te sont plus chers :
Moins de gloire et plus de plaisir;
    Ton tendre loisir
Vaut mieux qu'un combat,
    Oh gué (1).

(1) Archives du Doubs. Papiers du conseiller Bourgon. Manuscrits Hugon,
vol. 8, p. 672.

On fit mieux que des chansons, on insulta le duc de Lorges dans un écrit ayant pour titre : *Commentaires sur l'ordonnance du 6 février 1759* [1] ; on le traita « d'imbécile, incapable de rendre d'autres services que des services domestiques, » on mit en doute son courage ; on le ridiculisa dans un autre écrit contenant le récit des troubles et scandales arrivés dans le village de Samebon (Besançon), sous la conduite déloyale du magistrat Farfadelus (M. de Choiseul), du garde Rataplan (M. de Randan), de l'échevin Benoist Potence (M. de Boynes) [2] ; on composa un poème burlesque où l'on représentait le président de Boynes avec le président Michotey, les conseillers Quirot, Dunod, d'Orival, d'Audeux et Chaillot, attendant les lettres de cachet contre leurs collègues ; on signala Chiflet comme un magistrat d'une fausse vertu, de Mailley comme un trembleur. Poupet comme un parasite ; d'autres parlementaires furent qualifiés d'usuriers ; on s'attaqua au maire de la ville, Dunod de Charnage, coupable d'avoir entretenu des relations polies avec M. de Boynes [3]. Le volume huitième des manuscrits Hugon contient la plupart de ces diatribes. C'est le recueil le plus complet de toutes les pièces sérieuses, plaisantes, instructives, satiriques et bouffonnes qui parurent manuscrites ou imprimées pendant cette époque de troubles et de divisions.

En présence de cette agitation des esprits entretenue par d'autres brochures sérieuses, telles que le *Finan-*

---

(1) Manuscrits Hugon, vol. 8, p. 509. Biblioth. du chapitre de Besançon.
(2) Id., p. 525, id.
(3) Id., p. 647, 787 et suivantes.

cier citoyen (1757), *Recherches sur les finances* (1758),
les magistrats que l'exil n'avait pas atteints, et qui continuaient leurs fonctions, ne craignirent pas de manifester un dévouement d'une sincérité douteuse pour
les absents, et de solliciter pour eux la bienveillance du
roi ; ils espéraient ainsi se concilier l'opinion et les sympathies des exilés ; peine perdue, l'opinion leur restait
hostile et les exilés les traitaient avec un souverain mépris. Le doyen du Parlement, qui continuait à siéger,
ayant cru devoir écrire à une des victimes, son parent
et son ami, recevait cette réponse : « J'ai reçu par la
poste une lettre chargée et timbrée de Besançon ; j'ai
cru qu'elle venait de votre part, je vous la renvoie.
L'oubli pendant deux ans d'un confrère et d'un parent,
votre âge et la différence de nos sentiments ne nous
permettent pas d'avoir commerce ensemble. » Les magistrats de Besançon ne furent pas plus heureux auprès
du roi ; ils argumentèrent de l'intérêt de la justice ; ils
prétendirent que vingt-deux conseillers ne pouvaient
suffire, que la grand'chambre se trouvant réduite à onze
juges, et les deux autres à dix, étaient dans l'impossibilité de terminer avec célérité tous les procès : « Ren-
dez-nous, Sire, nos confrères, disaient-ils, le bien de
votre service semble l'exiger. Ils ont eu le malheur de
vous déplaire ; votre mécontentement a éclaté ; quelle
plus grande punition pour des sujets fidèles ! La durée
ni le temps ne peuvent l'augmenter. Déplaire un moment au meilleur des rois, c'est un cruel supplice pour
des cœurs sensibles ; et la prompte clémence sera toujours le partage du plus grand, du plus magnanime des

souverains. » Les remontrances se terminaient dans un
style qui rappelle bien l'éloquence judiciaire du xvIIIᵉ siècle : « Le cœur de Votre Majesté n'est point accoutumé
à punir ; il vous en coûte, Sire, aucun de vos sujets ne
l'ignore ; si nos confrères ont eu le malheur de déplaire
à Votre Majesté, l'erreur n'est point partie du cœur,
et c'est la seule qui soit condamnable.... L'homme est
sujet à faillir. La divinité toujours juste pardonne, et
les bons rois en sont les images. La clémence et la douceur forment le caractère distinctif de votre règne ;
daignez en user en faveur d'une partie de votre Parlement. Nous osons vous le demander comme une faveur
que Votre Majesté puisse nous accorder. » Mais le roi
ne tint aucun compte de leurs sollicitations ; le maréchal de Belle-Isle, qu'ils avaient prié d'être l'interprète
de leurs sentiments, leur écrivait de Versailles, le
1ᵉʳ février 1759 : « J'ai remis au roi la lettre que vous
avez écrite à Sa Majesté en faveur des membres de
votre compagnie qu'elle a jugé nécessaire d'exiler ; elle
me charge de vous mander de sa part qu'elle n'a point
été surprise de voir que vous ayez désiré intéresser sa
bonté pour des personnes que vous avez pu regarder
ci-devant comme des confrères animés des sentiments
qui doivent caractériser des magistrats dignes d'être
dépositaires d'une partie de l'autorité souveraine ; mais
ils ont mérité par des actes trop multipliés la punition
qu'ils éprouvent, pour que le roi puisse les reconnaître
à ce titre, et ils seront toujours d'autant plus coupables
à ses yeux que l'exemple de votre conduite était plus
propre à les attacher à leur devoir ou du moins à les y

ramener. J'ai l'honneur d'être très parfaitement, Messieurs, etc. (1). »

A Paris comme à Versailles, on était loin d'approuver toutes ces violences.

Le maréchal de Duras, qui avait commandé en Franche-Comté, écrivait de Paris, le 25 février 1759, à son neveu, le duc de Randan : « Chacun pense comme il veut ; je suis persuadé que vous voulez le bien ; vous voudriez éteindre le feu ; gare que vous ne l'attisiez. Bonsoir, mon cher neveu. » Quinze jours après, le 10 mars, nouvelle lettre : « Je répète que je crois que vous faites de votre mieux ; je crois avoir tout dit ; votre lettre me fait croire que vous doutez. Je ne connais, Dieu merci, plus en France de parti contraire à l'autorité du roi ; parfois les Parlements croient pouvoir et devoir représenter : vous y avez séance, parlez honnètement, mais ferme, et pour refrain éternel : obéissance au roi.

» Ce n'est pas à nous, militaires, à juger ; nous pouvons, comme les chiens du village, aboyer pour avertir le patron ; c'est au maître à qui nous avons fait serment à qui il faut obéir, même dans l'occasion où nous trouverions qu'il fût injuste, sauf à nous, selon notre honneur et notre façon de penser, d'exécuter après ce qui nous convient, car nul d'heureux dans ce maudit monde que celui qui peut se dire : Je n'ai rien fait à autrui que ce que je veux bien qui me soit fait.

» Ne vous croyez pas infaillible, nous avons de vrais

---

(1) Archives du Doubs. Papiers provenant de M. le président Bourgon.

ennemis dans nos flatteurs et approbateurs ; c'est notre perte, chacun ne cherche que son profit ; nous nous environs de vaine gloire [1]. »

De leur côté, les Parlements de Paris, de Bordeaux, de Rouen, de Dijon, de Toulouse, etc., manifestaient leur mécontentement et formulaient leurs réclamations dans de nombreuses remontrances ; ils déclaraient nettement que de tels actes d'autorité compromettaient l'honneur de la magistrature, lui enlevaient son indépendance en détruisant la liberté de ses appréciations et de ses votes et ne pouvaient que porter atteinte à l'ordre public. La plupart insistaient sur la situation malheureuse faite aux exilés, sur l'impossibilité de rendre la justice dans une compagnie dont la majorité ne pouvait participer à ses délibérations ; néanmoins ils ne protestaient point contre l'attitude du premier président. Mais les Parlements de Paris et de Rouen ne craignirent point de le frapper de leur blâme et formulèrent avec la plus grande énergie leurs protestations. Les grandes compagnies judiciaires commençaient à correspondre ensemble activement et à se venir en aide dans les jours de péril. Le Parlement de Normandie réclama surtout avec une insistance et un éclat jusque-là sans exemple. Les magistrats de Besançon, écrivait » le Parlement de Rouen, n'ont fait autre chose que de » maintenir l'exécution des délibérations formées, » qu'exiger la consommation de celles qui étaient com- » mencées, que faire respecter la discipline universelle

---

(1) Chiflet, *Manuscrits*, vol. 64 *bis*, p. 301.

» de toutes les compagnies sur la liberté des suffrages,
» sur le droit d'opiner, sur la loi qui ne permet au chef
» d'une compagnie ni d'interrompre à son gré les déli-
» bérations et les assemblées, ni de se rendre le seul
» arbitre du cours des opinions. C'était un devoir pour
» eux d'être inébranlables sur la conservation de ces
» règles et de maintenir ainsi le fond même des lois. »
Et le Parlement de Rouen ajoutait : « Voilà, Sire, ce
» qu'on s'est bien gardé d'exposer à vos yeux. »

Ces premières remontrances restèrent sans résultat.
De Boynes veillait et ne voulait pas du rappel des proscrits. Le 18 juin 1759, il convoquait le Parlement et lui
donnait lecture de deux lettres, l'une du chancelier de
Lamoignon, l'autre du maréchal de Belle-Isle. Le chancelier déclarait nettement que les exilés reprendraient
leurs fonctions lorsque « Sa Majesté serait pleinement
assurée qu'ils se trouvent dans les sentiments exprimés
par le Parlement, et qu'ils se conformeront entièrement
aux exemples donnés par la compagnie et dont ils
n'auraient dû se départir. » La lettre du maréchal
contenait les mêmes assurances dans des termes peu
différents : « Sa Majesté envisage que sa justice ne lui
permet pas de déférer à vos vœux avant d'être assurée
pleinement que chacun de ces Messieurs est lui-même
rempli des sentiments qui vous animent et résolu de
suivre dorénavant les exemples que vous leur avez
donnés. »

C'était trop exiger des victimes de M. de Boynes ;
c'était un piège grossier que leur tendait la perfidie du
premier président. Comment espérer d'eux amende

honorable ? Comment supposer qu'ils consentiraient à
perdre tout à coup aux yeux de la magistrature et du
public, par quelque démarche inconsidérée, le mérite
et le fruit de leur attitude ? Le sentiment de leur
dignité ne leur permettait que d'invoquer la justice du
souverain. Ajoutons que des libelles les avaient outra-
gés, diffamés, qu'il fallait ou les dégrader de leurs
fonctions s'ils étaient coupables, ou les venger en leur
rendant leur état s'ils étaient innocents. Aussi gar-
dèrent-ils le silence. En revanche, les Parlements du
royaume persistèrent à protester dans tout le cours de
l'année 1760 [1]. Le 4 juillet, le Parlement de Rouen allait
jusqu'à prétendre « que si on avait sollicité la disgrâce
» des trente exilés, c'est que l'erreur ne les avait point
» séduits et n'avait point usurpé à leurs yeux les droits
» de la vérité, c'est qu'ils avaient montré assez de cou-
» rage pour briser l'iniquité, etc. » Des remontrances
se présentant sous une forme aussi acerbe indiquaient
à quel degré l'irritation était arrivée. De son côté, la
partie du Parlement ralliée à M. de Boynes et siégeant
à Besançon s'émut d'attaques aussi vives et aussi di-
rectes. La plupart de ses membres jugèrent leur honneur compromis. Le 12 juillet 1760, M. Quirot dénonça
à la chambre des enquêtes les arrêtés du Parlement de
Paris du 3 du même mois, les remontrances de Rouen
et de Bordeaux, et représenta à ses collègues qu'il
convenait de demander l'assemblée des chambres pour

---

(1) Les Remontrances du Parlement de Besançon et celles des différentes
cours du royaume ont été imprimées en deux volumes in-12.

aviser au parti à prendre.... M. le président Michotey
appuya fortement la proposition, mais MM. de Rosières, d'Esnans, Damey, Caseau et M. le président
de Camus se montrèrent défavorables à cette motion.
M. de Camus s'expliqua en ces termes : « Nous ne pouvons nous dissimuler que nous sommes l'opprobre de
la magistrature, et la démarche que l'on sollicite achè-
verait de nous couvrir d'ignominie. » En présence de
cet humiliant aveu, les avis se partagèrent et aucune
décision ne fut prise [1].

Mais M. de Boynes ne se rebuta pas, il fit faire la
proposition à la grand'chambre par le doyen, M. Reud,
qui dut en même temps insister pour que de nouvelles
démarches fussent faites en faveur des exilés, et l'assemblée des chambres fut fixée au 21 juillet.

Le 21 juillet, la cour arrêta « qu'il serait fait au roi
une députation composée de M. le président Michotey
et du conseiller de Poupet, pour faire connaître à Sa
Majesté combien peu étaient fondées les imputations
dont était victime le Parlement. »

Le 28 juillet, les chambres se réunirent de nouveau
pour arrêter les instructions des députés. Ils furent
chargés de demander le rappel des exilés, de protester contre les attaques dirigées contre le Parlement.
« Les sieurs députés, dit l'arrêté du 29, auront soin
d'instruire dans des conversations particulières M. le
chancelier et tous les ministres de la conduite qu'a

[1] Voir aux Archives départ, arrêté en date du 12 juillet, des membres
restants du Parlement.

tenue la cour, de celle qu'elle tient encore, et de la justifier de toutes les imputations qui lui sont faites. » Et sur la dénonciation d'un écrit imprimé ayant pour titre : *Remontrances du Parlement de Rouen, du 4 juillet 1760*, et après lecture de ces remontrances, M. de Boynes a dit « que s'il était coupable des imputations personnelles dont on le chargeait, la compagnie l'était de le souffrir dans son sein, il a changé de couleur et pleuré en prononçant ces paroles. »

La cour a arrêté en outre que les députés seraient chargés de représenter au seigneur roi :

« 1° Que la cour s'est trouvée extrêmement offensée qu'on ait avancé dans ledit écrit les imputations les plus propres à rendre les magistrats odieux aux peuples de son ressort; 2° que les excès qu'on ose attribuer au chef de la compagnie dans les doubles fonctions dont il est chargé sont une injure d'autant plus sensible à la cour, qu'indépendamment de la diffamation d'un de ses membres, on impute au Parlement d'avoir souffert sous ses yeux ces prétendus excès, ce qu'il n'aurait pu faire sans manquer tout à la fois à ce qu'il se doit à lui-même, et à la fidélité qu'il a jurée audit seigneur roi [1]. »

Et le Parlement conclut en demandant justice éclatante de la calomnie.

Comme l'opinion se prononçait de plus en plus en faveur des exilés et que leur retour pouvait seul calmer l'irritation des esprits, on décida que le départ

_____

[1] Archives départ. Minutes de l'arrêté du 28 juillet.

des députés serait immédiat. Tous deux se firent à
Versailles les interprètes de leurs collègues et s'acquit-
tèrent de leur mission avec autant de zèle que de
dévouement, ne négligeant rien pour le succès. Le
21 novembre, le doyen de la cour écrivit aux exilés, au
nom de la compagnie, pour leur exprimer sa haute
estime, les regrets de ses collègues, leur désir de remplir ensemble leurs fonctions dans cet esprit de paix
qui leur a mérité tant de fois les témoignages les plus
flatteurs des bontés du roi et la vénération du public.
Le vieux doyen, qui comptait cinquante-sept ans de
services judiciaires, suppliait les proscrits de donner
une preuve de leurs sentiments de dévouement, d'obéissance au roi [1]. Enfin, cette lettre ne produisant aucun
résultat, on crut devoir mander à Versailles le conseiller Renard et un autre exilé, pour s'entendre sur les
bases d'un accommodement [2].

Malgré toutes ces tentatives de conciliation, l'exil
des parlementaires n'en devait pas moins se continuer.
Les remontrances des Parlements, notamment de
Paris et de Rouen, n'avaient fait qu'exaspérer Louis XV.
Le 12 juillet 1760, il recevait la grande députation de
Paris, composée de trente-deux magistrats, et lui si-
gnifiait ses volontés en termes des plus durs, qui pro-

---

[1] Archives du Doubs. Cette lettre est dans les papiers provenant du conseiller Droz.

[2] La plupart de ces détails sont puisés dans un recueil clandestinement
imprimé en 1762, *Recueil de pièces servant à l'histoire du Parlement*, dans
les papiers du conseiller Renard, aujourd'hui en la possession de M. Varin
d'Ainvelle, M. Droz des Villars, et dans le second volume manuscrit des
délibérations du Parlement.

duisaient une vive impression. « J'ai déterminé, leur disait-il, le jour où je rappellerai les membres du Parlement de Besançon ; vous m'avez assez parlé de cette affaire ; vos représentations, quelque vives qu'elles soient, ne me feront pas changer. Je ne veux plus qu'on m'en parle, et je compte que vous m'obéirez. La soumission des exilés peut seule me déterminer à les rappeler sur-le-champ [1]. » Le roi ne traitait guère mieux les magistrats de Rouen. Quant aux supplications de la magistrature comtoise, il faisait une réponse polie mais évasive, blâmait les déclarations de Rouen et de Paris et persistait dans son refus. Jamais Louis XV n'avait eu tant de constance. Impossible de connaître ses intentions. Le 23 juillet 1760, d'Aguesseau écrivait à Chiflet : « Ce qui concerne votre compagnie est un mystère dans lequel peu de personnes peuvent pénétrer. Je crois cependant que le roi a dessein de terminer une affaire qui est si fâcheuse, mais en exigeant encore le temps et les moyens.... Nous sommes dans des circonstances où l'on a besoin de se rappeler que tout dépend de la Providence, et de demander les lumières nécessaires pour régler sa conduite. » Et le 10 août, d'Aguesseau ajoutait : « On souhaite plus qu'on n'espère que la paix sera rendue à votre province et aux autres. » Le 18 septembre, il n'était guère mieux renseigné : « De Boynes, disait-il, est venu au lever du roi ; il a été présenté à Sa Majesté, mais cela

---

[1] Recueil de lettres à Chiflet. Manuscrit de la Biblioth. de Besançon, p. 236.

n'a duré qu'un moment; puis il y a eu comité chez le chancelier, où tous les ministres se sont rendus. » Et d'Aguesseau ajoutait : « On croit, dans le public, que l'intention est de finir dans le temps de vacances, afin de répondre aux cours auprès desquelles vous avez multiplié vos plaintes, que cela est fini, quand elles seront rentrées. » Ces prévisions ne devaient point se réaliser. Le cours de la justice continua à être suspendu, et il y eut pour la province comme le prélude du Parlement Maupeou. Le roi subissait l'influence de son entourage, qui écoutait lui-même les conseils de M. de Boynes, du duc de Randan, et des principaux représentants du pouvoir royal à Besançon. La plupart demandaient que l'on se montrât inflexible. Le duc de Randan écrivait : « Les frondeurs en sont réduits à exhaler sourdement leur rage [1]. » Il eût volontiers frappé de l'exil les récalcitrants.

La victoire devait finir par rester aux proscrits.

En 1761, M. de Boynes dut reconnaître que sa présence à Besançon serait un obstacle à la conciliation, qu'il ne pourrait lutter contre les préventions de ses collègues, et se décida à se démettre de sa charge de premier président et de ses fonctions d'intendant de la province. Le 24 avril, s'adressant de Paris aux magistrats qui lui étaient restés fidèles, il les remercia « des témoignages éclatants qu'ils avaient bien voulu rendre à la droiture de ses vues, à la pureté de ses intentions, à la régularité de sa conduite, » et ajouta ces lignes :

_____

[1] Manuscrits Chiflet, vol. 64, p. 230.

« Je ne peux envisager qu'on me fasse servir de prétexte à une division contraire au bien public et à l'honneur de la compagnie. Cette considération seule m'a
déterminé à demander au roi la permission de lui
remettre une place dont je n'ai supporté le poids que
par mon attention à me conduire toujours par vos
lumières et à suivre en tous vos conseils pour guides....
Tout ce que nous devons désirer aujourd'hui, c'est le
retour de nos confrères, ils m'ont peu connu et très
mal jugé ; de malheureuses préventions seront entrées
pour beaucoup dans la conduite qu'ils ont tenue ; le roi
a fait connaître combien il désapprouvait tout ce qu'elle
pouvait avoir de contraire à l'ordre public. Il est temps
de faire disparaître jusqu'au moindre prétexte qui
pourrait suspendre l'expression des sentiments dont
tous les magistrats sont également animés. »

Cette lettre fut lue, le 27 avril, devant les chambres
assemblées, qui décidèrent « qu'il importait au bien du
service du roi qu'un magistrat qui s'était toujours distingué par la régularité de sa conduite, la supériorité
de ses talents et par son attention sur le maintien du bon
ordre et de la justice, continuât à présider une compagnie dont il avait mérité l'estime et la confiance. »

Le Parlement, s'adressant au roi le 29 avril, dans des
termes emphatiques, lui exprima « sa consternation, »
ajoutant que M. de Boynes « faisait les délices de la
compagnie [1]. » Il écrivit en même temps, dans le même

---

(1) Recueil analytique des délibérations, manuscrit. Archives du Doubs,
2ᵉ partie, p. 178.

sens, au chancelier, au duc de Choiseul et à M. de Boynes.

Ce dernier ne pouvait que maintenir sa détermination, il se borna à remercier ses collègues : « Le nouveau témoignage que vous venez de me donner de votre amitié, écrivait-il le 19 mai, est pour moi la récompense la plus précieuse des travaux que j'ai partagés avec vous, la seule que j'ai ambitionnée. Que ne puis-je prouver toute l'étendue de ma reconnaissance ? Elle égale le respect et l'attachement que je conserverai toujours pour des magistrats dont je n'oublierai jamais les bontés. »

Le pouvoir royal voulut, à cette même époque, montrer qu'il continuait à tenir en haute estime l'ancien premier président. Le 29 mai 1761, Lamoignon écrivit lui-même au président Dagay, pour lui annoncer la nomination de M. de Boynes à la place de conseiller d'Etat : « Le Parlement de Besançon, dit le chancelier, doit juger par cette grâce combien Sa Majesté est contente des services que ce magistrat a rendus dans le temps qu'il était à votre tête. Je puis encore dire que votre compagnie doit regarder cette grâce faite à son chef comme faite à elle-même. Bien loin de mettre un obstacle aux autres faveurs que méritent ceux qui se sont signalés récemment par leur zèle et leur affection à son service, elle doit les encourager à se comporter en dignes magistrats et leur apprendre que le roi sait connaître ses bons serviteurs et ceux qui lui sont véritablement attachés. » Lamoignon terminait en protestant de son dévouement

« pour les enfants de ceux qui servent fidèlement le roi [1]. »

Le gouvernement se demanda comment il remplacerait M. de Boynes; le duc de Randan ne savait trop que conseiller; il écrivait au chancelier, le 18 août 1761 : « Il est très fâcheux que M. le président Michotey ne puisse remplacer M. de Boynes sans donner lieu de craindre le même acharnement contre lui; c'est un grand magistrat : il est également fâcheux que le président Chatillon, qui le suit immédiatement, soit regardé comme il l'est; il a toutes les qualités désirables dans un chef. Un étranger sans connaissance du local se trouvera à chaque instant dans les plus grands embarras, et il lui faudra des ressources bien supérieures dans l'esprit [2]. »

On songea d'abord à M. de Montclar; mais, selon d'Aguesseau, il préféra rester procureur général dans son pays que d'accepter cette place [3], et ce fut M. de la Marche de Neuilly qui fut désigné pour remplacer le premier président démissionnaire.

Plus tard, nous retrouverons M. de Boynes essayant de se venger, de concert avec le chancelier Maupeou, des procédés de ses anciens collègues de Besançon.

Le 1er août, les trente magistrats proscrits étaient rappelés de l'exil. Le duc de Choiseul écrivait à chacun d'eux de se rendre à Belfort, ajoutant que des instructions leur seraient données, « tendant au rétablisse-

(1) Archives du Doubs. Papiers du conseiller Bourgon.
(2) Manuscrits Chiflet. p. 316. Papiers secrets, vol. 64.
(3) Recueil de lettres à Chiflet. Manuscrits de la biblioth. de Besançon.

ment de l'union et de la bonne harmonie. » La lettre du duc était ainsi conçue : « Le roi juge à propos, Monsieur, de réunir à Belfort tous les membres du Parlement de Besançon, que ses ordres tiennent éloignés, et je joins ici la lettre que Sa Majesté vous écrit en conséquence. Lorsque vous serez à Belfort, vous y serez plus particulièrement instruit de ses intentions, qui ne tendent qu'au rétablissement de l'union et de la bonne harmonie. »

Le duc écrivait le même jour, 3 août, aux magistrats restés à Besançon, que le roi rappellerait les exilés, « qu'il désirait, auparavant, ne pouvoir douter de leur disposition à concourir à l'exécution de tout ce qui intéressait son service. »

La nomination de M. de Neuilly fut généralement approuvée. Il était, d'après d'Aguesseau, doué de vertu, de capacité, d'un grand sang-froid ; il était doux, persuasif [1] ; mais sa santé était délicate : il hésita tout d'abord à accepter les fonctions de premier président, puis finit par refuser. Le chancelier choisit alors M. de Grosbois. Voici en quels termes il annonçait au duc de Randan cette nomination, le 1ᵉʳ septembre 1761 : « Le roi n'a point voulu donner au Parlement de Besançon un chef qui fût de la compagnie, il ne s'est présenté personne pour remplir cette place dans le pays, on a eu recours à une compagnie étrangère. Sa Majesté a jeté les yeux sur M. de Grosbois de Vellemont, dont le père était en son temps un grand magistrat ; le fils suit les

---

[1] Recueil de lettres à Chiflet, manuscrits de la biblioth. de Besançon.

exemples de son père; je ne le connais que de réputation, on dit qu'il aura le talent de concilier les magistrats [1]. »

Aux lettres patentes du 4 décembre 1761, rétablissant
le Parlement en l'état où il était à la rentrée de la Saint-
Martin, en 1758, les magistrats répondirent par l'expression d'une respectueuse reconnaissance pour la justice et les bontés du roi. « Les témoignages éclatants
que nous recevons des bontés et de la justice de Votre
Majesté nous pénètrent de la plus respectueuse reconnaissance. Votre Parlement, rassemblé et rétabli dans
l'état où il était à l'époque des événements dont il est à
désirer que le souvenir s'efface, voit avec une joie vive
et pure les nuages se dissiper et faire place à la tranquillité qui comble nos vœux, toujours exempts d'intérêt personnel et dirigés uniquement au bien général. »

Mais ils voulurent en même temps faire acte d'autorité, affirmer leur indépendance; ils rendirent un arrêt
déclarant « qu'ils n'entendaient donner aucune approbation ni acquiescement à tous actes, énonciations, ver-
baux ou autres, déposés dans les derniers temps au greffe
ou inscrits sur les registres de la cour. » C'était frapper
d'anathème toute l'œuvre qui s'était produite en leur
absence, lettres, décisions, édits, déclarations, récep-
tions d'officiers, etc. ; ils affirmèrent en outre la volonté
de refuser leur acquiescement à tout ce qui pourrait se
trouver de contraire à l'honneur, à la dignité, à l'autorité et à la liberté du Parlement. Enfin, ils prirent soin

(1) Manuscrits Chiflet, vol. 64, p. 320.

d'ajouter « qu'ils continueraient à remplir la double obligation de porter au pied du trône les témoignages du respect, de l'amour et de la fidélité des peuples, et de présenter aux peuples l'exemple de tous les senti-ments que doivent leur inspirer l'équité et la bienveil-lance du roi. » Ils maintinrent en même temps le libre exercice du droit de délibérer nonobstant toutes choses à ce contraires, et de remontrer au roi, en toutes occa-sions, ce que le bien de son service, le soulagement des peuples du ressort et le maintien des lois pourraient exiger. » Les partisans de M. de Boynes, les magistrats que l'exil avait épargnés, virent dans cet arrêt un blâme public et outrageant de leur attitude, un acte d'hosti-lité, une déclaration de guerre; ils se plaignirent hautement et adressèrent au roi *un mémoire sur l'état actuel du Parlement ;* les exilés furent accusés d'ingra-titude : « Comment pouvaient-ils oublier que leur rap-pel était dû aux instances redoublées de leurs collègues restés à Besançon? Ceux-ci n'avaient-ils pas fait les plus grands efforts pour éviter de nouvelles divisions? » Ils avaient rendu la justice suivant leurs lumières et leur conscience. Dans l'intérêt de leur honneur, par respect pour la chose jugée, le roi ne pouvait improuver ni les décisions judiciaires ni les actes du Parlement scellés du sceau de l'approbation royale. » Leur si-tuation, il faut le reconnaître, n'était point facile; ils étaient minorité, la majorité était disposée à les écraser, à piétiner sur eux. « Nous n'avons, disaient-ils en finis-sant, que voix consultative ; nous ne cesserons jamais, tant que nous serons en place, de nous élever avec fer-

meté contre tout ce qui nous paraîtra opposé aux bonnes
règles et aux saines maximes (1). »

Le duc de Choiseul, le chancelier, tentèrent de rétablir la bonne harmonie, mais pendant de longues années le Parlement se divisa en deux camps ; il était
difficile aux victimes de l'arbitraire d'oublier les souffrances de l'exil et l'attitude de leurs collègues vis-à-vis
de M. de Boynes. Leur retour à Besançon fut pour eux
un triomphe. L'opinion publique considérait encore les
Parlements comme les défenseurs des droits de la nation, et les exilés comme des martyrs de la cause popu-
laire. Toutes les misères furent oubliées, comme si la
main du Parlement reconstitué eût pu répandre sur la
province des prospérités sans nombre et y ramener
l'âge d'or ; on sut gré aux parlementaires d'avoir défendu avec autant d'énergie que de persévérance les
intérêts de la province ; on leur sut gré d'avoir noblement supporté leur exil. La réception fut magnifique ;
toutes les classes de la population prirent part à des
fêtes qui se prolongèrent longtemps et auxquelles la religion ajouta ses pompes. C'est pendant la nuit que
rentrèrent les magistrats, afin d'éviter les ovations,
mais ils ne furent pas moins accueillis comme des
triomphateurs. « Vers les neuf heures du soir, écrit un
des témoins, on entendit le premier bruit de boîtes pour
donner le signal. Ah ! Monsieur, quel instant ! il ne fût
personne qui ne sentit dans le moment son cœur
comme se détacher pour aller au-devant de ces mes-

---

(1) Délibérations du Parlement. Manuscrits Chiflet, p. 352.

sieurs et se donner en reconnaissance.... Les acclamations, les cris continuels de *vive le roi*, vivent nos illustres exilés, qui accompagnaient les voitures, nous les
annoncèrent ; on n'entendait plus que le son des cloches, des timbales, des trompettes, que les symphonies
les plus harmonieuses, que le bruit continuel de l'artillerie et de la mousqueterie. » La fête se prolongea
soixante jours ; chaque corporation voulut faire chanter
un *Te Deum*. On banqueta en l'honneur des exilés ; le
vin coula à flots dans les fontaines publiques ; de riches
particuliers ouvrirent leurs caves au peuple, leurs sa-
lons aux magistrats et à leurs amis. On chanta en prose
et en vers l'intégrité, la fermeté, la science, les hautes
vertus des victimes. Les parlementaires qui s'étaient
inclinés devant le pouvoir royal furent honnis, outra-
gés, conspués. L'effervescence était telle que tous les
« *remanents* » qui osèrent reparaître dans les rues se
virent insultés. Le prieur d'Audeux venant de souper
et rentrant chez lui dans sa chaise fut arrêté, accablé
d'injures grossières et de mauvais traitements, en butte
à la haine publique et contraint de céder sa charge à
l'abbé de Chamolle. Le doyen des présidents, un des
chefs du parti Boynes, le président Michotey, fut assailli
au sortir du palais, faillit être assommé et dut se réfu-
gier au gouvernement, chez le duc de Randan, pour-
suivi, d'après Quirot, par les menaces et les insultes
des gens de service, des lavandières et autres personnes
de différents états. Enfin les partisans de M. de Boynes
ayant fixé le retour des exilés à l'époque où Jacquemard
descendrait de son clocher, parlerait et irait à la co-

médie, on voulut descendre Jacquemard du clocher,
on le fit parler et on le conduisit au théâtre. Ainsi
s'accomplit l'oracle de M. de Boynes [1]. On le voit,
l'esprit provincial restait vivant ; le peuple entendait
conserver ses privilèges, ses franchises, et le patriotisme local était des plus ardents.

Mais si la population tout entière prit parti pour les
exilés, il est une classe de citoyens qui eut une part active dans cette lutte et qui fut elle-même victime des
procédés de M. de Boynes, ce fut l'ordre des avocats.
Pour eux, le premier président n'avait pu dissoudre
l'assemblée des chambres, et les quelques magistrats
qui avaient fait cause commune avec lui ne constituaient
point le vrai Parlement. Aussi lorsque, le 18 décembre
1758, le premier président tint l'audience habituelle,
un seul avocat parut, non point pour plaider, mais
pour demander un acte de désistement. Le lendemain
et les jours suivants, ni avocat ni procureur ne se présentèrent ; c'est alors que réapparut la thèse de l'assu-
jettissement du barreau et que plusieurs avocats reçurent des ordres pour comparaître à une audience

---

(1) Une feuille manuscrite s'exprime ainsi : « Les comédiens ont donné la
comédie *gratis* à tout le public, et l'on y a porté Jacquemard, que l'on a
placé pendant tout le temps du spectacle sur le théâtre, dans un superbe
fauteuil, où il recevait les hommages ou les caresses de tous les seigneurs
qui l'environnaient et lui faisaient la cour ; MM. de Grammont, de Cons-
table, etc., étaient du nombre. Quoique automate, on ne laissait pas de lui
présenter des rafraîchissements. » Manuscrits du P. Dunand, vol. 10, p. 293.
Biblioth. de Besançon.

Voir le récit des fêtes émané du greffier Godin, adressé au chancelier le
3 décembre 1761, et déposé aux Archives du Doubs. Godin était probablement l'agent secret du chancelier.

fixe ; Chiflet a raconté les graves incidents de cette lutte qui honore le barreau.

« Le 20 décembre 1738, les gens du roi demandent audience, ils requièrent que les avocats et procureurs des causes dont les qualités leur ont été communiquées soient mandés, qu'il soit ordonné aux avocats et procureurs de se rendre aux pieds de la cour, à l'entrée de la séance du vendredi matin.

» La cour, faisant droit sur le réquisitoire de l'avocat général Desbief, ordonne que les avocats Lobereau, Chaudot et Nicolin, et les procureurs Chenu, Pajot, Barberot, Bailly, Simonin, seront avertis le présent jour par les huissiers de service de se trouver à l'entrée de la cour le vendredi 22 décembre, pour être entendus à huis clos en présence des gens du roi.

» Le 22 décembre, les trois avocats Lobereau, Chaudot, Nicolin et les procureurs comparaissent.

» Réquisitoire de M. Desbief.

» Arrêt de la cour qui ordonne aux procureurs de se faire assister d'avocats à toutes présentations, et pour la contravention des procureurs, les condamne chacun en dix livres d'amende, condamne en outre les avocats en cinquante francs d'amende et les interdit de toute fonction pendant six mois ; ordonne que les avocats Royer, Huot et Passeret seront avertis de se rendre aux pieds de la cour le 29, à neuf heures du matin, pour être entendus en présence des gens du roi [1]. »

---

[1] Manuscrits Chiflet, vol. 64 1°, p. 129.

Et le 29 décembre, les avocats sont, eux aussi, condamnés à des amendes.

Ce qu'il y a de plus étrange, c'est que les arrêts furent exécutés; plusieurs avocats virent leurs meubles saisis et vendus sur les places publiques, mais ces coups d'autorité ne terminaient rien, on ne pouvait faire plaider les causes par lettres de cachet.

En présence de ces actes d'arbitraire, il ne restait aux avocats qu'à renoncer à leurs fonctions. Blessés à juste titre de ce que l'on essayait de porter atteinte à la liberté de leur profession, ils remirent au greffe leur démission, dans les premiers jours de janvier 1759, en protestant contre les condamnations dont quelques-uns étaient l'objet.

En même temps le doyen, M⁰ Guye, adressait une lettre au chancelier dans laquelle il montrait que, « flétris dans leur honneur par plusieurs arrêts et persécutés au moment présent, effrayés pour l'avenir, les avocats avaient préféré perdre leur état à la honte de l'exercer sans honneur et sans liberté, » et le doyen d'âge ajoutait : « Ce n'est pas aux avocats à décider entre le Parlement et le Parlement. »

Comme toujours, la note gaie se fit entendre : un écrit circula sous ce titre :

Relation du siège du fort de Saint-Yves
sous le commandement du général Bourgeois

« Avant l'investissement, le général a ménagé toutes correspondances avec certains des assiégés qui lui donnaient toutes les ouvertures pour prendre la place par escalade dans le temps qu'elle était dégarnie de la meilleure partie de sa garnison ; mais ces intelligences ayant été éventées, on y a pourvu ; l'escalade a paru impraticable, on s'est déterminé à ouvrir la tranchée.

» On a tiré une première parallèle de Besançon à Baume, on a poussé la seconde nuit les ouvrages de Baume à Byans, et la troisième nuit jusqu'à Vitreux.

» On démasqua cinq batteries que l'on dirigea par les conseils du plus traître, du plus détestable et du plus détesté de tous les assiégés, contre les angles rentrants de la place.

» Comme les ouvrages étaient fort faibles, ils ont été emportés sans résistance ; ils étaient même plus nuisibles qu'utiles à la défense.

» Depuis longtemps le siège dure ; la garnison ne craint pas l'assaut, et elle ne veut point de capitulation qu'elle n'ait pour otages ces quatre illustres infortunés [1]. »

Ces quatre infortunés étaient les conseillers Petitbenoît, de Nancray, Petitcuenot et Bourgon, arrêtés à Versailles au mépris de toute justice, et prisonniers d'Etat.

Pendant près de trois années, jusqu'au mois de novembre 1761, tous les avocats, si l'on en excepte trois, se résignèrent au silence, donnant ainsi un témoignage éclatant de fidélité et de dévouement à la vraie magistrature ; il fallut la démission de M. de Boynes pour les déterminer à reparaître à la barre.

---

(1) Archives départ. Papiers du conseiller Bourgon.

Les magistrats exilés furent reconnaissants envers le barreau, ils ne furent pas plus tôt réinstallés qu'ils rendirent, toutes chambres réunies, un arrêt frappant de nullité tous les réquisitoires et condamnations infligés aux avocats. Cet arrêt, en date du 12 décembre 1761, est ainsi conçu :

« La cour, toutes les chambres assemblées, informée des déclarations faites en son greffe par les avocats, le 2 janvier 1759 et jours suivants, portant renonciation à leur ministère dans le ressort de la cour, en ce que les référés, réquisitoires et jugements des 18, 19, 20, 22, 29 décembre 1758, 2 et 18 janvier 1759, consignés dans les registres d'audiences, d'instructions, de relevés et des délibérations intérieures de la grand'chambre, leur auraient paru blesser l'honneur et la liberté de leur état, ce qui les aurait mis dans la nécessité indispensable de cesser leurs fonctions ; à quoi étant important de pourvoir, après avoir ouï le rapport de M. Nicolas Tinseau de Gennes, conseiller, commissaire rapporteur, et tout considéré ;

» La cour, désirant donner de plus en plus au roi des témoignages de son empressement et de son zèle, en rendant au cours de la justice toute son activité et aux parties tous les secours dont elles ont besoin pour l'éclaircissement de leurs droits, et qu'elles puisent toujours abondamment dans les lumières et la sagesse des avocats, a déclaré et déclare lesdits référés, réquisitoires et jugement nuls et comme non avenus, sans qu'ils puissent en aucun temps être opposés soit à l'ordre en général, soit aux particuliers y dénommés ; dé-

clare, en outre, que les avocats pourront retirer ou faire
retirer du greffe les déclarations qu'il y ont remises,
pour être ensuite par eux procédé, dans une assemblée
générale, convoquée à la manière accoutumée, à l'élection de leurs officiers, et à la formation du tableau,
dont le double sera remis au greffe ; ordonne qu'expédition, etc.

» Fait en Parlement à Besançon, toutes les chambres
assemblées, le 12 décembre 1761.

» Signé : POURCHERESSE. »

Nous avons dit que le retour des exilés ne fut pas le
retour de la concorde. Ils revenaient mécontents, ulcérés de ce qu'ils considéraient comme une flagrante injustice ; ils ne se firent pas scrupule de critiquer certaines décisions prises en leur absence. Le conseiller
d'Audeux avait été accusé, au moment de l'acquisition
de sa charge, de faits de nature à porter atteinte à son
honneur. Un marchand l'avait interpellé dans sa boutique et dans la rue, et l'avait injurié et diffamé de la
manière la plus grave et même l'avait frappé [1].
M. d'Audeux était resté sous le poids de cette diffamation sans se pourvoir. Une information judiciaire avait
été faite avec l'autorisation du roi, et il avait été décidé
en 1762 que les imputations n'étaient pas suffisamment
fondées pour empêcher l'installation de l'inculpé. Mais
certains exilés attaquèrent sa réception ; l'un d'eux le
dénonça aux chambres assemblées comme ayant été

[1] Manuscrits Hugon, vol. 8, p. 812.

l'objet d'une poursuite criminelle, comme ayant profité de l'absence d'une partie du Parlement pour se faire installer [1]. Les magistrats qui avaient assisté à cette réception répondirent qu'il n'y avait pas lieu de délibérer, et que c'était renouveler une question déjà jugée. Les exilés persistèrent dans leurs prétentions; l'affaire soumise à la cour le 7 janvier 1763, un arrêt de partage intervint.

A cette même époque parut un écrit émané de Prault, quay de Gesvres, contenant 32 pages in-4° et intitulé : *Mémoire pour M. Mareschal d'Audeux, sur l'arrêt de partage du Parlement de Besançon du 7 janvier 1763.* L'écrit accusait le Parlement de préventions et d'injustices; il lui reprochait le projet de déshonorer le conseiller d'Audeux; on lui imputait des sentiments de *haine*, de *vengeance*, des *préventions inavouables*, des *préjugés meurtriers* contre un homme innocent, qui « avait eu le malheur de déplaire à quelques-uns des membres du Parlement; » on y parlait des temps qui avaient affligé la compagnie comme on le faisait dans les libelles répandus sous la présidence de M. de Boynes, et la même plume semblait avoir fabriqué le nouveau mémoire.

Il y eut un cri unanime de colère et d'indignation parmi les magistrats ainsi dénoncés, cri d'autant plus violent que le mémoire avait été envoyé au conseil du roi et répandu à profusion dans Paris. Le 12 avril 1763, le conseiller Renard dénonça le mémoire au Parlement.

---

(1) Manuscrits Hugon, vol. 8, p. 803.

Le 22 juin, le conseiller Bourgon déclara « qu'il ne pouvait permettre que le sieur d'Audeux servît avec lui pour avoir été, ledit sieur d'Audeux, déshonoré par les coups qu'il avait reçus publiquement dans une boutique et dans la rue.... qu'il ne pouvait non plus permettre que le sieur d'Audeux servît avec lui par rapport à un mémoire imprimé, distribué dans Paris (1). »

Une délibération s'imposait : le Parlement décida les poursuites contre les imprimeurs, libraires et colporteurs, et le 27 juin ordonna que l'imprimé serait lacéré et brûlé au pied du grand escalier du palais, comme un libelle rempli de faits faux et calomnieux, démentis par les registres de la cour et tendant à troubler l'ordre et le repos, comme blessant le respect dû à la justice et à l'honneur de la magistrature (2).

Le Parlement de Besançon ne fut pas seul à se considérer comme outragé. Le 8 août 1769 intervint un arrêt de la cour de Rouen, flétrissant ce même mémoire et le condamnant au feu.

Mais le conseiller d'Audeux ne pouvait être abandonné par les ministres. Le 25 mars 1763, un arrêt du conseil prononça son absolution.

Telle fut, en résumé, l'histoire de cette lutte, qui s'est terminée par ce que l'on a appelé le grand exil, en raison de la peine qui atteignit trente magistrats, lutte que nous devions raconter avec détails, parce qu'elle jette une lueur sur l'histoire, en nous montrant quelle

---

(1) Manuscrits Hugon, vol. 8, p. 812.
(2) Id., p. 818.

était la vigueur de l'esprit provincial vers le milieu du
xviii° siècle, et combien le peuple était uni à sa magistrature et à sa noblesse, lutte malheureuse surtout pour
le pouvoir qui l'avait imprudemment provoquée. En
se déterminant à soutenir un acte regrettable, l'autorité
royale se trouva en hostilité, non avec un seul Parlement, mais avec tous ceux du royaume, leur donnant
l'occasion de constituer un faisceau redoutable et d'invoquer une solidarité qu'elle fut plus tard impuissante
à combattre. Les Parlements apprirent ainsi à connaître leurs forces; ils virent que dans leur opposition
au pouvoir, la victoire était assurée à leur persévérance; ils s'habituèrent à chercher un appui, non plus
dans l'autorité du souverain, mais dans la faveur po-
pulaire qui les enivra, et sur laquelle ils crurent pouvoir compter, erreur fatale à la royauté comme à eux-
mêmes. Peut-être auraient-ils dû ne pas oublier que,
pour les assemblées souveraines comme pour les indi-
vidus, la popularité ne s'acquiert que par le sacrifice de
l'indépendance et par la soumission aux entraînements
de la multitude, et que celle-ci brise elle-même rapidement les idoles élevées par son caprice; mais cette sagesse était difficile à pratiquer devant les démonstrations d'affection et de dévouement de toute une population, qui croyait idolâtrer l'institution, quand elle
n'aimait en réalité que sa résistance à la royauté absolue.

CHAPITRE VI

LE PARLEMENT MAUPEOU

Lutte entre le pouvoir royal et le Parlement. — Trêve de courte durée. — Arrestation du procureur général la Chalotais. — Procès contre le duc d'Aiguillon. — Le pouvoir royal entreprend de supprimer le Parlement. — Le chancelier Maupeou. — Edit de 1770 réduisant les Parlements à de simples cours de justice. — Résistance des Parlements. — Coup d'Etat Maupeou. — Exil de trente magistrats. — Installation, composition du nouveau Parlement. — Irritation des esprits. — Explosion de libelles, chansons, épigrammes. — Mort de Louis XV. — Disgrâce de Maupeou. — Rétablissement du Parlement. — Ovation aux magistrats. — Appréciation de l'œuvre de Maupeou et de ses résultats.

L'histoire des Parlements sous la monarchie de Louis XV pourrait se résumer en quelques mots : résistance des parlementaires, mesures de rigueur de la part du pouvoir royal, lits de justice et parfois exil des magistrats. C'est une lutte incessante, un combat opiniâtre entre deux pouvoirs rivaux : d'un côté le souverain, qui se considère comme tout-puissant, tenant de Dieu seul son autorité; de l'autre côté les magistrats, dont la soumission n'est jamais qu'apparente, qui essaient de placer la royauté sous leur joug, sous un contrôle presque absolu; qui, témoins des misères des classes inférieures, représentant seuls la nation, considèrent comme un devoir de protester, de guerroyer contre la cour. Ajoutons que chaque exil se termine par le rappel des exilés, par le rétablissement des Parlements dans leurs attributions premières. Ils reviennent puissants comme par le passé, mais ulcérés et plus disposés encore à une résistance qui finissait pour eux par un triomphe et leur valait cette popularité si facilement acquise à ceux qui ont le rôle de persécutés.

Ce qui rendait l'hostilité des Parlements redoutable, c'est qu'ils affichaient la prétention de jouer en face de la monarchie le rôle d'Etats généraux permanents, de former entre eux une grande confédération indivisible; d'une extrémité du royaume à l'autre, ils s'associaient, se solidarisaient entre eux, ils s'envoyaient des adresses de condoléance, des félicitations conçues dans des termes séditieux, des encouragements à la résistance. Enfin, plus on faisait de concessions aux magistrats, plus les magistrats devenaient exigeants et audacieux.

Dans les poursuites intentées contre les jésuites, ils avaient montré ce dont ils étaient capables. Dès le mois d'août 1761, le gouvernement avait manifesté l'intention de sauver l'ordre de la ruine. Le Parlement avait tenu bon et le roi avait dû céder.

En 1762, les Parlements avaient multiplié les remontrances contre les édits bursaux nécessaires au paiement des dettes dont la paix allait permettre la consolidation, et il avait fallu tenir un lit de justice pour faire enregistrer ces édits.

En 1763, l'effervescence devint plus grande encore, aussi bien dans la nation que dans le Parlement, lorsque les ministres voulurent remplacer les vingtièmes par un impôt territorial et perpétuel. Toutes les cours se récrièrent sur les abus de l'administration, sur l'inutilité d'un fonds d'amortissement toujours détourné de sa destination, servant d'aliment à de nouvelles déprédations. Plusieurs Parlements décrétèrent les porteurs d'ordres pour les enregistrements forcés. Le Parlement de Franche-Comté se montra très ardent ; il soutint que l'autorité, par de pareils excès de pouvoir, se suicidait ; ses remontrances furent des plus énergiques. « Dans la triste situation où elle se trouve, votre province de Franche-Comté, disait le Parlement, a besoin du soulagement le plus prompt, le plus effectif, pour se remettre de ses pertes et de son épuisement, elle ne peut plus donner, pour avoir trop donné. Les impôts établis par la déclaration du 21 novembre, par les arrêts du conseil concernant l'excédent des fourrages, les milices et les voitures, dépassent ses forces actuelles, qui ne pourront se réparer que par les soins les plus assidus, par des encouragements multipliés et par une liberté entière dans la vente et la circulation de ses grains et des autres objets de son commerce [1]. »

L'édit de 1764, qui plaçait la municipalité sous l'inspection des Parlements, parut apporter un contrepoids à l'autorité des commandants et des intendants. Le Parlement put alors exercer son contrôle sur toutes les

_____

[1] Minutes des délibérations, B. 2847. Archives du Doubs.

parties de l'administration, il reprit ses négociations sur les vingtièmes, envoya à Versailles plusieurs magistrats et obtint, dans cette même année 1764, une remise de 200,000 livres sur l'abonnement des vingtièmes, 10,000 livres sur les sols pour livre, l'exemption du droit du petit scel pour les rôles d'imposition des communautés, ainsi qu'une réduction dans les dépenses d'entretien des troupes ; mais les édits de 1767 et 1768, qui prorogeaient le premier vingtième et faisaient de cet impôt un impôt perpétuel, motivèrent des discussions, des remontrances [1], et la lutte recommença entre le pouvoir royal et le Parlement.

L'arrestation du procureur général la Chalotais et le procès contre le duc d'Aiguillon déterminèrent des hostilités encore plus vives.

De 1756 à 1765, le gouverneur de Bretagne, le duc d'Aiguillon, neveu du maréchal de Richelieu, homme de cour et homme d'esprit, mais de mœurs trop libres, absolu et peu scrupuleux sur les moyens de faire prévaloir son autorité, avait par ses procédés arbitraires mécontenté une province qui n'avait été réunie à la France que par droit de conquête. Le Parlement de Rennes n'avait pas hésité à prendre la défense des populations, et le désaccord le plus complet se manifestait entre le duc et la magistrature, lorsque le procureur général la Chalotais, la tête de la résistance, redouté pour sa hardiesse et ses mots mordants, l'ennemi irréconciliable du duc d'Aiguillon, fut arrêté dans la nuit

[1] Remontr., vol. 3, fol. 102, 129, 231. Recueil des édits, vol. 4, p. 678.

du 10 novembre 1765, enfermé, malgré son grand âge et ses infirmités, dans un château près de Morlaix. On jeta en outre au cachot son fils et ses amis. Les sympathies du peuple l'y suivirent. La Chalotais avait voué sa vie à l'étude du droit public, et s'était fait une haute situation par son savoir et son éloquence ; les magistrats le vénéraient. Le Parlement protesta. La plupart de ses membres donnèrent leur démission ; on l'exila. Mais en 1769, le duc d'Aiguillon fut rappelé à Versailles. Rétablis en quelque sorte dans leurs fonctions par l'opinion publique, les parlementaires remontèrent sur leurs sièges aux acclamations de toute la province ; ils voulurent à leur tour se venger du gouverneur, et ordonnèrent contre lui une instruction pour « faits de subornation, de faux témoignages et autres crimes. » Intentée malgré la défense formelle des ministres, malgré les menaces les plus graves en cas de désobéissance, cette poursuite acheva d'exaspérer le roi et la cour ; elle donna au souverain un grief de plus et lui fit sentir plus vivement encore l'urgence de mesures réduisant la puissance des Parlements et leur enlevant la force qu'ils tiraient de la solidarité qui les unissait entre eux et en faisait une seule compagnie. L'avilissement, l'annihilation morale des Parlements fut chose définitivement arrêtée.

L'entreprise était hardie. Comment supprimer une grande institution qui avait traversé de longs siècles, entourée du respect public, qui avait été l'appui de la royauté, qui était soutenue par l'opinion, les sympathies de la nation ?

Un ancien premier président du Parlement de Paris s'offrit au roi comme l'instrument docile de ses projets.

Dans le courant de l'année 1768, le chancelier de Lamoignon ayant abandonné les sceaux, y avait été remplacé par le vice-chancelier René de Maupeou; mais cette nomination n'était que provisoire; après vingt-quatre heures, René de Maupeou avait eu pour successeur son fils, Charles-Augustin de Maupeou.

Bien que ne possédant ni la science du droit ni la dignité du caractère, Augustin de Maupeou n'en réunissait pas moins plusieurs des conditions nécessaires au rôle qu'il devait remplir. Habile à manier l'intrigue, énergique, résolu, sans scrupules dans le choix des moyens, prêt à tout oser dans l'intérêt de sa propre fortune et de son ambition, fertile en expédients et capable de diriger les affaires les plus enchevêtrées, il ne devait reculer ni devant l'impopularité qui l'attendait, ni devant les haines qu'il allait infailliblement soulever; profitant du procès fait au duc d'Aiguillon pour justifier toutes les mesures propres à rendre à l'autorité royale son ancienne vigueur, un instant il put croire à la réalisation définitive de ses projets de réforme, et peu s'en fallut que la lutte contre le Parlement ne l'entourât du prestige que donne habituellement le succès.

Imprudent et dangereux, le plan du chancelier ne manquait pas cependant d'une habileté relative, et le moment d'agir n'était point mal choisi. Le Parlement de Paris avait alors la mauvaise fortune de compter parmi ses adversaires la secte philosophique, qui ne pouvait lui pardonner la condamnation de l'*Encyclo-pédie* et qui lui reprochait comme un acte de cruauté réfléchie, et non comme une erreur, le supplice du chancelier de la Barre et du malheureux comte de Lally, victime expiatoire des revers de nos armes. M. de Maupeou savait qu'il avait pour lui non seulement l'approbation, mais les éloges publics des philosophes, des écrivains qui dirigeaient l'opinion, de Voltaire, leur chef et leur oracle, qui venait de publier son *Histoire du Parlement*, écrite avec partialité et où il prenait soin de mettre en lumière tous les actes qui pouvaient faire tache dans le passé de cette compagnie, et d'omettre ou d'amoindrir tout ce qui pouvait contribuer à la gloire de l'ancienne magistrature.

Grimm, Linguet et bien d'autres étaient dans les mêmes idées que Voltaire. La haute noblesse souffrait impatiemment de partager avec des bourgeois en robe les hautes fonctions judiciaires et administratives. Le peuple lui-même commençait à se détacher des magistrats et à voir avec indifférence le danger dont étaient menacés des gens qui ne semblaient point opposer parfois assez de résistance à la surcharge des impôts, et qui étaient signalés comme défendant surtout leurs intérêts.

C'est en janvier 1769 que le conflit s'accentue. Le second vingtième venait d'être prorogé, et le Parlement se refusait à enregistrer l'édit. Maupeou veut briser sa résistance, il lui écrit, le 8 août 1769 : « J'ai rendu compte au roi de vos remontrances. Sa Majesté ne s'est déterminée à ordonner la continuation du second vingtième qu'après avoir sondé les maux de l'Etat et pesé les ressources que lui offrait l'économie.

» Sa tendresse pour ses peuples, plus éloquente encore que les remontrances de son Parlement, lui a peint leur situation avec plus de force et d'énergie, mais elle n'a pu, sans être injuste, céder à la sensibilité.

» Pour soulager une partie de ses sujets, il fallait causer la ruine de l'autre et tarir les ressources du crédit et de la confiance.

» Sa Majesté attendait du zèle des magistrats qu'ils donneraient à ses peuples l'exemple de la soumission ; leur résistance ne pourrait qu'inspirer des alarmes et un découragement qui augmenterait le mal, en faisant désespérer du remède.

» C'est pour prévenir ces malheureux effets que Sa Majesté envoie à son Parlement des lettres de jussion et lui ordonne d'y obtempérer. »

Ce n'est que le prélude de la bataille ; deux mois après, en novembre, la lutte s'ouvre, ardente, sans trêve.

Le 27 novembre, paraissait un édit dont l'article 1er prohibait les termes d'unité, d'indivisibilité, de classe et autres synonymes pouvant indiquer que tous les Parlements ne forment qu'une seule compagnie. L'article 2 ordonnait que tous les officiers des Parlements rendraient la justice sans interruption que celle portée par les ordonnances. En conséquence, il leur interdisait de cesser le service, sous peine de perte et privation de leurs offices, ainsi que de donner des démissions combinées et de concert. L'article 3 permettait de faire,

avant l'enregistrement, telles remontrances qu'ils esti-
meraient convenables, en leur interdisant après l'enregistrement de rendre aucun arrêt qui pût tendre à arrêter leur exécution.

Le chancelier avait pris soin d'accompagner l'édit
d'un préambule, où était proclamé le dogme de l'absolutisme pur, rêve d'un gouvernement faible, mais désireux de reproduire l'imposante monarchie de Louis XIV.
Le reste était un éclatant manifeste, un exposé de griefs
contre la conduite du Parlement de Paris et celle des
autres Parlements du royaume, un acte d'accusation où
l'on reprochait aux magistrats d'élever leur volonté au-
dessus de la volonté royale, de pousser les peuples à
l'insurrection. Défense était faite à tous les Parlements de
se communiquer des mémoires, des remontrances, de
se concerter, d'interrompre le service, de s'assembler
sans l'assentiment du premier président, de réclamer
contre les édits.

Jamais la couronne ne s'était exprimée dans un langage aussi hautain et aussi menaçant. Chaque phrase,
chaque mot attestait la volonté de blesser, d'écraser le
Parlement : « Nous ne tenons, disait Louis XV, notre
couronne que de Dieu ; le droit de faire des lois par lesquelles nos sujets doivent être conduits et gouvernés
nous appartient sans dépendance et sans partage. Nous
les adressons à nos cours pour les examiner, pour les
discuter et les faire enregistrer. Les représentations de
nos officiers ont des bornes, et ils ne peuvent en mettre
à notre autorité. Nous n'exigeons pas d'eux qu'ils donnent des suffrages qui ne s'accorderaient pas avec leurs

sentiments particuliers, mais soit par nous-même, soit par nos représentants, nous ordonnons l'enregistrement de nos lois; ces lois doivent être exécutées sans contradiction. »

C'était un édit de despotisme, c'était ravaler, humilier la magistrature. Les Parlements ne pouvaient subir un tel affront sans abjurer le droit politique du royaume, sans se suicider eux-mêmes. Le chancelier le savait, sa violence de langage avait été calculée; il voulait irriter la magistrature et la jeter dans une résistance qui permettrait d'agir contre elle sans ménagement.

Cette résistance fut immédiate.

Le Parlement de Paris répond aussitôt que c'est à lui que la royauté doit l'abaissement des grands vassaux, le maintien de l'indépendance de la couronne; il récrimine contre les funestes conseillers du trône; il supplie le roi de livrer à la vengeance des lois les perturbateurs de l'Etat et les calomniateurs de la magistrature, puis il refuse l'enregistrement. C'est avec une élévation et une distinction de langage admirables qu'il rappelle les services rendus à la monarchie. « Si la fierté des grands vassaux s'est trouvée forcée de s'humilier devant le trône de vos ancêtres, de renoncer à l'indépendance et de reconnaître dans leur roi une juridiction suprême, une puissance publique supérieure à celle qu'ils exerçaient; si l'indépendance de votre couronne a été maintenue contre les entreprises de la cour de Rome, tandis que presque partout les souverains avaient plié sous le joug de l'ambition ultramontaine; enfin si le sceptre a

été conservé de mâle en mâle à l'aîné de la maison
royale par la succession la plus longue et la plus heureuse dont il existe des exemples dans les annales des
empires, tous ces services, les plus importants sans doute
qu'on ait jamais rendus à l'autorité royale et à l'Etat,
sont dus, et l'histoire en fait foi, à votre Parlement. »

Ces remontrances si dignes, le roi les jette au feu en
présence du premier président d'Aligre. Le 7 décembre
1770, le chancelier fait tenir un lit de justice à Versailles, et l'édit de discipline du 27 novembre est pro-
mulgué. Le 10, le Parlement proteste de nouveau. Le
12, le roi ordonne de reprendre les audiences et refuse
d'entendre le premier président. Le Parlement se soumet, en apparence du moins, tout en persistant à suspendre la justice.

Mais la fermentation était dans les esprits, le peuple
et la bourgeoisie se déclaraient pour la magistrature,
les grands et le haut clergé étaient pour le roi. La lutte
devait se continuer plus violente. Le 16 janvier, le
même Parlement déclare vouloir conserver l'intégrité
de ses droits. Le 19, le roi ordonne de reprendre le
service. Le 20, le Parlement persiste dans son attitude
de protestation. Le 21, un arrêt du conseil déclare tous
les offices acquis et confisqués. Il sera immédiatement
pourvu à la nomination des officiers de la cour.

Le 22 janvier, le roi envoie des lettres de cachet à
tous les magistrats. Des conseillers d'Etat et des maîtres
des requêtes composent la nouvelle cour de justice et
s'installent en grand appareil militaire au milieu des
huées du peuple.

Mais ces actes tendant à relever l'autorité du souverain devaient, pour mettre du côté du ministre toutes les chances de succès, être appuyés de dispositions de nature à lui rallier l'opinion publique, et de réformes désirées par les populations. Maupeou le comprit, et le 22 février 1771, un édit vint enfin révéler sa pensée tout entière. Le préambule expliquait la nécessité de réformer les abus dans l'administration de la justice, il condamnait la vénalité des offices et reconnaissait que le roi devait à ses sujets une justice prompte et gratuite. Cette vénalité était honteusement proscrite et stigmatisée avec ignominie. Six conseils supérieurs établis dans les villes d'Arras, Blois, Châlons, Clermont-Ferrand, Lyon et Poitiers, c'est-à-dire dans toute l'étendue du Parlement de Paris, et dont les membres ne devaient toucher ni épices ni droits de vacations en sus de leurs gages, remplaçaient l'ancien Parlement.

A la vue de ces modifications et de l'exil qui frappait la plupart des magistrats de Paris, les Parlements de province s'émurent et protestèrent. Il y avait entre tous ces grands corps de justice une solidarité étroite, et le coup qui atteignait l'un, non seulement les menaçait tous, mais affaiblissait leur puissance et leur autorité; et il eût fallu être atteint d'aveuglement pour ne pas comprendre que le succès des mesures prises contre la magistrature de Paris amènerait nécessairement des mesures semblables contre les autres Parlements, et qu'en appuyant la résistance du Parlement de Paris, les cours de province se défendaient elles-mêmes et se donnaient, par leur union, la seule chance de conser-

ver leurs anciennes attributions. La plupart des princes
du sang eux-mêmes s'associèrent aux magistrats, ne
voyant dans le chancelier qu'une créature de Mme du
Barry. Mais le ministère n'en devait pas moins poursuivre son œuvre et toutes les grandes cours de justice
du royaume devaient être ou supprimées ou complètement modifiées.

Le Parlement de Besançon, qui avait alors à sa tête
le premier président de Grosbois, en se déclarant pour
le Parlement de Rennes contre le duc d'Aiguillon, avait
fait un acte qui, en le compromettant aux yeux du pouvoir, lui créait un précédent auquel il devait demeurer
fidèle. Aussi, fort irrité des modifications apportées
dans l'organisation judiciaire, n'hésita-t-il point à
prendre parti pour le Parlement de Paris. La conquête
de la Franche-Comté était d'ailleurs trop récente pour
qu'un levain d'opposition, basé sur le regret de la domination espagnole, ne fermentât pas dans quelques
têtes. Plus d'un parlementaire comparait l'indépendance
de cette époque à la réglementation à laquelle Louis XIV
avait soumis le pays, et mesurant les charges du passé
aux lourds impôts du présent, se prenait à regretter les
franchises dont jouissait la province sous le gouvernement espagnol, la douceur d'un pouvoir qui, placé au
loin, devait se faire aimer s'il voulait être supporté.
Toutefois le mécontentement des magistrats n'avait pu
se produire que par des délibérations sur l'état de la
magistrature en général et du Parlement de Paris en
particulier, lorsque, le 16 juillet 1771, les chambres du
Parlement étant assemblées, un conseiller, Jean-Bap-

tiste-Bonaventure Alviset, exposa que l'opinion publique attribuait au roi la volonté de donner aux tribunaux de justice une autre forme et de créer de nouvelles compagnies sous le titre de conseils supérieurs, et qu'elle désignait plusieurs des membres du Parlement comme disposés à solliciter des fonctions dans une magistrature nouvelle ; que de tels bruits étaient non seulement calomnieux, mais de nature à déshonorer le Parlement, et qu'il était nécessaire de prendre un arrêté par lequel les parlementaires désavoueraient de tels sentiments, en affirmant qu'ils regarderaient comme parjures ceux de leurs collègues qui entreraient dans la nouvelle cour. Une discussion s'éleva, plusieurs des conseillers présents soutenant qu'il fallait attendre une décision royale avant de protester. Ce dernier avis ne prévalut point et la majorité se rangea à l'opinion du conseiller Alviset. Une délibération fut prise, imprimée et répandue dans le public, dans le but de repousser toute modification et d'affirmer le dévouement des parlementaires à leur compagnie. Nous y lisons ces lignes :

« Persuadés que nous sommes tenus par notre état, notre caractère et nos serments de ne nous écarter jamais des lois, des ordonnances, des maximes du royaume, de donner au péril de nos biens, de notre liberté et de nos vies l'exemple d'une fidélité inviolable au service du roi et à tous nos devoirs, nous déclarons que nous aurions été parjures et traîtres au roi, à l'Etat et à la patrie, et usurpateurs du bien d'autrui, si, par l'acceptation de nouveaux offices, nous concourrions auxdites destruction et destitution, et si nous prenions la place des vertueux magistrats qui, par leurs longs et pénibles services, ont mérité les récompenses dues à leurs vertus. » Le même jour, le président de Vezet et les conseillers Seguin, Charchillat et d'Olivet déposèrent au greffe une protestation analogue [1].

La cour n'attendait qu'un prétexte pour frapper le Parlement, et cette délibération fit éclater l'orage prêt à fondre sur lui. La première pensée du roi, à la lecture de cet arrêté, fut non seulement de casser le Parlement, mais de n'en point créer d'autre, et de partager la province entre les conseils supérieurs de Dijon, Metz, Nancy et Colmar, et ce ne fut que sur les instances du maréchal de Lorges et dans la crainte de ruiner le pays et la ville de Besançon, qu'il consentit à ne point les priver d'un grand corps de justice. Mais il fut décidé que le Parlement qui devrait être atteint des rigueurs royales, après celui de Paris, serait le Parlement de Besançon.

La couronne espérait que plusieurs parlementaires s'associeraient à elle et seconderaient son entreprise. Le Parlement était fort divisé; lorsque les exilés étaient, en décembre 1761, revenus, après trois années d'absence, prendre possession de leur siège, ils n'avaient point dissimulé leur peu d'estime et de sympathie à ceux de leurs collègues qu'en raison de leur docilité, le pouvoir royal avait épargnés; ils avaient blâmé hautement l'enregistrement trop facile de certains édits augmentant les charges de la province; irrités de cette attitude, les magistrats qui étaient l'objet de ces manifestations hostiles s'étaient adressés au chancelier et s'étaient plaints de leurs collègues. Le 5 mars 1762, ils lui avaient envoyé un long mémoire accompagné d'une lettre ainsi conçue :

« Monseigneur,

» Nous nous étions flattés que le retour de nos confrères que le roi avait jugés à propos d'éloigner, ramènerait la paix et la tranquillité dans notre compagnie, et dans cette confiance, nous nous sommes empressés de les prévenir de politesse et de leur marquer notre joie et notre satisfaction de les recevoir parmi nous.

» Mais nous ne pouvons nous dissimuler, Monseigneur, que nos espérances ont été vaines et que nous avons peu trouvé de retour de leur part. Ils nous laissent même apercevoir la volonté déterminée d'anéantir ce que nous avons fait pendant leur absence, quoique Sa Majesté ait bien voulu approuver nos démarches et applaudir en toute occasion à notre conduite.

» La délation odieuse que l'un d'entre eux a faite contre M. Mareschal, dans la vue de le priver de son état et de flétrir sa famille, prouve leur intention de détruire tous les arrêts rendus et les enregistrements faits pendant leur absence. Nous croirions manquer à ce que nous devons à Sa Majesté si nous ne l'informions pas des différentes atteintes portées à son autorité [1]. »

---

[1] Correspondance du Parlement trouvée dans les papiers du conseiller Bourgon et déposée aux Archives du Doubs.

Les mêmes magistrats écrivaient en même temps au duc de Choiseul et au garde des sceaux; ils demandaient qu' « on les tirât de l'oppression où ils se trouvaient, uniquement pour avoir servi avec zèle Sa Majesté et n'avoir pas discontinué à rendre la justice à ses sujets [1]. »

Le pouvoir royal comptait sur ces divisions; il voyait dans les magistrats qui sollicitaient son appui des auxiliaires ardents; il comptait surtout sur les anciens partisans du premier président de Boynes, comme le prouvent ces lignes d'une brochure du temps [2] : « Les intrigues avaient cabalé : le fameux de Boynes, jadis premier président et obligé, pour bonnes raisons, de quitter la place, avait ses adhérents et les jésuites leurs affiliés. » C'est la même pensée qui se retrouve dans le *Maupeouana*, où il est dit que « les antiboynes avaient été chassés et exilés, que les autres devaient servir de recrue au pouvoir royal. » Un autre motif détermina encore la couronne à agir tout d'abord contre les magistrats de Franche-Comté : notre province était ruinée, malheureuse; certains de ses habitants ne dissimulaient point leurs regrets pour la maison d'Autriche. L'autorité royale le savait et n'était point fâchée de briser cet esprit d'insubordination et de révolte. Enfin, M. de Boynes, qui était le bras droit de M. de Maupeou, qui avait contre les Parlements tous les instincts de sa na-

---

- [1] Correspondance du Parlement trouvée dans les papiers du conseiller Bourgon et déposée aux Archives du Doubs.

[2] *Réflexions sur ce qui s'est passé à Besançon*, écrit de 22 pages, p. 5. Manuscrits Chiflet, vol. 64, p. 410.

ture et de plus une haine personnelle et motivée contre les magistrats de Besançon, poussait le chancelier à agir avec rigueur.

L'exécuteur du Parlement fut le duc de Lorges, assisté et aidé de M. de Bastard, conseiller d'Etat, ancien premier président du Parlement de Toulouse.

Le duc de Lorges aurait dù suivre le noble exemple du prince de Beauvau et du duc de Duras, qui refusèrent de se prêter, l'un à Toulouse, l'autre à Rennes, aux volontés du chancelier; mais le duc était un courtisan toujours empressé de plaire au pouvoir. Quant à M. de Bastard, il avait eu de nombreuses difficultés avec sa compagnie, et le gouvernement avait dù, pour le sortir de sa position avec honneur, l'appeler, en 1769, au conseil d'Etat. C'était un homme habile, ambitieux, sans grands scrupules, ennemi de la magistrature, tel qu'il en fallait à Maupeou pour l'exécution de ses projets.

Tous deux arrivèrent à l'improviste à Besançon le 4 aoùt [1], escortés par la maréchaussée, porteurs d'un grand nombre de lettres de cachet.

L'attitude de M. de Grosbois les inquiétait; ils connaissaient sa fermeté, son esprit d'indépendance; il était nécessaire de le contraindre à l'inaction. Ils apprirent qu'il était absent de Besançon, dans une de ses terres; ils s'empressèrent de lui signifier une lettre de cachet d'exil, lui ordonnant de se retirer immédiatement à Grosbois. La lettre lui fut remise entre Auxonne et Dole, lorsqu'il revenait pour reprendre ses fonc-

_____

(1) Manuscrits Chiflet, vol. 64, 1°, p. 411.

tions (¹). Le lendemain 5 août, à quatre heures du matin, des officiers allèrent porter à chacun des parlementaires l'ordre de se rendre le même jour, à huit heures, à la grand'chambre, pour y entendre les prescriptions du roi, « avec défense d'opiner et de parler. » Le même jour, dès le matin, les troupes furent consignées, les dragons se tinrent prêts à monter à cheval, et deux compagnies de grenadiers et des pelotons d'artilleurs investirent le palais de justice.

A leur entrée dans la grand'chambre, huit heures du matin, les parlementaires, présidés par M. Chiflet, en l'absence du premier président et du président de Montureux, se trouvèrent en présence du maréchal de Lorges assisté de M. de Bastard, qui firent mander les gens du roi. Le maréchal, assis et couvert, dit : « Sa Majesté n'a pu tolérer l'arrêté que vous avez pris le 16 juillet ; l'incompétence et l'irrégularité ne sont pas les seuls vices dont il est infecté ; on y aperçoit partout l'affectation la plus marquée pour exciter la fermentation et pour fomenter des divisions aussi funestes à la dignité de la magistrature qu'au bien de la justice ; et, comme si cet écrit n'était pas assez répréhensible par lui-même, vos premiers torts ont été aggravés par la publicité que l'impression a donnée à un acte destiné par sa nature à rester dans le secret de vos registres ; tels sont les motifs qui ont déterminé les lettres patentes qui vous sont apportées. » Puis le greffier donna lecture des lettres patentes cassant et annulant l'arrêt. L'enregis-

(1) Manuscrits Chiflet, vol. 64, 1°, p. 410.

trement ayant été ordonné, quelques conseillers réclamèrent tumultueusement, selon l'expression du procès-verbal, le droit de délibérer ; le maréchal fit distribuer par le greffier à chacun des magistrats l'ordre du roi portant défense de protester et prononça ces mots : « La distribution gratuite de la justice et la réduction dans le nombre des magistrats ont dans tous les temps donné lieu aux sollicitations les plus vives auprès du trône; les ordonnances attestent le vœu de la nation et celles du monarque; si des circonstances ont empêché nos rois de signaler par ce bienfait leur amour pour leurs sujets, le moment marqué par la bonté et la sagesse de Sa Majesté pour l'exécution d'un projet aussi important est enfin arrivé. » Puis l'édit de suppression d'offices fut lu par le greffier, et l'ordre fut donné aux magistrats de se retirer à l'instant chez eux, « sans s'assembler ni recevoir personne, et y rester jusqu'à nouvel ordre [1]. »

Quelques magistrats courageux réclamèrent encore la liberté des délibérations. Bien que le conseiller Bourgon tînt à la main la lettre de cachet qui lui défendait de parler, il éleva la voix pour déclarer *qu'il protestait de nouveau, et que le roi ne pouvait lui ôter son état.* On passa outre, et on rédigea un procès-verbal destiné à être transmis à sa Majesté, puis les chambres se séparèrent après que le greffier en chef eut transcrit sur le registre l'édit et les lettres patentes [2].

---

(1) Procès-verbal de la suppression du Parlement. Archives du Doubs. Parlement.

(2) Procès-verbal de l'installation du Parlement Maupeou. Archives du Doubs, B. 3804.

Dès que les parlementaires furent revenus à leur domicile, on leur distribua soixante lettres de cachet, portant ordre de ne point quitter leur maison. En même temps, le maréchal de Lorges tenta d'obtenir une rétractation de quelques-uns des magistrats qui avaient signé l'acte de protestation du 16 juillet, mais toutes démarches restèrent infructueuses. A quatre heures du soir, on distribua trente lettres de cachet, vingt-huit à ceux des parlementaires qui avaient signé l'acte de protestation, et les deux autres à MM. Belon et Renard, conseillers honoraires, le premier soupçonné d'avoir provoqué l'arrêté du 16 juillet, le second, d'avoir rédigé cet arrêté, ainsi que diverses remontrances antérieures. Mais l'exil ne devait pas leur être aussi rude qu'aux membres du Parlement de Paris. Les lettres leur ordonnaient de se retirer dans les environs de Besançon, dans leurs terres ou maisons de campagne. Ceux qui n'avaient pas de domaine ou de maison des champs devaient habiter un endroit de la province à leur choix, hors de Besançon et de sa banlieue. Nous donnons les noms des exilés et les lieux de leur exil :

MM. de Grosbois, premier président, à Grosbois ; de Montureux, président, à Montureux ; d'Olivet, président, à Choye ; de Vezet, président, à Vezet ; de Nancray, doyen, à Nancray ; Alviset, conseiller, à Charcenne ; Domet, conseiller, à Thise ; Hugon, conseiller, à Dampierre ; de Rans, conseiller, à Rans ; Maire, conseiller, à Villers-le-Sec ; Quégain, conseiller, à Voray ; Seguin de Jallerange, conseiller, à Jallerange ; de Bouligney, conseiller, à Vauvillers ; Bourgon, conseiller, à Charbonnières ; de Mongenet, conseiller, à Morez ; Varin d'Ainvelle, à Champvans ; de Legna, conseiller, à Orgelet ; Varin du Fresne, à Fretigney ; de Prantigny, à Boussières ; de Boulot, à Boulot ; Coquelin de Morez, à Morez ; Duban, à Ventoux ; de Charchillat, à Saint-Claude ; Tinseau, à Amondans ; Tharin, à Colombier ; d'Authume, à Authume ; de la Bretenière, à Authume ; de Saint-Vendelin, à Gy ; Parret de Moyron, à Faverney ; Belin, à Miserey ; Renard, à Buffard [1].

Ils partirent tous dans cette même journée du 5 août.

Les magistrats qui n'avaient pas signé l'acte de protestation restaient libres. Le lendemain 6 août, à neuf heures du matin, ils furent autorisés à sortir de leur domicile. Ils se rendirent chez le maréchal de Lorges, qui travaillait avec M. de Bastard et le procureur général Doroz à la nouvelle composition du Parlement [2].

Le 8 août, à dix heures du matin, le maréchal et M. de Bastard entrèrent au palais et procédèrent à l'ins-

---

(1) Ces magistrats, durant leur disgrâce, devaient être traités avec rigueur. C'est ainsi que le maréchal de Lorges fit remettre à chacun d'eux, par la maréchaussée, la copie d'une instruction datée de Versailles du 8 février 1772, dans laquelle le roi leur défendait, sous peine d'une répression des plus sévères, *de quitter le lieu de leur exil, d'y tenir des assemblées et de découcher.* La plupart des exilés écrivirent à M. de Montegnard pour lui exprimer leur surprise et se plaindre d'une pareille injonction. Plusieurs ne s'étaient absentés qu'à de rares intervalles et pour se rendre à une faible distance de la résidence qui leur était assignée, et certains d'entre eux n'avaient même point quitté cette résidence.

(2) Extrait des notes manuscrites de M. Duban de Crescia, conseiller au Parlement. Manuscrits Chiflet, vol. 64, p. 411.

tallation du nouveau Parlement. Le duc de Lorges était en habit de cérémonie, et M. de Bastard en robe de satin noir, rabat plissé et bonnet carré. Lorsque le maréchal eut pris sa place ordinaire en la grand'chambre, et que M. de Bastard se fut assis au-dessus du doyen, le maréchal, assis et couvert, dit ces mots : « Je regarde comme une époque très flatteuse dans ma vie l'installation dont le roi me fait l'honneur de me charger, d'un Parlement composé de membres aussi respectables ; M. de Bastard vous exprimera les volontés de Sa Majesté. » Puis, après lecture des lettres de commission de M. de Bastard, ce dernier prononça ce petit discours : « Le roi vous rappelle aux fonctions de la magistrature. L'interruption momentanée qu'elles ont éprouvée n'altère ni leur éclat ni leur stabilité. Le choix du souverain répandu sur un plus petit nombre est plus honorable et plus flatteur. La distribution gratuite de la justice répond à la pureté de vos intentions et à la noblesse de votre ministère. Vos pénibles travaux n'auront désormais d'autre tribut que celui de la vénération et de la reconnaissance, seule récompense digne des magistrats vertueux qui composent cette auguste compagnie. »

Les portes de l'audience furent alors ouvertes, et lecture fut faite de l'édit de juillet portant création d'offices au Parlement de Besançon.

D'après cet édit, qui forme vingt-trois articles, le Parlement dut se composer : d'un premier président, de quatre présidents, de deux conseillers présidents (appelés présidents à bonnet), de deux conseillers clercs, de trente-deux conseillers laïques, de deux avocats généraux, d'un procureur général, de deux substituts, ce qui formait un total de quarante-six membres. La chambre des requêtes, qui avait pour mission de statuer sur les matières des eaux et forêts, ayant été supprimée en 1759, trois chambres, la grand'chambre, la tournelle criminelle et la chambre des enquêtes, composèrent cette cour de justice. L'édit de juillet exigeait des conditions d'aptitude. Tout conseiller devait être âgé de vingt-cinq ans accomplis et justifier de cinq années d'exercice de la profession d'avocat. En cas de vacance, la cour devait présenter trois candidats, et c'était au roi à choisir parmi eux ou à demander de nouvelles présentations. Enfin, les officiers du Parlement devaient toucher des gages fixes : le premier président, 12,000 liv. de traitement ; les quatre présidents et le procureur général, chacun 6,000 liv.; les conseillers clercs et laïques, 2,400 liv.; le doyen, 3,900 liv.; les deux avocats généraux, 2,000 liv., et les deux substituts, 1,000 liv. Les gages des avocats généraux devaient être portés plus tard, en 1771, à 2,400 liv. Indépendamment de son traitement, le doyen des conseillers laïques eut une pension de 1,500 liv., et le plus ancien des conseillers clercs, une pension de 1,000 liv. La portion colonique fut supprimée, les épices abolies, ainsi que tous les privilèges dont jouissaient les parlementaires.

L'intégrité du premier président, M. de Grosbois, était trop connue pour que le chancelier Maupeou eût l'idée de le maintenir à la tête du Parlement. On savait

qu'il aurait refusé toute fonction : on le priva de sa
charge, de sa pension, de son brevet de retenue, et on
le remplaça par un des présidents à mortier, M. Chiflet,
qui, selon toutes probabilités, appartenait à une des
congrégations établies par les jésuites dans la province.
Cette défection de M. Chiflet et du doyen du Parlement,
M. d'Orival, fut d'un triste exemple ; mais si les consciences molles suivirent, les plus fermes résistèrent, et
il fallut le génie de l'intrigue incarné dans Maupeou
pour consommer son œuvre ; à côté de Chiflet se grou-
pèrent les magistrats qui n'avaient pas eu assez
d'énergie et de force d'âme pour s'arracher de leurs
sièges. Les quarante-six charges qui constituaient le
Parlement ne furent occupées que par quarante et un
titulaires. Cinq restèrent vacantes et furent destinées à
ceux de Messieurs de l'ancien Parlement qui consentiraient à rentrer et à se désister de leur protestation.
Ces quarante et une places furent occupées par plusieurs
anciens membres de la compagnie ; on dut avoir recours à des magistrats qui, depuis dix ans, n'entraient
plus au palais, MM. Perrinot, de Poupet, Damey ; on y
plaça les fils de plusieurs conseillers, MM. Vuilleret
et Roussel, ainsi que deux jeunes avocats de Vesoul,
qui avaient acheté des charges au Parlement et qui
n'étaient pas encore reçus, MM. Raillard et Mirdondey ;
on voulait prouver ainsi que le nouveau Parlement
pouvait se reconstituer avec les membres de l'ancienne
compagnie. Enfin, le maréchal de Lorges donna la
charge d'avocat général à M. Athalin, fils de son mé-
decin, avocat depuis neuf ans, et dont les plaidoiries

étaient, selon Chiflet [1], fort applaudies. Tous les anti-Boynes se trouvaient congédiés. L'opinion publique ne s'y trompa point, et le président de Brosses écrivait, le 17 août : « Le triage a été fait avec soin, en expulsant tous ceux à qui le maréchal de Lorges et M. de Boynes en voulaient et en admettant tous ceux qui leur étaient dévoués. » Le nouveau Parlement se trouva ainsi composé :

Premier président, M. Etienne-Joseph-François-Xavier Chiflet d'Orchamps, ancien président à mortier, en son hôtel, rue des Granges.

Présidents, MM. Béatrix-Antoine-Ignace de Camus, ancien président, derrière Saint-Jean-Baptiste ; François-Félix-Bernard Terrier, rue des Granges ; François Gabriel Chappuis de Rosières, rue des Cordeliers ; Christophe-Claude-Marie de Chaillot, rue du Chateur.

Conseillers présidents (dénomination nouvelle des présidents des enquêtes), MM. d'Arvisenet, seigneur d'Auxon, place Neuve ; Nicolas-Marin d'Orival, rue du Clos.

Chevaliers d'honneur, MM. Joseph-Ignace-François Froissard, marquis de Broissia, à Dole ; Philippe Marie-François, comte d'Udressier, à Salins ; Charles-Roger, prince de Bauffremont, maréchal des camps et armées du roi, rue des Martelots ; Florent-Alexandre-Melchior-Esprit de la Baume, comte de Montrevel, maréchal des camps et armées du roi, à Paris.

Conseillers, MM. Félix-Nicolas-Hippolyte, marquis

de Peintre, doyen du Parlement, rue Saint-Vincent; Jean-François d'Espiard, premier conseiller clerc, derrière Saint-Jean-Baptiste; Charles-Alexis Lebas de Bouclans, rue des Minimes; Claude-Joseph Maréchal de Longeville; François-Augustin Frère de Villefrancon, rue du Chateur; Jean-Baptiste Guillemin de Vaivre, rue des Cordeliers; Nicolas-Gabriel Vuilleret de Brotte, rue Saint-Vincent; Jean-Baptiste Riboux, Grande-Rue; Claude-Antoine-Catherine Boquet de Courbouzon, rue Sainte-Anne; François-Xavier Damey de Saint-Bresson, rue Sainte-Anne; Philippe-Richard Foillenot de Magny, rue du Chateur; Pierre-Etienne-François Brocard de Lavernay, rue de la Vieille-Monnaie; Claude-Pierre Arnoulx, seigneur de Pirey, rue des Granges; Bernard-Gabriel Caseau, Grande-Rue; Claude-Matthieu Marrelier de Verchamps, Grande-Rue; Jean-Stanislas Dunod de Charnage, place Labourey; François-Nicolas-Eugène Droz, Grande-Rue; Jean-Ignace Roussel, rue des Martelots; Jean-Antoine-François de Camus, second conseiller clerc, place Dauphine; Claude-Joseph Perrinot; Jean-Joseph Vaulory, seigneur de Poupet et de Seizenay, place Dauphine; François-Xavier Damey, rue Sainte-Anne; Georges Vuilleret fils, rue Saint-Vincent: Claude-Antoine Roussel fils, rue des Martelots; Benoît-Georges Raillard de Gevigney, Grande-Rue; Joseph-Thérèse Marin, rue Poitune; Antoine-René Mirdondey, Grande-Rue; Claude-François Morel de Thurey, rue de Battant.

GENS DU ROI. — *Avocats généraux*, MM. Claude-Alexandre Desbiez, premier avocat général, rue des

Granges; Luc-Claude-François Athalin, second avocat général, place Saint-Quentin.

Procureur général, M. Claude-Théophile-Joseph Doroz, place Dauphine.

Substituts, MM. Alexis-Joseph Grangier, rue des Granges ; Pierre-Matthieu Marguet, place Dauphine.

MM. Perrinot, Poupet, Damey, étaient conseillers honoraires et rentraient comme titulaires.

MM. Vuilleret, Roussel, Raillard de Gevigney, Marin et Mirdondey furent reçus sans examen.

M. de Longeville, conseiller des salines, et M. de Vaivre, intendant de Saint-Domingue, ne devaient faire aucun service.

Plus tard, MM. d'Aubonne, Belon, Guigne et Bourges, officiers de la chambre des comptes de Dole, prirent place dans le nouveau Parlement. Dagay, fils de l'intendant d'Amiens, fut nommé avocat général, en remplacement de Desbiez, qui devint conseiller.

L'installation terminée, les commissaires de Sa Majesté quittèrent la ville quelques jours après.

Le 17 avril, le maréchal de Lorges et M. de Bastard prononcèrent la suppression de la Chambre des comptes de Dole et nommèrent, pour faire l'inventaire des titres et papiers, MM. Vuilleret père, de Bouclans et Droz.

La révolution opérée par le chancelier produisit dans tout le royaume une sensation profonde et pénible : de Maupeou avait spolié les magistrats du droit de propriété de leurs offices et avait violé le principe de l'inamovibilité. En dehors des partisans des jésuites et de la bulle *Unigenitus*, l'impression fut défavorable à la

magistrature nouvellement créée; on ne crut ni à son
indépendance ni à son impartialité, et elle fut attaquée
par un débordement d'écrits et de pamphlets, dont les
plus curieux ont été imprimés dans un recueil en cinq
volumes, intitulé *Maupeouana*, du nom de celui qui y
joue le principal rôle. A Paris, le Parlement Maupeou devint l'objet de la risée publique. « Le Parlement de Paris
va de mal en pis dans l'esprit des populations, » écrivait
le président Terrier, qui se trouvait alors dans cette
ville, occupé de résoudre diverses questions soulevées
par les magistrats de Besançon; « tous les jours, ajoutait
ce magistrat, on lui suscite de nouvelles affaires [1]. »
On se moqua de la gaucherie des nouveaux venus, auxquels il fallait tout apprendre. En vain le chancelier se
couvrit-il de l'approbation de Voltaire, de la retentis-
sante cohorte des philosophes, de la volumineuse Encyclopédie, de ses doctrines les plus sensées; en vain
essaya-t-il d'argumenter de l'abolition de la vénalité des
offices et de la gratuité de la justice, le déchaînement
fut universel. Beaumarchais acheva de discréditer la
magistrature nouvelle dans des mémoires étincelants
de verve, véritables chefs-d'œuvre d'ironie et d'éloquence; il entreprit de mettre le public dans la confi-
dence de l'affaire Goesman, révélant les mystères de
l'ancienne procédure criminelle, qu'avaient abritée jusqu'alors les ténèbres du greffe. On crut à sa parole
comme à l'Evangile, parce qu'il servait la haine, le

---

(1) Correspondance du président de Terrier, appartenant au marquis de
Lomy et au marquis de Terrier.

mépris du public pour les magistrats de Maupeou. On
se plut à reporter sur le corps tout entier les accusations de vénalité qui atteignaient un de ses membres.
A Paris, le mécontentement grandit. Il en fut de même
dans beaucoup de provinces. Les vues généreuses du
roi sur la gratuité de la justice avaient été éludées de
la manière la plus onéreuse pour les plaideurs et même
pour les contribuables. Non seulement il avait fallu
augmenter la dette de plus de soixante millions pour le
remboursement des offices supprimés, mais les droits
de greffe s'étaient accrus de huit sols par livre, et excé-
daient ce qu'ils étaient avant la suppression des épices
et vacations. Enfin, ce qui ajoutait à l'irritation des esprits, c'est que le ministre avait apporté dans l'exécution des mesures provoquées par lui une telle précipitation, que plusieurs choix avaient été faits sans
discernement; c'est ainsi qu'en Dauphiné le successeur
de l'avocat général Servan fut un jeune homme de dix-
huit ans, sans expérience et sans talent.

Toutefois, la Franche-Comté ne s'émut tout d'abord
que légèrement de l'exil de ses magistrats. Plusieurs
d'entre eux avaient des ennemis ardents parmi les partisans des jésuites, puis le chancelier de Maupeou et le
président de Boynes travaillaient depuis longtemps à
soulever l'opinion publique contre ceux qui leur étaient
hostiles.

La cherté des subsistances avait mécontenté le
peuple; c'était presque la famine; on lit dans le manuscrit Quirot : « En 1771 et 1772, la province fut
éprouvée par une horrible disette. La mesure de blé se

vendait 8 livres 10 sols; les gens de la campagne et les habitants de la ville assiégeaient la porte des boulangers et n'y trouvaient point de pain. On cueillit l'herbe dans les champs pour la faire bouillir; d'autres se nourrissaient avec du son. Bien des familles abandonnèrent le pays pour chercher leur subsistance en pays étranger. Le peuple ne pouvait s'imaginer que la disette fût due à des causes accidentelles; il l'attribuait au monopole des blés et à leur exportation en Suisse [1]. » On accusait aussi les magistrats; quelques-uns, notamment le président d'Olivet, furent injuriés dans la rue au moment de leur départ; mais la classe moyenne prit parti pour les exilés; la réaction se fit bien vite partout; les sympathies suivirent les anciens magistrats dans l'exil, et le sentiment qui ne tarda pas à dominer fut un sentiment de mépris contre le nouveau Parlement et contre le pouvoir qui l'avait créé. L'indignation publique se traduisit en cruelles railleries. Les femmes appartenant à des familles de magistrats jouèrent un grand rôle dans cette guerre contre le despotisme, les unes furieuses de l'exil qui avait atteint leurs maris ou leurs parents, les autres humiliées de les voir faire partie des « remanents. » Comme en 1759, des satires, sous la forme de noëls, d'épigrammes, de chansons, furent répandues dans la province; on chansonna, on poursuivit de sarcasmes non seulement les ministres, mais les magistrats qui avaient consenti à accepter des fonctions du chancelier. Le premier pré-

(1) Manuscrit Quirot, appartenant à Mme Henri de Chevroz.

sident Chiflet, que ses ennemis représentaient comme ayant préparé, de concert avec M. de Maupeou, tout le travail de réorganisation de la magistrature comtoise, fut surtout l'objet de vives attaques; on le signala comme traitre. MM. de Courbouzon, d'Orival, d'Arvisenet, de Villefrancon, Desbiez, de Longeville, de Saint-Bresson, de Verchamps, ne furent pas épargnés [1]. Ces poésies, faciles au point de vue de la forme, sont empreintes d'un esprit gaulois et rabelaisien qui en rend impossible la reproduction intégrale. Epigrammes, chansons et pamphlets ne sont ni plus spirituels ni moins atroces que les chansons de la Ligue et les mazarinades. Un de ces noëls, dont nous citerons quelques lignes, parce que certains historiens ont soutenu qu'il n'y avait eu ni prose ni vers contre le parlement Maupeou, contenait les couplets suivants :

1er COUPLET

Près de sa décadence,
Le tripot franc-comtois
Demande une audience
Au Fils du Roi des rois.
L'étable est, dit Jésus,
Ouverte à tout le monde ;
Cette compagnie entrera,
Mais bientôt on la renvoyera
Afin qu'on la refonde.

(1) Les anciens magistrats témoignaient hautement leur mépris pour leurs successeurs. M. Mirdondey, de Vesoul, venait d'acheter une charge d'avocat général, lorsqu'il fut nommé conseiller au Parlement Maupeou ; comme il n'avait pas encore de robe, il envoya emprunter celle de M. de Saint-Vandelin, parlementaire exilé : celui-ci dit au laquais chargé de la commission : « Votre maître peut la prendre et même la garder, car la robe est déshonorée. »

2ᵉ COUPLET

Un tartuffe en simarre
Affublé d'un mortier, etc.

3ᵉ COUPLET

On vit paraître ensuite,
D'un air bas et soumis,
Assez près du jésuite,
D.... et M....
P.... dit à l'enfant :
Plaignez notre disgrâce,
Nous avons fait, comme on a vu,
Tout ce que la cour a voulu,
Seigneur, et l'on nous chasse.

6ᵉ COUPLET

D.... comme son père,
L'oracle du parquet
Vint d'un air débonnaire
Haranguer en fausset.
Jésus en s'éveillant
Dit : J'entends l'âne braire,
Holà ! quelqu'un, qu'on en ait soin,
Qu'il ait de la paille et du foin
Et qu'on le fasse taire.

11ᵉ COUPLET

Ne se sentant pas d'aise,
L'âne, en voyant D....,
Lui saute au cou, le baise
Et lui gratte le dos.
D.... dit : Cette bête
Est un peu familière.
Excusez-moi, mon bon ami,
Dit le baudet, il est permis
D'embrasser un confrère.

Les partisans du chancelier Maupeou répondirent, eux aussi, par des couplets. On composa un noël sur les exilés, sur le premier président Grosbois, sur le président d'Olivet et sur la plupart des conseillers; il était de trente et un couplets mal versifiés et ne contenait guère que des attaques grossières. Chaque magistrat se présentait à l'étable de Bethléem et y était fort mal accueilli.

C'était d'abord le premier président, puis d'Olivet, puis B....

> Il arrive ensuite
> Le Phœbus B....,
> Le roy des parasites,
> Gourmand comme un glouton,
> Il fut tout étourdi,
> En entrant dans l'étable,
> De ne voir que paille et que foin
> Et dit : Messieurs, allons plus loin
> On ne voit point de table.

> F.... s'avance
> En tenant un levraut,
> Et tire en diligence
> De sa poche un perdreau.
> Il le donne à Joseph :
> Voilà toute ma science,
> On m'a reçu au parlement,
> Je ne suis qu'un ignorant
> Qui chasse à toute outrance.

> A sa mine rubiconde
> On reconnut D....,
> Affrontant tout le monde
> De son air insolent;
> Jésus en le voyant
> Avec sa rouge trogne :
> Voici encore un protestant

De cet ancien parlement,
Chassez-moi cet ivrogne.

Ce n'est pas seulement la province de Franche-Comté, c'est la France entière qui fut inondée par une quantité considérable de publications de toutes sortes, destinées à soutenir les doctrines des parlements et à combattre l'absolutisme ministériel. On examina l'origine des parlements, on fouilla, on discuta la constitution française avec une vigueur et une hardiesse bien significatives aux approches de la Révolution. On contesta la maxime que le roi ne tenait sa couronne que de Dieu. Tout le passé du pays fut étudié, afin de retrouver les titres d'honneur de l'institution attaquée ; on discuta le droit des peuples et celui des rois, sans scrupule et avec une témérité qui montrait que la royauté perdait son prestige. Le ton de certains pamphlets était plein de véhémence. Le *Manifeste aux Normands* était un véritable tocsin. Tous ces écrits étaient lus avec d'autant plus d'ardeur qu'il y avait dans le royaume une cause de souffrance et d'irritation ancienne et générale, résultant du désordre des finances et de l'oppression des contribuables.

Les avocats, qui s'étaient toujours joints aux parlementaires, n'hésitèrent pas à prendre parti pour les exilés. A Paris, une scission s'était produite au barreau : deux cent soixante-deux avocats se présentèrent au serment, et dans ce nombre les plus célèbres d'entre eux, Gerbier, Doutremont, Tronchet, etc. A Besançon, ils restèrent fidèles à l'ancien Parlement. Les audiences s'ouvrirent immédiatement après la reconstitution de

la compagnie, mais aucun des membres du barreau n'y
parut. La nouvelle cour de justice ne songea même pas
à prendre vis-à-vis d'eux des mesures de rigueur ; elle
espéra que ce mécontentement cesserait avec le temps,
et, comme on était au mois d'août, on crut devoir
attendre la rentrée de la Saint-Martin. Les procureurs
se rendirent seulement aux audiences pour les devoirs
indispensables de leur ministère, et l'administration de
la justice, si elle ne fut pas interrompue, eut fort à
souffrir de cette abstention.

Deux années s'écoulèrent ainsi ; puis un scandale
survint qui faillit renverser l'œuvre du chancelier.

Beaumarchais était en procès avec les héritiers de
Pâris Duverney, auxquels il demandait le paiement
d'un reste de compte peu considérable ; enfermé au
fort l'Evêque, il entend parler des intrigues de ses adversaires auprès de ses juges, obtient de sortir de prison pour solliciter les magistrats, court chez son rapporteur, le conseiller Goesman. Il trouve porte close ;
il s'agit de forcer la consigne, il offre cent louis et une
montre enrichie de diamants à la femme du conseiller,
puis quinze louis pour une seconde audience. Le lendemain, il perd son procès. On lui rend cent louis et la
montre. Mme Goesman veut garder les quinze louis. Il
insiste pour qu'ils lui soient rendus. Mme Goesman nie
les avoir reçus. Le conseiller dénonce Beaumarchais
au Parlement.

Beaumarchais saisit d'un coup d'œil tous les avantages de sa position. L'opinion s'élevait contre la magistrature imprudente et servile créée par Maupeou,

toujours à la recherche de la popularité. Beaumarchais
saisit sa plume et publia quatre mémoires étincelants
de verve, qui constituent son plus beau titre littéraire,
et dans lesquels il sut accumuler, à côté de discussions
juridiques, des scènes de comédie, des anecdotes de ro-
man, tout le fiel de la satire la plus amère, toute la
puissance de la logique la plus serrée.

Le succès fut immense. Les mémoires du spirituel
écrivain furent lus par la France entière, par le roi,
qui en riait aux larmes avec Mme du Barry. Ils passion-
nèrent l'opinion, ils environnèrent l'auteur d'une réputation bruyante, ils achevèrent de jeter la déconsidéra-
tion et le mépris sur la magistrature, qu'il était impossible d'insulter avec plus de violence, d'élégance et
d'esprit.

Le Parlement resta cependant debout. Le chancelier
ne se découragea pas, il semblait braver les pamphlets,
les outrages. Jamais il n'avait été mieux en cour ; il
obtenait pour son fils aîné, président à mortier, le
grade de colonel d'un régiment de cavalerie ; Voltaire
prenait parti pour lui, il avait applaudi au coup d'Etat
du chancelier, il avait comparé le style de ses écrits
au style de Racine, il suppliait le chancelier de ne pas
faiblir dans son œuvre de démolition, il lui adressait
de Ferney des vers où il le comparait au héros de la
fable ; et bien que la nation ne prît pas au sérieux les
magistrats, le nouveau Parlement, profitant du béné-
fice du temps, se consolidait de jour en jour, lorsque
vers la fin d'avril 1774, on apprit à Besançon que le
roi était malade à Versailles. Pendant neuf jours, il y

eut des prières publiques, puis, le 10 mai, Louis XV
termina au milieu de l'indifférence de son peuple une
vie dont les dernières années avaient été remplies de
scandales si funestes à la France. Cet événement, qui
enlevait à Maupeou son seul protecteur, devait avoir
des conséquences fatales pour ses réformes. Le maître
éteint, la favorite chassée, les ministres du feu roi
tombèrent d'eux-mêmes, ils ne pouvaient rester les
conseillers d'un roi honnête homme. Le 25 août, alors
que le calme commençait à renaître, Louis XVI, qui
venait de prendre pour premier ministre le comte de
Maurepas, envoya en exil le chancelier, contre lequel
s'élevaient toujours des haines ardentes. Rendons-lui
cette justice qu'il sut se montrer ferme et digne d'attitude dans sa disgrâce : le duc de la Vrillière lui ayant
demandé les sceaux au nom du roi, il répondit d'un
ton calme : « J'avais fait gagner un grand procès au
roi ; il veut remettre en question ce qui est décidé, il
en est le maître. »

La disgrâce de Maupeou faisait présager le retour du
Parlement. Un édit du mois de novembre 1774 permit
aux exilés de revenir de leurs terres, et le 12 de ce
même mois, le roi vint lui-même avec une grande
solennité présider la réinstallation de la magistrature.

La révocation de l'édit de 1771 devait aussi s'appliquer aux provinces. Un officier général et un membre
du conseil d'Etat reçurent la mission de réinstaller,
dans chacune d'elles, la cour souveraine. Plusieurs
Parlements, notamment celui de Besançon, furent

l'objet d'un édit spécial dont les considérants étaient ainsi conçus :

« Les différents changements qui se sont opérés dans les cours supérieures de notre royaume n'ayant pas produit les avantages qu'on en avait espérés, nous avons cru qu'il était de notre justice et de notre sagesse de rétablir les choses dans l'état où elles étaient avant cette époque ; nous nous y déterminons d'autant plus volontiers que les vœux et les supplications réitérées de nos sujets de Franche-Comté sollicitent de notre bonté le retour de leurs anciens magistrats, qui méritent de notre part la même faveur et la même justice que nous avons déjà fait éprouver à la plus considérable partie de la magistrature de notre royaume. »

Cet édit, qui est du 7 avril 1775, rétablissait les présidents honoraires, chevaliers d'honneur et conseillers, et reconstituait la cour du Parlement avec le même nombre de chambres, le même nombre d'offices et les mêmes attributions ; le roi désignait M. le marquis de Saint-Simon, lieutenant général en ses armées, commandant en son comté de Bourgogne, ainsi que M. de Narville, conseiller d'Etat, pour porter cet édit de réorganisation.

La dissolution du Parlement Maupeou a été diversement appréciée. A nos yeux, la révolution opérée par le chancelier avait été heureuse et il eût été sage de la maintenir. Elle détruisait la vénalité, qui éloignait parfois de la magistrature ceux qui en étaient les plus dignes ; elle mettait fin au trafic des fonctions de magistrat, elle empêchait que les offices de conseillers

ne fussent pour ainsi dire mis à l'encan ; elle avait en
outre cet avantage de limiter le nombre des conseillers,
d'empêcher qu'il ne dépassât les besoins du service.
Beaucoup d'entre eux étaient inoccupés, mais ils n'en
avaient pas moins droit aux privilèges et prérogatives
attachés à leur état. Cette exonération de charges
retombait sur le peuple et aggravait sa situation. Enfin,
l'immixtion des Parlements dans la politique présentait les plus graves inconvénients ; elle s'expliquait à
une époque où le Parlement était pour le gouvernement
une force, représentait l'opinion et lui prêtait une voix
officielle, mais la mission de rendre la justice est assez
haute pour suffire à la magistrature et pour lui conquérir la reconnaissance et le respect publics, du moment où cette magistrature consacre à cette œuvre
sociale toutes les forces de sa conscience et de ses
lumières. La détermination prise par le chancelier mettait fin à une foule d'abus; elle rendait la justice gratuite ; elle réduisait le ressort du Parlement de Paris,
qui, comprenant Arras et Lyon, imposait des voyages
ruineux aux plaideurs et éternisait les procès.

Malheureusement, Maupeou n'était pas de force à briser toute l'organisation judiciaire, à bouleverser toutes
les traditions ; il heurtait toutes les idées du temps, et
le règne de Louis XV n'était pas prêt pour réaliser ses
projets ; il ne suffit pas qu'une institution soit bonne
pour qu'elle dure, il faut qu'elle arrive à son heure. Les
Parlements se considéraient, à défaut des Etats généraux, comme la voix et l'âme de la nation. Le peuple
voyait encore en eux ses défenseurs, il oubliait la véna-

lité des charges, les épices et tant d'autres griefs trop fondés, pour ne se rappeler que les luttes des magistrats contre l'arbitraire royal. Le but du chancelier était, en réalité, non pas de venir en aide aux justiciables, mais d'anéantir toute résistance aux volontés absolues de la royauté. C'est une pensée despotique qui le dominait : l'opinion publique le comprenait, et jugeait sévèrement ses actes; elle ne lui pardonnait point de s'être associé, pour renverser la magistrature, à Mme du Barry, dont l'insatiable avidité mettait au pillage les finances, et qui, pour conserver son empire sur le roi, était descendue aux derniers degrés de la honte. Souvent une mesure emprunte sa force à l'homme qui la présente. L'estime dont jouit son auteur, la considération dont il est investi, la persuasion où l'on est qu'il se préoccupe uniquement du bien public, peuvent faire accepter des réformes dont l'utilité ne serait même pas généralement sentie tout d'abord. Maupeou ne se trouvait pas dans cette heureuse situation : il lui manquait l'autorité d'un beau caractère. Le mépris qu'on avait pour l'instrument s'attachait à l'œuvre même; où Malesherbes aurait pu réussir, Maupeou devait échouer : grand exemple qu'il y a dans l'honnêteté une puissance que l'habileté ne peut suppléer. Enfin, l'échec du chancelier provenait non de l'imperfection de ses institutions, mais de la faiblesse de ses magistrats. Les institutions valent surtout par leurs hommes, le siège se mesure à la taille du juge ; or, le Parlement Maupeou n'a que deux noms à léguer à l'histoire : Maupeou abaissant la simarre aux pieds d'une courtisane, et

Goesman la main tendue vers ses épices. Ce n'était point assez pour le faire vivre.

Le rappel des anciens Parlements fut une des fautes du règne de Louis XVI, qui aurait dû profiter de la victoire de son aïeul. Maupeou avait, selon son expression, fait gagner au roi un grand procès; il avait mis la couronne hors de tutelle, il avait jeté les fondements de l'organisation judiciaire actuelle de la France. Il était nuisible de revenir, même à la suite de l'opinion publique, sur un fait accompli depuis plusieurs années. Les esprits se seraient habitués peu à peu au nouvel état de choses, et la révolution dans la magistrature eût été vite oubliée devant les bienfaits qu'elle apportait avec elle.

Aussi, ce ne fut pas sans appréhension que Louis XVI se décida à rappeler les Parlements, et, dans le sein même du gouvernement, cette mesure fut l'objet de vives discussions. Turgot redoutait ces compagnies comme un obstacle à toute amélioration, et le comte de Provence, le duc de Penthièvre, l'archevêque de Paris, partageaient son opinion. Le duc de Provence prétendait que les Parlements rentreraient insatiables de domination, avides de vengeance, qu'il y aurait des séditions, qu'il faudrait préparer des fusils [1]. Appuyé par la reine, le comte de Maurepas, avec son habituelle légèreté, poussait au contraire le roi vers le rappel des Parlements.

Louis XVI hésitait, écoutant tout le monde, animé

---

[1] Journal de Maupeou, VI, 277.

des intentions les plus pures ; il n'eut jamais ni la résolution, qui est le caractère de la force, ni la confiance en autrui, qui est l'apanage de la faiblesse ; il n'aimait pas les magistrats de la nouvelle justice, mais en même temps il craignait les anciens parlementaires. Tout en signant l'édit, il ne se dissimulait pas les conséquences de sa détermination ; mais il n'eut pas le courage de résister ; puis il espérait reconquérir, au profit du pouvoir, un reste de popularité depuis longtemps disparu. « C'est peut-être mal en politique, disait-il, mais il m'a paru que c'était le vœu le plus général, et je veux être aimé. »

A Paris, des lettres de cachet furent adressées aux membres de l'ancien Parlement, et un lit de justice fut annoncé. Le 12 novembre 1774, le roi s'y rendit, précédé dans la grand'chambre par les princes, les pairs et les personnages auxquels leurs fonctions ou leurs titres donnaient droit de séance. Le roi annonça son intention de rétablir l'ancienne magistrature. Les exilés furent introduits, et Louis XVI, d'un ton sévère, leur dit : « Le roi, mon aïeul, forcé par votre résistance à ses ordres réitérés, a fait ce que le maintien de son autorité et l'obligation de rendre la justice à ses peuples exigeaient de sa sagesse, je vous rappelle aujourd'hui à des fonctions que vous n'auriez jamais dû quitter ; sentez le prix de mes bontés, et ne les oubliez jamais. »

A Besançon, ce fut le marquis de Saint-Simon, commandant la province en l'absence du duc de Lorges, qui reçut les lettres de rappel des exilés. Le duc avait

sans doute jugé convenable de ne point assister à la
réinstallation d'un Parlement qu'il avait expulsé.

Le retour des magistrats fut accompagné et suivi des
même démonstrations de joie qui s'étaient produites
en 1761. Lorsque, le 29 mars 1775, l'on apprit que le
Parlement serait certainement rétabli avant Pâques,
toute la ville prit un air de fête et se mit en mouvement : « ce fut, dans toutes les rues, dit un contemporain, un concours de gens de tout état et de toute condition qui s'abordaient sans cérémonie, qui se rassem-
blaient avec l'aimable tumulte du plaisir, qui écou-
taient avec avidité les détails qui les transportaient, et
qui répétaient aux passants ces mots entrecoupés :
« Nous les reverrons enfin.... Le roi nous rend notre
Parlement.... Vive le roi ! »

Le 1er avril, tous les magistrats exilés reçurent l'ordre
de se trouver à Besançon le 3 du même mois ; le premier président n'était attendu que le 4; il voulut, pour
se dérober à l'empressement public, arriver la veille, à
huit heures et demie du soir. « On ne fut instruit de son
retour que par un courrier envoyé par les avocats, et
qui le précédait d'une demi-heure ; malgré ce contre-
temps, beaucoup de carrosses remplis de dames et
beaucoup de cavaliers eurent le temps de sortir de la
ville, et M. de Grosbois se trouva, malgré lui, suivi
d'une nombreuse et brillante escorte.... Les rues reten-
tirent des acclamations les plus vives. »

Il descendit à l'abbaye de Saint-Vincent, où étaient
réunis les magistrats qui avaient partagé sa disgrâce.
« La sensation délicieuse que le moment fit naître ne

peut se rendre. » Le mardi, MM. les exilés reçurent les visites et les députations de tous les corps, des officiers municipaux, des présidiaux et des bailliages de toute la province : « La ville présentait le spectacle d'une fête universelle, les fêtes continuèrent partout. Le vendredi était le jour fixé pour la rentrée au palais, on dut en faire garder les portes. Ce fut à grand'peine qu'à huit heures du matin les magistrats purent se rendre du domicile du premier président à la grand'chambre. Les salles des grandes audiences furent aussitôt remplies ; les cris de joie, les applaudissements redoublèrent. Toutefois, les témoignages d'allégresse furent mêlés de regrets sur le sort de MM. Varin d'Ainvelle, mort à Champvans, lieu de son exil, et Parret de Moyron, mort à Faverney, à l'âge de trente-deux ans : on indiquait avec douleur la place qu'ils auraient dû occuper.

» La séance formée, M. de Saint-Simon se félicita d'être choisi pour rendre à leurs fonctions des magistrats qui avaient toujours donné des exemples de vertu. M. de Narville et le premier président parlèrent ensuite. La voix de M. de Grosbois remua tous les cœurs, il fut extrêmement applaudi. »

L'édit qui rappelait le Parlement fut lu et enregistré. Tous les magistrats sans distinction étaient remis en possession de leurs charges; quant à ceux qui avaient fait liquider leurs offices et qui en avaient touché le prix, ils devaient rapporter au trésor royal les sommes par eux perçues, et recevoir en échange leurs titres de propriété, sauf à disposer de celle-ci comme ils l'entendaient. On rétablissait en outre l'ancienne division de

la cour en grand'chambre, tournelle, enquètes et re-
quètes.

On donna ensuite lecture d'un second édit qui réglait
plusieurs questions de compétence et de discipline,
prescrivait les règles à suivre pour la réunion des
chambres en assemblée générale, et ordonnait l'enregistrement de toutes les prescriptions royales avant
toutes remontrances. Une autre disposition interdisait
voix délibérative à tout magistrat n'ayant pas vingt-cinq
ans accomplis. Enfin toute suspension de justice, surtout au moyen de démissions combinées, demeurait très
sévèrement prohibée et assimilée à la forfaiture. Tout
en faisant revivre l'institution des Parlements, le gouvernement manifestait sa méfiance et se mettait en
garde contre de nouveaux conflits. Enfin un troisième
édit étendait la compétence des présidiaux et les autorisait à juger à l'avenir jusqu'à 2,000 livres de principal et 80 livres de rente en dernier ressort, et jusqu'à
4,000 livres de principal, et 160 livres de rente à charge
d'appel, par provision et moyennant caution. Peut-être
eùt-il été préférable de témoigner à la magistrature une
noble et entière confiance dans l'avenir, mais cette attitude du gouvernement ne produisit aucune impression
sur les populations.

Comme en 1761, les poètes composèrent des vers qui
témoignent de leur attachement pour la magistrature plus que de leur talent poétique; on célébra les
vertus des exilés dans des odes et des cantates, de nombreuses chansons parurent en l'honneur de ces trente
et un parlementaires, dans lesquelles on les qualifia

d'intègres, de courageux, d'illustres sénateurs ; certains d'entre eux, Petitcuenot et Bourgon, furent l'objet de félicitations toutes spéciales. Une de ces chansons commençait ainsi :

> Nous vous voyons, illustres sénateurs,
> Intègres magistrats, généreux protecteurs.
> Hélas ! que votre absence a fait verser de larmes,
> Mais que votre retour répand partout de charmes !
> Vivez longtemps heureux, illustres personnages ;
> Agréez nos respects, notre amour, nos hommages.
> Vivez pour le bonheur de la Franche-Comté ;
> Vivez comblés de gloire et de félicité.

Sur la porte du palais s'étala cette inscription :

> Rome ne se glorifie que d'avoir eu un Caton,
> Et nous en trouvons trente-un dans Besançon.

Toute la ville fut illuminée ; sur un transparent, dans la rue Saint-Vincent, et qui représentait un grand feu entouré d'amours, se lisait cette devise : « Il n'est tel feu que de Grosbois. » Pendant plusieurs jours, Besançon resta sous le coup de la plus vive émotion. Des fêtes nombreuses furent organisées ; il y eut réception chez le duc de Saint-Simon, chez M. de Lacoré ; on multiplia dans tout le pays les députations, les harangues, les ovations. Ce qui faisait dire à Grimm : « Comment se trouver conseiller au Parlement et ne pas se croire, au moins en certaines circonstances, un peu plus que le roi [1] ? » Toutefois, il est à remarquer que les sympathies pour la magistrature étaient moins vives qu'en 1761. Parmi

---

[1] Correspondance littéraire du baron Grimm, XVI, 83.

les écrits qui furent publiés, beaucoup étaient dirigés contre le système parlementaire. L'opinion publique commençait à se modifier. Elle soupçonnait déjà les défenseurs des libertés nationales de combattre surtout pour leurs prérogatives, leurs privilèges et dans leur intérêt.

Au milieu de ses triomphes, le Parlement témoignait hautement ses sentiments de gratitude, de fidélité à la monarchie. Le 24 avril 1775, il écrivait au roi : « Le plus grand bien que Dieu puisse faire aux hommes est de leur donner de bons rois. La justice et les vertus qui l'accompagnent montent sur le trône avec lui. Votre Majesté vient d'en donner un exemple signalé en rendant à ses peuples ses magistrats, à des citoyens leurs propriétés, à plusieurs de ses sujets fidèles leur rang, leurs privilèges, leur état. Que de bienfaits en ce moment! Les monarques les plus vantés dans l'histoire n'ont rien fait qui approche de votre libéralité.

» Heureux les peuples qui vous sont soumis! s'ils pouvaient imiter un si bon maître, ils deviendraient le premier peuple du monde, comme vous êtes par vos vertus, par votre puissance, le plus grand roi de l'univers. »

Nous ne citons que des fragments. En même temps, le Parlement adressait ses remerciements au garde des sceaux Miroménil et au comte de Maurepas, et ses compliments aux maréchaux de Muy et de Duras [1].

Trois jours plus tard, le 27 avril, jour de la rentrée

_____

(1) Minutes des délibérations. Archives départementales.

de la cour, après les vacances de Pâques, l'avocat général Bergeret, l'un des principaux orateurs de la compagnie, célébrait la justice et la bienfaisance du roi, ainsi que la reconnaissance de la nation. « Uniquement occupé, dit ce magistrat, du bonheur de ses sujets, il porte ses regards sur la situation de son peuple, sur l'accablante immensité des charges qu'il supporte ; il en est vivement ému, et par un édit, monument précieux de son amour et de la bonté de son cœur, il fait la remise de ce tribut que les Français offrent au nouveau roi qui va défendre et protéger leurs droits et leurs propriétés.... Quelles doivent être nos espérances, Messieurs, à la vue de ce concours heureux de sagesse, de vertus et de lumières ! » En finissant, l'avocat général rappelait « que la mort avait enlevé au Parlement trois magistrats qui lui étaient également chers : de Belin, seigneur d'Augicourt, conseiller honoraire, exilé à sa terre de Miserey, mort en son hôtel peu de temps après son retour ; de Varin, seigneur d'Ainvelle, conseiller titulaire ; de Parret, seigneur de Moyron ; il remerciait les avocats d'être restés fidèles aux exilés [1]. Non seulement le premier président répondait avec la plus grande courtoisie à toutes les félicitations, mais la compagnie se montrait généreuse pour le peuple, elle multipliait les aumônes. Le 4 juin, elle décida en outre que pour venir en aide aux pauvres, on les ferait travailler sur les grands chemins, en allouant quinze sous aux hommes,

---

[1] Les discours de rentrée se retrouvent difficilement. La harangue de l'avocat général est imprimée ; elle a été déposée aux Archives du Doubs.

dix sous aux femmes, cinq sous aux enfants. Il fut distribué aux indigents 6,300 livres de pain.

Quant aux magistrats qui avaient fait partie du Parlement Maupeou, on les tint à distance de toutes ces
fêtes, on les considéra comme des renégats. L'esprit de
parti est impitoyable et dur; à côté de vives sympathies
pour les anciens, il y eut d'implacables rancunes contre
la plupart de ceux qui s'étaient ralliés à Maupeou; elles
devaient durer des années; les *revenants* ou exilés se
montrèrent si peu généreux pour les *remanents*,
comme les appelaient les proscrits, que plusieurs des
membres du Parlement Maupeou durent quitter Besançon. C'est ainsi que le premier président Chiflet fut
nommé aux mêmes fonctions au Parlement de Metz;
l'avocat général Athalin devint conseiller au conseil
souverain d'Alsace, et mourut, en 1822, président à la
cour royale de Colmar.

L'enthousiasme qui se produisit en Franche-Comté
se manifesta partout, à Paris et dans toutes les provinces, mais il ne devait être que momentané, et ne
rendit pas aux grandes compagnies judiciaires la force
morale et l'autorité dont elles jouissaient. Ce que la
nation salua dans la déclaration royale, ce fut moins la
condamnation de l'œuvre de Maupeou que le désaveu
du despotisme violent avec lequel cette œuvre avait été
accomplie; on se félicitait de revoir des hommes indépendants et intègres, mais on commençait à réclamer
des Etats généraux, ce qui impliquait la déchéance des
Parlements. La puissance parlementaire était en réalité
frappée au cœur. Le coup d'Etat de Maupeou avait

prouvé au roi que les magistrats n'ajoutaient rien à la force du trône, aux fiers magistrats qu'ils n'étaient point invulnérables, et au peuple que l'administration de la justice pouvait être sans inconvénient déléguée à d'autres dépositaires. Le rôle de la magistrature était fini et le gouvernement des âmes allait appartenir aux écrivains, aux philosophes, à l'opinion publique, qui bientôt devait dominer la monarchie ; ce résultat imprévu était dû en partie aux entreprises du chancelier. Les Parlements étant d'institution royale, la royauté avait en quelque sorte le droit de les modifier, de les détruire même ; mais était-il prudent, était-il de bonne politique de porter la main sur ces institutions anciennes, en qui le peuple s'était habitué à voir la vivante image de la justice ? N'était-ce pas lui désapprendre le respect et lui donner du haut du trône de singulières leçons ?

Comme la magistrature, la monarchie, déjà en décadence, sortait, elle aussi, de toutes ces luttes de plus en plus affaiblie. L'exemple d'un ministre osant attaquer une constitution, œuvre de dix siècles, essayant de renverser l'institution la plus respectable, était un encouragement pour ceux qui, peu d'années plus tard, devaient abolir la royauté. La monarchie perdait ainsi fatalement de son prestige aux yeux de la génération qui devait composer les Etats généraux de 1789. Ses partisans eux-mêmes ne s'étaient-ils pas tournés contre elle, l'accusant « de faire illusion au peuple par des phrases et d'asservir la nation par des faits [1] ? » Ami

_____

[1] Manuscrits Chiflet, vol. 64, p. 412.

et ennemis avaient sapé à l'envi le pouvoir royal ;
princes, magistrats, écrivains, tous l'avaient attaqué
dans son principe sans rien respecter.

Dans cette guerre entre deux pouvoirs rivaux, ni la
monarchie ni la magistrature ne comprirent leurs
devoirs, le rôle que dans l'intérêt de la France ils
avaient à remplir. La presse, qui à côté de pensées
fausses répandait des idées vraies, utiles et humaines,
protestait contre de nombreux abus. L'opinion demandait des réformes, des améliorations urgentes et nécessaires ; ces réformes, c'était aux Parlements à les
provoquer ; leur popularité, leur puissance, étaient si
grandes, qu'ils pouvaient régénérer un grand royaume.
Jamais époque ne fut plus favorable : le roi prenait
possession du pouvoir, entouré du respect, de l'affection
de tout un peuple, dont il souhaitait ardemment le
bonheur ; ce roi était l'homme le plus honnête, le
mieux intentionné qui fut jamais ; il s'entourait de ministres dignes de lui, comme Turgot, comme Malesherbes ; il inaugurait son règne par la remise de
divers impôts perçus en toute rigueur sous le règne de
Louis XV, tels que le droit de joyeux avènement, de
ceinture de la reine, l'abolition de la solidarité dans
les charges publiques. Les magistrats étaient salués à
leur retour par des acclamations, des transports de
joie. Le pays leur tenait compte de leurs courageux et
incessants efforts contre l'arbitraire, des rigueurs qu'ils
avaient encourues en prenant la défense des populations trop souvent victimées ; c'était pour eux le moment de favoriser les idées de liberté et de progrès ;

mais ils restèrent préoccupés d'eux-mêmes, de leurs droits équivoques, de leurs prétentions discutables, de leur constitution qui n'était qu'un problème. Ce fut une faute qui, dix-huit ans plus tard, devait entraîner la persécution et la perte de ces grandes compagnies judiciaires, qui n'allaient plus être considérées comme les gardiennes des lois, la sauvegarde des biens, des droits et des libertés de tous. Le pouvoir royal manqua, lui aussi, de prévoyance. Déjà, sous le règne de Louis XV, on avait émis l'idée de ne point laisser siéger au Parlement les ducs et pairs, de restreindre les attributions de ces compagnies à l'œuvre de la justice, et de former des ducs et pairs un corps politique, comme une Chambre des pairs. C'était une grande, une excellente idée, le mélange de la politique et de la justice ne pouvant produire que de graves conflits et des actes arbitraires. On aurait eu ainsi une noblesse qui aurait pu diriger la France dans la route du progrès; malheureusement Louis XV recula à la pensée d'une aussi grave réforme, et son successeur, timide et inquiet, redoutant la puissance des Parlements, n'osa apporter à leurs prérogatives aucune modification sérieuse. Ajoutons qu'à cette époque, personne ne songeait au lendemain, que ceux qui auraient pu prévoir l'avenir vivaient dans le présent, poursuivant la fortune ou le plaisir. De hardis novateurs allaient trouver dans la dissolution morale et matérielle de l'ancienne société le droit de saisir la société future comme la proie de leurs rancunes, de leurs appétits et de leurs fatales théories. Un vent de philosophie agitait le pays; l'isolement se faisait autour d'une royauté qui n'avait ni l'éclat de la gloire ni la vigueur nécessaire pour imposer le respect. Une révolution s'accomplissait dans les idées profondément remuées; elle devait, quinze années plus tard, éclater dans les faits.

FIN DU PREMIER VOLUME

TABLE DES MATIÈRES

Origine des Parlemenis. — Le Parlement de Franche-Comté sous la domination espagnole. — Sa popularité, ses prérogatives, ses attributions, sa haute autorité, son mode de recrutement, son patriotisme, son énergique résistance lors du siège de Dole. — Le Parlement à l'apogée de sa puissance. — Invasion de la Franche-Comté. — Louis XIV rejoint Condé devant Dole. — Délibération du Parlement. — Les conseillers Jacquot et Gollut délégués auprès de Louis XIV. — La Franche-Comté abandonnée par l'Espagne, ruinée par les exactions et le pillage. — Cruelles épreuves pour les magistrats. — Soulèvement du peuple contre le Parlement. — Mesures de rigueur contre les parlementaires. — Chambre de justice. — Louis XIV réapparaît en Franche-Comté. — Le grand siècle. — Le peuple reste seul hostile à la France. — Intrigues et trahisons. — Jean de Watteville. — La magistrature fait preuve de faiblesse. — Rétablissement du Parlement, sa translation à Besançon. — Importance de cette ville, arrivée des magistrats. — Leur dévouement à la monarchie. — Louvois à Besançon. — Attitude de la noblesse. — Séjour de Louis XIV à Besançon. — Grandeur morale de la France. — L'aristocratie comtoise dans les armées royales.

Vigilance, sollicitude, fermeté du Parlement. — Crises alimentaires, proscriptions du Parlement. — Réglementation sur le costume des magistrats. — Conflits entre le Parlement et l'archevêque de Grammont. — Une mercuriale au frère Cyrille. — Discussion du Parlement avec le prince de Montbéliard, questions de préséance. — Conflit du Parlement avec l'Université, la Chambre des comptes, la confrérie de Saint-Georges, le gou-

FIN DE LA TABLE DU PREMIER VOLUME

BESANÇON. — IMPR. DE PAUL JACQUIN.

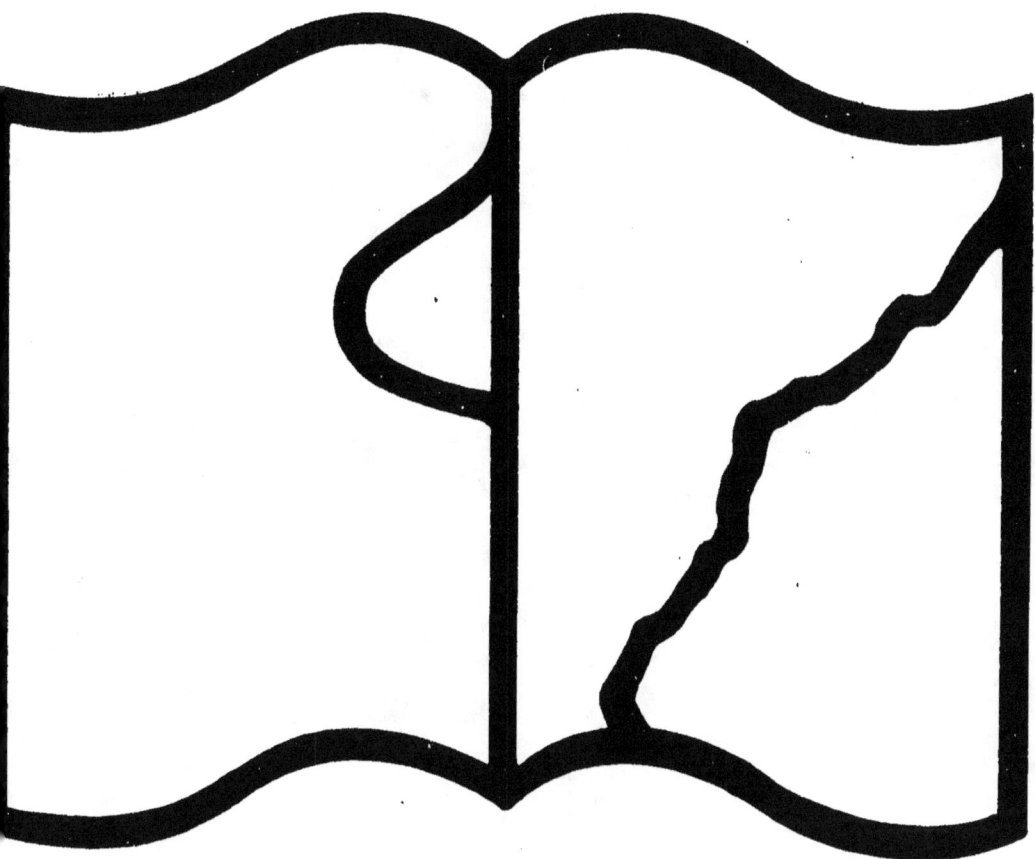

Texte détérioré — reliure défectueuse

NF Z 43-120-11

www.ingramcontent.com/pod-product-compliance
Lightning Source LLC
Chambersburg PA
CBHW072007270326
41928CB00009B/1578